乌鲁木齐海关年鉴

2022

《乌鲁木齐海关年鉴（2022）》编纂委员会——编著

中国海关出版社有限公司
·北京·

图书在版编目（CIP）数据

乌鲁木齐海关年鉴.2022/《乌鲁木齐海关年鉴（2022）》编纂委员会编著.—北京：中国海关出版社有限公司，2023.3
（中国海关史料丛书）
ISBN 978-7-5175-0662-1

Ⅰ.①乌… Ⅱ.①乌… Ⅲ.①海关—乌鲁木齐—2022—年鉴 Ⅳ.①F752.55-54

中国国家版本馆CIP数据核字（2023）第066710号

乌鲁木齐海关年鉴（2022）
WULUMUQI HAIGUAN NIANJIAN（2022）

作　　者：《乌鲁木齐海关年鉴（2022）》编纂委员会	
责任编辑：景小卫	
出版发行：中国海关出版社有限公司	
社　　址：北京市朝阳区东四环南路甲1号	邮政编码：100023
编 辑 部：01065194242-7527（电话）	
发 行 部：01065194221/4238/4246/5127（电话）	
社办书店：01065195616（电话）	
https://weidian.com/?userid=319526934（网址）	
印　　刷：北京盛通印刷股份有限公司	经　　销：新华书店
开　　本：889mm×1194mm　1/16	
印　　张：21	字　　数：380千字
版　　次：2023年3月第1版	
印　　次：2023年3月第1次印刷	
书　　号：ISBN 978-7-5175-0662-1	
地图审图号：新S（2019）175号	
定　　价：210.00元	

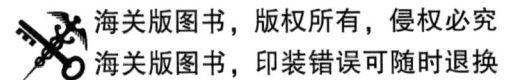

《乌鲁木齐海关年鉴（2022）》编纂委员会

主　　　任　　沈　扬

副　主　任　　孙　雷　宏　军　李世瑞　吴　卫　孙晨明
　　　　　　　兰胜斌　侯玉栋　李开益　王　宁

委　　　员　　吴晓辉　袁江伟　郭勇刚　李　江　刘　戈
　　　　　　　徐　军　李文革　迪丽拜尔·沙比提　关　勇
　　　　　　　崔新萍　孙　涛　张　军　李　军　郭　旭
　　　　　　　刘会江　范伟功　贺　军　郭晓凤　陈世华
　　　　　　　李惠杰　龙　军　张有晖　惠俊红　宋继军

《乌鲁木齐海关年鉴（2022）》编辑部

总　　　编　　李开益

副 总 编　　吴晓辉　郭姝兰

执 行 主 编　　崔盛杰

责 任 编 辑　　王文正　唐迎秋　赵　睿　安　乐　吴南仕
　　　　　　　杨莉莉

编 辑 人 员　　（以姓氏笔画为序）
　　　　　　　马　婷　马小勇　王　芳　王　京　王　瑶
　　　　　　　王子瑜　王均祥　王晓彤　牛鹏程
　　　　　　　艾合太木古丽·艾海提　代慧玲　朱　婷
　　　　　　　朱路路　刘晓璐　刘薇薇　祁　红　祁　翔
　　　　　　　牟　锟　杨　艳　杨以刚　杨成伟　杨莉莉
　　　　　　　李　恺　李若男　吴南仕　何　锦　张　耀
　　　　　　　张赵琴　张艳超　阿衣左克兰木·买买提江
　　　　　　　阿克来木·卡德尔　　阿勒米热·瓦黑提
　　　　　　　陈　洁　迪娜·库尔曼艾克门　　罗　现
　　　　　　　罗予彤　岳　宁　赵　兰　赵　江　赵　雅
　　　　　　　赵家莉　索金玲　党晓明　倪红霞　郭一兰
　　　　　　　唐明明　黄　涛　曹雅青　符丽芸　麻卫亮
　　　　　　　梁　昉　彭心婷　魏小刚　魏雨萱

序 言

为创编修之空白，志发展之华章，乌鲁木齐海关于2021年年底启动《乌鲁木齐海关年鉴（2022）》编纂工作。编辑人员秉承精品意识、责任意识、前瞻意识，经广征博采，取精用弘，精心稽考，数易其稿，于2022年10月终铸此鉴。这是乌鲁木齐海关的首部年鉴，摄要选萃，行文简洁，"门类之区分，由繁而趋于简；其所叙述范围，则由俭而扩于丰"，是一卷具有珍贵价值的乌鲁木齐海关年度综合性资料文献。

盛时修志，志铭盛世。中国修志已有数千年历史，这是中华民族独特的优秀文化传统，流传至今的各类志书是中华民族薪火相传、源远流长的"基因密码"。我们党历来重视编修和应用志书工作，党和国家领导人多次对志书、年鉴编修工作作出部署安排。习近平总书记具有浓厚的方志情怀，喜欢读志、善于用志、重视修志，发表了一系列关于地方志工作的重要论述，为我们指明了方向、树立了典范。

乌鲁木齐海关的修志工作，始于20世纪80年代末，先后编修关志3部，整体上与海关总署、新疆维吾尔自治区修志工作保持"同频共振"。1987年，乌鲁木齐海关启动志书编纂工作，经过十二三年研磨，《新疆通志·海关志》于2000年2月出版；2018年启动第二轮修志工作，《新疆通志·海关志（1986—2018）》已送审，待审定后付梓。此外，2018年12月，乌鲁木齐海关编纂出版了《乌鲁木齐海关志（1986—2015）》。这些志书镌刻的历史，既为海关工作树立丰碑，又为当今建设者提供借鉴，也为后来者留下珍贵馆藏。

"志为信史。"为深入学习贯彻习近平总书记关于重视历史、研究历史、借鉴历史，用历史映照现实、远观未来等系列重要讲话精神，海关总署将年鉴编纂工作作为加强海关史研究的重要举措，在全国海关系统同步推进、全面展开。作为亲历者，我们有责任、有义务为后人记录当下发生的事，全面、客观呈现乌鲁木齐海关人在新疆这片热土坚守、奉献、履职、战斗的场景，并从侧面勾勒出新疆不断提升对外开放水平、推进高质量发展的印迹。这也是《乌鲁木齐海关年鉴》编纂工作的初衷和由来。

2021年，是党和国家历史上具有里程碑意义的一年。中国共产党迎来百年华诞，"两个一百年"历史交汇，"十四五"规划开局起步，全面建设社会主义现代化国家踏上新征程。乌鲁木齐海关坚持以习近平新时代中国特色社会主义思想为指导，完整准确贯彻新时代党的治疆方略，在海关总署党委的坚强领导和新疆维吾尔自治区党委、政府的指导帮助下，紧紧围绕"安全、稳定、发展、统筹、提升"工作重点，全力以赴维护国门安全，毫不松懈筑牢疫情防线，融入大局服务经济发展，夯实"双基"提升工作质效，为维护新疆社会稳定和长治久安付出了艰辛努力、做出了积极贡献，各项工作保持良好的发展势头。

——作为忠诚捍卫"两个确立"的政治机关，乌鲁木齐海关深入学习贯彻习近平总书记重要讲话和重要指示批示精神，不断强化政治机关建设，坚持"第一议题"制度，扎实推动党史学习教育，坚定坚决走好"两个维护"第一方阵。

——作为口岸新冠肺炎疫情"外防输入"的主力队伍，乌鲁木齐海关毫不松懈保障人民生命健康安全，坚持"外防输入、内防反弹"总策略和"动态清零"总方针，强化"内外同防、人物同防、多病同防"，严格落实"六抓""十到位"工作要求，有力扛起了疫情防控政治责任。

——作为把守国门安全的忠诚卫士，乌鲁木齐海关始终坚持维护国门安全是海关工作的生命线和首要职责，紧盯新疆特殊区情社情，不断在反恐维稳、应急处突、反奸防谍、卫生检疫、动植物检疫、商品质量安全等方面加大工作力度，连续破获洋垃圾走私、高鼻羚羊角走私、"水客"走私、玉石走私等系列大要案，创近年来最好打私业绩。

——作为服务开放发展的职能部门，乌鲁木齐海关紧紧围绕海关作为国内国际双循环"交汇枢纽"的职能作用，深入贯彻海关总署党委落实第三次中央新疆工作座谈会精神的54项举措，狠抓顺畅通关、产业升级、营商环境、"三智"建设、乡村振兴等重点，全力以赴为新疆经济社会发展贡献海关力量。

——作为准军事化纪律部队，乌鲁木齐海关秉持"严管与厚爱并重、激励与约束并举"理念，深入落实海关总署党委支持艰苦地区边关的22条保障措施，树牢重实干、重实绩、重担当的鲜明导向，健全"选育管用"全链条机制，推动边关干部队伍良性循环和可持续发展，边关综合保障能力和队伍干事创业精气神得到显著提升。

古人云："以史为鉴，可以知兴替。"历史、现实、未来是相通的，历史是过去的现实，现实是未来的历史。年鉴编纂工作打开了一个鉴古知今、启迪未来的窗口。《乌鲁木齐海关年鉴（2022）》揽一方资料，记发展之更替；辑精华于长卷，叙事物之兴衰。作为镌刻乌鲁木齐海关历史年轮的综合性年鉴，《乌鲁木齐海关年鉴（2022）》集中、全面、客观地反映了乌鲁木齐海关2021年主要工作，为各方各界了解年度内关区工作提供参考。通过编纂年鉴,一方面,我们可以全面、客观审视我们自身的工作,另一方面,我们也希望通过此项工作,充分发挥年鉴存史、资政、育人作用,为建设社会主义现代化海关提供强大的精神动力和史实支撑。

值此付梓之际,年鉴编纂委员会对《乌鲁木齐海关年鉴(2022)》的顺利出版表示祝贺!在编纂的过程中,我们得到了海关总署关史办和新疆地方志编纂委员会的悉心指导,以及关区各单位、各部门的鼎力支持,在此特向参与和关心《乌鲁木齐海关年鉴(2022)》编写和出版的朋友们表示衷心的感谢,向付出辛勤劳动的全体编辑人员致以诚挚的谢意!因是关区首部年鉴,受内容繁多庞杂、编者经验不足等因素所限,其中难免有错漏之处,恳请广大读者见谅并斧正。

《乌鲁木齐海关年鉴(2022)》编纂委员会
2022 年 10 月

编辑说明

一、《乌鲁木齐海关年鉴》是海关行业专业性年鉴，其宗旨是全面、系统、客观、真实地介绍乌鲁木齐海关的基本面貌、主要情况和发展状况，一年编纂一卷，是社会各界了解乌鲁木齐海关各项事业发展历程的工具书和史料文献。

二、《乌鲁木齐海关年鉴》以马克思列宁主义、毛泽东思想、邓小平理论、"三个代表"重要思想、科学发展观和习近平新时代中国特色社会主义思想为指导，运用辩证唯物主义和历史唯物主义的基本原理和基本观点，坚持实事求是，突出海关行业特点和新疆区情社情，力求思想性、科学性和信息性的统一。

三、《乌鲁木齐海关年鉴（2022）》载录2021年度乌鲁木齐海关的基本情况，包括发生的重大事件、把关服务的措施做法、改革发展取得的成效等内容，记述时限为2021年1月1日至12月31日。鉴于本卷是乌鲁木齐海关首部年鉴，综合反映乌鲁木齐海关发展的特载、专记等内容适当上溯。

四、《乌鲁木齐海关年鉴（2022）》由10个类目组成，分别为：特载、专记、党的建设、业务建设、综合保障、隶属海关、事业单位、大事记、统计资料、荣誉和奖励。卷首设序言、编辑说明、海关专题图片。

五、《乌鲁木齐海关年鉴（2022）》设类目、分目、条目3个层级，基本表现形式为条目，采取条块结合的记述方式。编辑人员按照姓氏笔画排序。

六、《乌鲁木齐海关年鉴（2022）》所收集的各类资料，由乌鲁木齐海关机关各部门、各隶属海关单位和事业单位根据工作职能和职责分工分别提供，经编辑部筛选、核实、整理和文字处理，力求内容完整、条理清晰。所有资料、数据均经供稿部门审核，具有权威性。特载中收录的资料部分内容有删减。

七、《乌鲁木齐海关年鉴（2022）》使用规范、统一的简称和缩略语。"总署"指"中华人民共和国海关总署"，"自治区"指"新疆维吾尔自治区"，"兵团"指"新疆生产建设兵团"；乌鲁木齐海关及其他直属海关、各隶属海关单位和事业单位以及地方政府部门均使用规范的通用简称。

八、《乌鲁木齐海关年鉴（2022）》一律采用公历，各种度量衡和币制单位以中华人民共和国统一法定计量和人民币币制单位为准。特殊情况按照规定处理。

目 录

海关专题图片 …………………… 1

第一篇 特 载

乌鲁木齐海关基本情况、主要职能、组织架构 …………………………… 3
乌鲁木齐海关贯彻落实"十四五"海关发展规划实施意见 ……………… 8
乌鲁木齐海关工作会议、全面从严治党工作会议文件选辑 ……………… 29

第二篇 专 记

庆祝中国共产党成立100周年和开展党史学习教育 …………………… 57
乌鲁木齐海关全力以赴做好口岸新冠肺炎疫情防控 …………………… 62
乌鲁木齐海关支持丝绸之路经济带核心区建设 ………………………… 68
乌鲁木齐海关践行"三智"合作理念开创边境海关国际合作新局面 …… 74
乌鲁木齐海关打击走私重点专项工作 … 79
乌鲁木齐海关倾心倾力做好新时代"访惠聚"驻村工作 ………………… 83

第三篇 党的建设

党建工作 ………………………… 91
　概况 …………………………… 91
　庆祝中国共产党成立100周年 … 91
　开展党史学习教育 …………… 91
　宣传思想和意识形态工作 …… 93
　基层党组织建设 ……………… 93
　党风廉政建设 ………………… 94
　准军事化纪律部队建设 ……… 94
　文化润关工程 ………………… 94
　申创自治区爱国主义教育基地 … 95
　群团工作 ……………………… 95
　乡村振兴和"访惠聚"驻村工作 ……………………………… 96
巡视巡察 ………………………… 97
　概况 …………………………… 97
　巡视整改 ……………………… 97
　巡察监督 ……………………… 97
　巡察队伍建设 ………………… 98
　自主开发建设"巡察信息化应用"平台 ……………………… 98
　完善巡视巡察档案 …………… 98
纪检监察 ………………………… 99
　概况 …………………………… 99
　监督检查 ……………………… 99

执纪问责 …………………… 99
　　"现场监管与外勤执法权力寻租"
　　　专项整治 …………………… 100
干部队伍管理 …………………… 101
　　概况 ………………………… 101
　　机构编制管理 ……………… 101
　　干部人事管理 ……………… 101
　　干部队伍建设 ……………… 102
　　队伍监督管理 ……………… 102
　　正向激励关爱 ……………… 102
　　事业单位改革 ……………… 103
教育培训 ………………………… 104
　　概况 ………………………… 104
　　学习宣传贯彻党的十九届五中、
　　　六中全会精神 …………… 104
　　干部培训 …………………… 104
　　教育管理 …………………… 105

第四篇　业务建设

业务改革与服务发展 …………… 109
　　概况 ………………………… 109
　　业务领域改革 ……………… 109
　　口岸开放与发展 …………… 110
　　优化口岸营商环境 ………… 110
　　国际贸易"单一窗口"建设 … 111
　　通关运行管理 ……………… 111
　　技术性贸易措施和交涉应对 … 111
　　知识产权海关保护 ………… 112

法治建设 ………………………… 113
　　概况 ………………………… 113
　　法规管理和技术规范 ……… 113
　　依法行政和复议应诉 ……… 113
　　法治队伍建设 ……………… 114
　　法治服务和法治宣传 ……… 114
风险管理 ………………………… 116
　　概况 ………………………… 116
　　风险信息情报和风险预警 … 116
　　风险分析处置 ……………… 116
　　大数据应用 ………………… 117
　　口岸风险联合防控 ………… 117
税收征管 ………………………… 118
　　概况 ………………………… 118
　　税收征管 …………………… 118
　　综合治税 …………………… 118
　　税收风险防控 ……………… 119
　　原产地管理 ………………… 119
卫生检疫 ………………………… 120
　　概况 ………………………… 120
　　检疫管理 …………………… 120
　　卫生监督 …………………… 120
　　病媒和疾病监测 …………… 121
动植物检疫 ……………………… 122
　　概况 ………………………… 122
　　进出境动物检疫 …………… 122
　　保障法国种猪安全引入 …… 122
　　在截获高鼻羚羊角中检出一类
　　　动物疫病 ………………… 123
　　承办中哈马属动物疫病检测技术
　　　培训会 …………………… 123

承办口蹄疫无疫官方认可技术
　　　交流会 …………………… 123
　　进出境植物检疫 ……………… 123
　　开展国际植物检疫线上交流
　　　培训 ………………………… 124
进出口食品安全监管 ……………… 125
　　概况 …………………………… 125
　　进口食品检验检疫 …………… 125
　　促进优质食品扩大进口 ……… 125
　　出口食品检验检疫 …………… 126
　　加强进出口食品安全信息和风险
　　　预警工作 …………………… 126
商品检验 …………………………… 127
　　概况 …………………………… 127
　　进口商品检验 ………………… 127
　　出口商品检验 ………………… 127
　　禁止固体废物入境 …………… 128
　　进出口危险品及其包装检验
　　　监管 ………………………… 128
　　"万人争先"线上练兵 ………… 129
　　重点产品专项调研 …………… 129
　　推进大宗商品检验监管改革 … 129
　　支持特色优势产业发展 ……… 129
口岸监管 …………………………… 131
　　概况 …………………………… 131
　　运输工具监管 ………………… 131
　　推行"铁路快通"新模式 ……… 131
　　货物监管查验 ………………… 132
　　快件邮件和行李物品监管 …… 132
　　跨境电商 ……………………… 133
　　监管作业场所（场地）管理 …… 133
　　智能审图 ……………………… 134
　　海关口岸监管环节反恐 ……… 134
统计分析 …………………………… 135
　　概况 …………………………… 135
　　统计调查 ……………………… 135
　　贸易统计 ……………………… 135
　　业务统计 ……………………… 136
　　统计数据运用和管理 ………… 136
　　统计新闻宣传和服务 ………… 136
　　统计监测和分析研究 ………… 136
企业管理和稽查 …………………… 138
　　概况 …………………………… 138
　　企业管理 ……………………… 138
　　对外推荐注册 ………………… 140
　　稽查工作 ……………………… 140
　　落实稽查改革 ………………… 140
　　核查工作 ……………………… 140
　　属地查检 ……………………… 140
　　保税监管 ……………………… 141
　　特殊监管区域管理 …………… 141
　　复制推广自贸试验区改革试点
　　　经验 ………………………… 142
查缉走私 …………………………… 143
　　概况 …………………………… 143
　　打击非涉税走私 ……………… 143
　　打击涉税走私 ………………… 144
　　智慧缉私及刑事科学技术 …… 145
　　刑事法制建设 ………………… 145
　　行政处罚 ……………………… 145
　　反走私综合治理 ……………… 146
外事管理和国际合作 ……………… 147

概况 …………………………… 147
　　"中哈贸易安全与便利智能监管
　　　合作项目"申报 …………… 147
　　边境海关国际合作 …………… 147
　　海关行政协查工作 …………… 148
　　中哈边境海关缉私执法合作 …… 148
　　外事人才培养 ………………… 148
科技发展 …………………………… 149
　　概况 …………………………… 149
　　信息化建设 …………………… 149
　　实验室管理 …………………… 149
　　优化实验室布局 ……………… 150
　　科研管理 ……………………… 152

第五篇　综合保障

政务管理 …………………………… 157
　　概况 …………………………… 157
　　应急值守 ……………………… 157
　　政务信息 ……………………… 158
　　新闻宣传 ……………………… 158
　　会议管理 ……………………… 159
　　公文处理 ……………………… 159
　　督查督办 ……………………… 159
　　人大建议、政协提案办理 …… 159
　　机要保密 ……………………… 161
　　档案管理 ……………………… 161
　　政务公开和网站音像管理 …… 161
　　信访工作 ……………………… 162
　　政策研究 ……………………… 162
　　海关学会工作 ………………… 164
财务管理 …………………………… 167
　　概况 …………………………… 167
　　税费财务管理 ………………… 167
　　预算管理 ……………………… 167
　　部门决算管理 ………………… 168
　　涉案财物管理 ………………… 168
　　非法入境固体废物移交处理工作
　　　机制建立 …………………… 168
　　企事业财务管理 ……………… 168
　　机关财务管理 ………………… 168
　　基建管理 ……………………… 169
　　装备管理 ……………………… 169
　　疫情防控物资保障 …………… 169
　　资产管理 ……………………… 169
督察内审 …………………………… 170
　　概况 …………………………… 170
　　督察监督 ……………………… 170
　　内部审计 ……………………… 170
　　探索推动各类监督贯通融合 …… 171
　　内控建设 ……………………… 171
　　推进内控示范"样板间"
　　　建设 ………………………… 171
　　执法评估 ……………………… 171
离退休干部工作 …………………… 173
　　概况 …………………………… 173
　　离退休干部思想政治工作 …… 173
　　离退休干部工作"三化"
　　　建设 ………………………… 173
　　离退休干部服务保障 ………… 174

离退休干部工作宣传 …………… 174

第六篇　隶属海关

喀什海关 ………………………… 177
 概况 ……………………………… 177
 党史学习教育 …………………… 177
 新冠肺炎疫情防控 ……………… 178
 安全把关 ………………………… 178
 服务发展 ………………………… 178
 支持综合保税区发展 …………… 178
 综合保障 ………………………… 179

乌鲁木齐地窝堡机场海关 ……… 180
 概况 ……………………………… 180
 党史学习教育 …………………… 180
 新冠肺炎疫情防控 ……………… 181
 支持空港口岸发展 ……………… 181
 队伍建设 ………………………… 181

乌鲁木齐邮局海关 ……………… 182
 概况 ……………………………… 182
 集中审像 ………………………… 182
 海关监管 ………………………… 182
 打私工作 ………………………… 183
 服务发展 ………………………… 183

乌昌海关 ………………………… 184
 概况 ……………………………… 184
 党史学习教育 …………………… 184
 新冠肺炎疫情防控 ……………… 185
 支持乌鲁木齐国际陆港区发展 …… 185

 海关监管 ………………………… 185
 加工贸易 ………………………… 185
 基层党建 ………………………… 186

红其拉甫海关 …………………… 187
 概况 ……………………………… 187
 党史学习教育 …………………… 187
 基层党建 ………………………… 187
 新冠肺炎疫情防控 ……………… 188
 安全把关 ………………………… 188
 服务发展 ………………………… 188
 队伍建设 ………………………… 188

卡拉苏海关 ……………………… 189
 概况 ……………………………… 189
 党史学习教育 …………………… 189
 统筹疫情防控和促进外贸稳
  增长 …………………………… 189
 综合保障 ………………………… 190

伊尔克什坦海关 ………………… 191
 概况 ……………………………… 191
 政治建设 ………………………… 191
 新冠肺炎疫情防控 ……………… 192
 业务建设 ………………………… 192
 后勤保障 ………………………… 192

吐尔尕特海关 …………………… 193
 概况 ……………………………… 193
 党史学习教育 …………………… 193
 新冠肺炎疫情防控 ……………… 193
 服务发展 ………………………… 194
 队伍建设 ………………………… 194

都拉塔海关 ……………………… 195
 概况 ……………………………… 195

党史学习教育 …………… 195
新冠肺炎疫情防控 …………… 195
监管服务 …………… 196
助力乡村振兴 …………… 196

霍尔果斯海关 …………… 197
概况 …………… 197
政治建设 …………… 197
党史学习教育 …………… 198
新冠肺炎疫情防控 …………… 198
检疫监管 …………… 198
打击走私 …………… 198
服务发展 …………… 199
支持中欧班列发展 …………… 199
法治建设 …………… 199
综合保障 …………… 200
队伍管理 …………… 200

霍尔果斯国际边境合作中心海关 …… 201
概况 …………… 201
党史学习教育 …………… 201
新冠肺炎疫情防控 …………… 201
打击"水客"走私 …………… 201
安全把关 …………… 202
霍尔果斯综合保税区通过
　验收 …………… 202
推进跨境电商发展 …………… 202
队伍建设 …………… 202

伊宁海关 …………… 204
概况 …………… 204
政治建设 …………… 204
党史学习教育 …………… 205
新冠肺炎疫情防控 …………… 205

服务发展 …………… 205
伊宁机场航空口岸通过预
　验收 …………… 205
综合保障 …………… 205

阿拉山口海关 …………… 207
概况 …………… 207
政治建设 …………… 208
新冠肺炎疫情防控 …………… 208
服务发展 …………… 208
服务中欧班列高效畅通 …………… 208
队伍建设 …………… 209

塔城海关 …………… 210
概况 …………… 210
党史学习教育 …………… 210
海关监管 …………… 210
新冠肺炎疫情防控 …………… 211
支持塔城重点开发开放试验区
　发展 …………… 211
口岸检疫能力提升 …………… 211

吉木乃海关 …………… 212
概况 …………… 212
党史学习教育 …………… 212
安全把关 …………… 212
服务发展 …………… 213
队伍建设 …………… 213

阿勒泰海关 …………… 214
概况 …………… 214
党史学习教育 …………… 214
统筹新冠肺炎疫情防控和促进
　外贸稳增长 …………… 215
国门生物安全 …………… 215

支持资源性产品进口 …………… 215
　　法治建设 ……………………… 215
哈密海关 …………………………… 216
　　概况 …………………………… 216
　　党史学习教育 ………………… 216
　　新冠肺炎疫情防控 …………… 216
　　安全生产 ……………………… 217
　　服务发展 ……………………… 217
　　培育辖区首家 AEO 高级认证
　　　企业 ………………………… 217
　　队伍建设 ……………………… 217
　　综合保障 ……………………… 217
石河子海关 ………………………… 218
　　概况 …………………………… 218
　　政治建设 ……………………… 218
　　新冠肺炎疫情防控 …………… 219
　　全面从严治党 ………………… 219
　　安全把关 ……………………… 219
　　优化营商环境 ………………… 219
库尔勒海关 ………………………… 221
　　概况 …………………………… 221
　　党史学习教育 ………………… 221
　　新冠肺炎疫情防控 …………… 221
　　安全把关 ……………………… 222
　　服务发展 ……………………… 222
阿克苏海关 ………………………… 223
　　概况 …………………………… 223
　　依法行政 ……………………… 223
　　服务发展 ……………………… 223
　　乡村振兴和"访惠聚"工作 …… 224

和田海关 …………………………… 225
　　概况 …………………………… 225
　　党史学习教育 ………………… 225
　　疫情防控和安全生产 ………… 225
　　服务发展 ……………………… 225
　　助推全疆首家禽肉企业对香港地区
　　　出口禽肉 …………………… 226
　　队伍建设 ……………………… 226

第七篇　事业单位

乌鲁木齐海关后勤管理中心 ……… 229
　　概况 …………………………… 229
　　内部疫情防控 ………………… 229
　　后勤综合保障 ………………… 229
乌鲁木齐海关技术中心 …………… 231
　　概况 …………………………… 231
　　科研工作 ……………………… 232
　　党建工作 ……………………… 232
新疆国际旅行卫生保健中心（乌鲁木齐海关
　口岸门诊部）…………………… 233
　　概况 …………………………… 233
　　新冠病毒实验室检测 ………… 233
　　检测能力提升 ………………… 234
中国电子口岸数据中心乌鲁木齐
　分中心 …………………………… 235
　　概况 …………………………… 235
　　网络和信息化安全 …………… 235
　　信息化服务质效提升 ………… 235

推广"关银一KEY通"实现
全疆全覆盖 …………………… 236
海关总署乌鲁木齐教育培训基地 ……… 237
　　概况 ………………………………… 237
　　经营管理 …………………………… 237

2021年新疆外贸出口主要商品
统计表 ………………………… 263
2021年新疆外贸进口主要商品
统计表 ………………………… 265
2021年乌鲁木齐海关货运监管
统计表 ………………………… 266

第八篇　大事记

2021年乌鲁木齐海关大事记 ………… 241

第十篇　荣誉和奖励

乌鲁木齐海关2021年"两优一先"
名录 …………………………… 269
乌鲁木齐海关首次荣获"光荣在党50年"
纪念章名单 …………………… 271
乌鲁木齐海关2021年荣获地厅级以上荣誉
情况 …………………………… 272
乌鲁木齐海关2021年奖励名录 ……… 275
2021年获得扎根艰苦地区边关工作荣誉章
人员名录 ……………………… 283
乌鲁木齐海关2021年授衔晋衔人员
名录 …………………………… 285

第九篇　统计资料

2021年新疆外贸进出口总值统计表
（按地州市）…………………… 255
2021年新疆外贸进出口各地（州、市）
分布情况 ……………………… 256
2021年新疆外贸进出口总值统计表
（按贸易方式）………………… 257
2021年新疆外贸进出口贸易方式构成
情况 …………………………… 258
2021年新疆外贸进出口总值统计表
（按企业性质）………………… 259
2021年新疆外贸进出口企业性质构成
情况 …………………………… 260
2021年新疆外贸进出口主要国别/地区
统计表（前30位）……………… 261

"中国海关史料丛书"编委会

"中国海关史料丛书"编委会 ………… 291

海关专题图片

领导活动

◀ 2021年2月7日,海关总署党委书记、署长倪岳峰通过视频指挥系统慰问边关干部职工,海关总署党委委员胡伟(前排右四)、王令浚(前排左三)、邹志武(前排右三)、陶治国(前排左二)、张际文(前排右二)、孙玉宁(前排左一)、黄冠胜(前排右一)参加慰问。(摄影:高立强)

2021年2月7日,海关总署党委书记、署长倪岳峰通过视频指挥系统慰问边关干部职工。图为卡拉苏海关汇报工作。(摄影:王子瑜)▶

◀ 2021年2月5日,2021年乌鲁木齐海关工作会议、全面从严治党工作会议以视频形式召开,党委书记、关长沈扬(中),党委委员、缉私局局长孙雷(右三),党委委员、党委纪检组组长宏军(左三),党委委员、副关长李世瑞(右二),党委委员、副关长吴卫(左二),党委委员、政治部主任孙晨明(右一),党委委员、副关长兰胜斌(左一)在主席台就坐。(摄影:吴卫东)

2021年7月14日,乌鲁木齐海关党委班子在乌鲁木齐市革命烈士陵园开展主题党日活动。(摄影:姚姣姣)

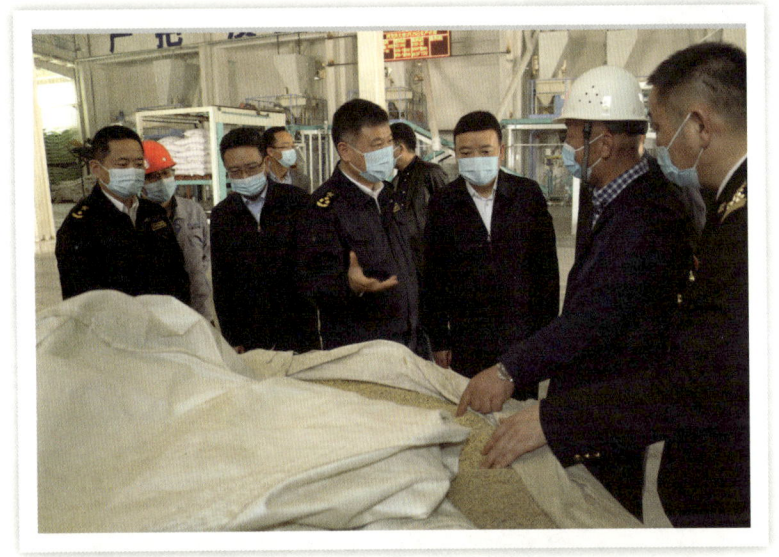

2021年3月25日,乌鲁木齐海关党委书记、关长沈扬(中)在阿克苏地区一家进境粮食加工企业调研。(摄影:王建陆)

2021年10月12日,乌鲁木齐海关党委书记、关长沈扬(左)在塔什库尔干塔吉克自治县参加"民族团结一家亲"活动。(摄影:尔卡木·夏克尔)

◀ 2021年1月8日,乌鲁木齐海关党委委员、缉私局局长孙雷(左二)参加乌鲁木齐海关缉私局办案中心揭牌仪式。(摄影:马源硚)

2021年10月14日,乌鲁木齐海关党委委员、纪检组组长宏军(左三)在石河子海关调研"现场监管与外勤执法权力寻租"专项整治工作情况。(摄影:杨莉莉) ▶

◀ 2021年5月8日,乌鲁木齐海关党委委员、副关长李世瑞(右)为关区首家通过海关AEO认证的外贸综合服务试点企业颁发认证证书。(摄影:赵端阳)

2021年11月12日,乌鲁木齐海关党委委员、副关长吴卫(前排右)参加《乌鲁木齐海关 自治区林业和草原局进出境林业有害生物联防联控机制》签署仪式。(摄影:金秋百卉)

2021年7月27日,乌鲁木齐海关党委委员、政治部主任孙晨明(右三)在霍尔果斯阿拉马力边防连参观调研。(摄影:穆哈买提·达吾代)

2021年8月26日,乌鲁木齐海关党委委员、副关长兰胜斌(右三)在辖区重点外贸企业新疆中泰(集团)有限公司调研。(摄影:张卿)

党的建设

▲ 2021年6月20日,乌鲁木齐海关举办庆祝中国共产党成立100周年"红色故事会"暨合唱比赛。(摄影:贾佳)

▲ 2021年6月28日,乌鲁木齐海关召开关区党建工作交流会暨"七一"表彰大会。(摄影:贾佳)

2021年12月23日,乌鲁木齐海关举办党史学习教育"我身边的榜样"故事演绎活动。(摄影:吴卫东)

◀2021年6月25日,乌鲁木齐海关选送节目参加自治区直属机关工委庆祝中国共产党成立100周年红色故事演讲比赛,荣获一等奖。(摄影:石程)

◀2021年12月9日,乌鲁木齐海关举办党委理论学习中心组(扩大)学习暨党的十九届六中全会精神专题学习班。(摄影:杨婷)

2021年4月26日,喀什区域"五关一局"开展党史知识竞赛活动。(摄影:尚小伟)▶

◀2021年6月4日,乌鲁木齐地窝堡机场海关开展"学党史、进企业、办实事"党建活动。(摄影:王燕)

2021年7月1日,塔城海关党员干部在新国门前重温入党誓词。(摄影:安建霜)

◀2021年10月1日,都拉塔海关连线"党徽大叔"阿布都加帕尔·猛德向榜样学习。(摄影:高睿)

2021年12月3日,吉木乃海关党员学习党的十九届六中全会精神。(摄影:阿勒米热·瓦黑提)

◀2021年3月15日，乌鲁木齐海关召开新时代"访惠聚"驻村工作会议。（摄影：姚姣姣）

2021年9月25日，乌鲁木齐海关"访惠聚"工作队通过直播带货方式助力高原雪菊产业发展。（摄影：姚姣姣）▶

◀2021年7月3日，喀什海关"访惠聚"驻村工作队与干部群众一起抗洪抢险。（摄影：尚小伟）

严把国门安全

2021年3月13日，乌鲁木齐海关破获一起走私入境珍贵动物制品案，查获高鼻羚羊角2,530根，案值达2.02亿元。（摄影：奎鹏远）

◀2021年12月2日，乌鲁木齐海关开展"蓝天2021-9·6"打击固体废物收网行动，查获涉案走私固体废物4,000余吨，为当年全国陆路口岸之最。（摄影：马晨祥）

2021年10月19日，塔城海关在出口货运渠道查获一批出口仿真枪，共计1,400套。（摄影：李东睿）

◀ 2021年6月27日,阿拉山口海关在出口货运渠道查获出口夹藏精神药品13.3万片剂。(摄影:吴南仕)

2021年9月17日,邮局海关关员在集中审像中心开展H986机检图像研判工作。(摄影:帕合热丁)▶

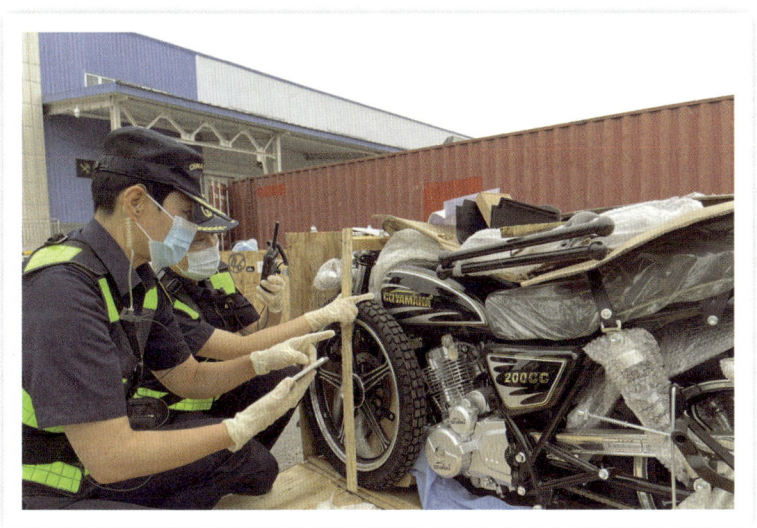

◀ 2021年7月14日,乌昌海关在出口货运渠道查获涉嫌侵权"YAMAHA"摩托车26辆。(摄影:艾迪拜·艾尔肯)

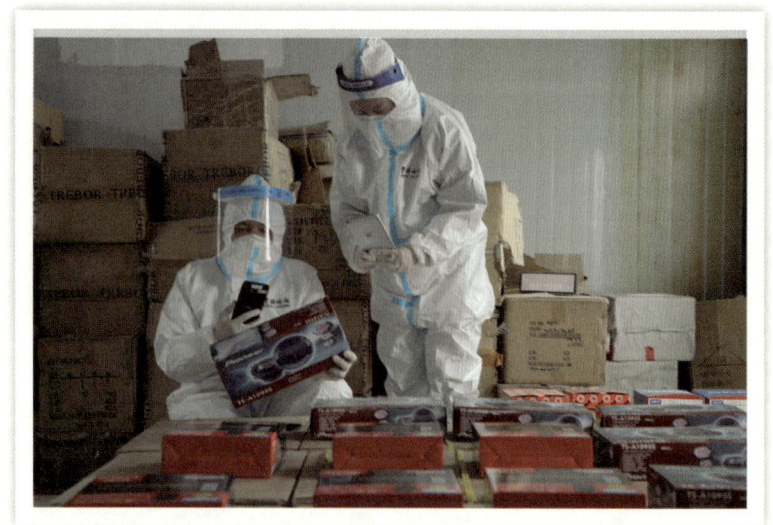

2021年3月16日,吐尔尕特海关在出口货运渠道查获涉嫌侵权的汽车配件375个。(摄影:阿不都热合曼·依马木)

◀2021年8月28日,乌昌海关全力保障首批法国种猪顺利引进并做好驻场隔离检疫监管工作。(摄影:李雄)

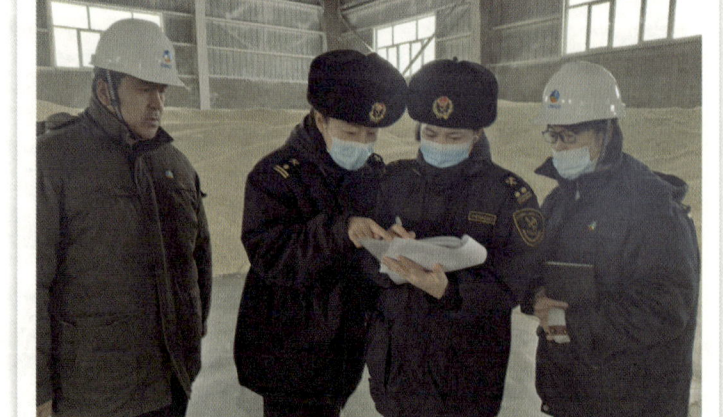

2021年12月14日,塔城海关关员对进境粮食定点加工厂进行现场考核。(摄影:王璇)

◀2021年9月8日,伊宁海关在出口水果注册果园开展国门生物安全监测工作。(摄影:曾侠)

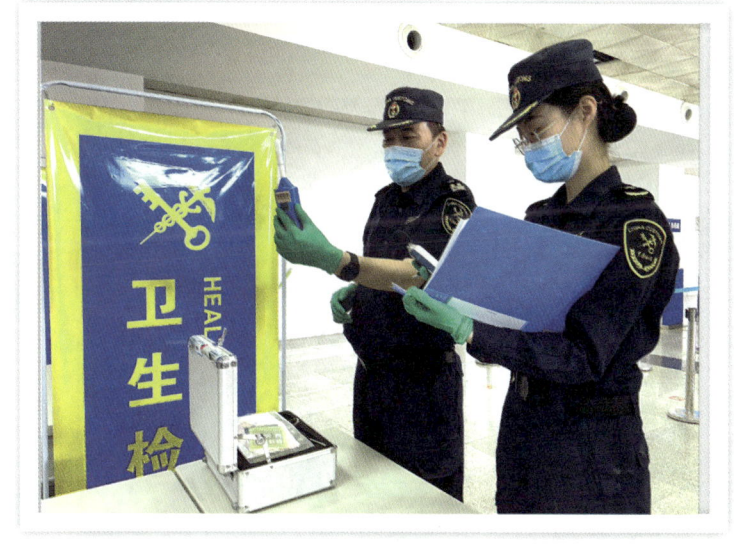

2021年6月2日,喀什海关▶对喀什国际机场公共场所开展微小气候及空气质量监测。(摄影:赵超杰)

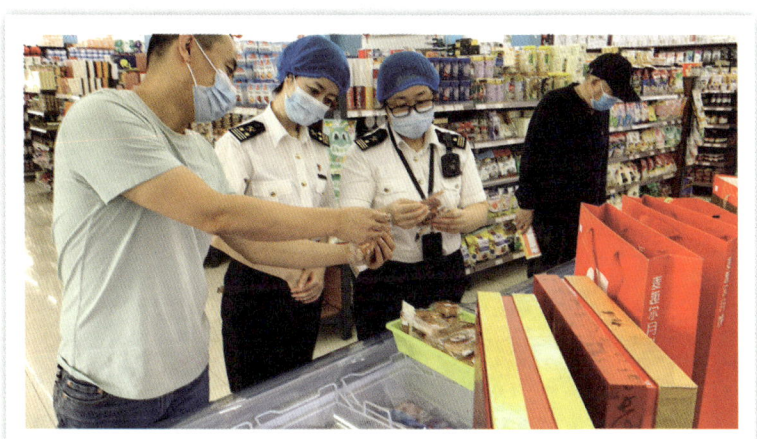

◀2021年9月16日,地窝堡机场海关开展中秋节前食品安全专项监督检查。(摄影:关江波)

疫情防控

2021年1月29日,中国—哈萨克斯坦边境口岸疫情联防联控机制视频会议在乌鲁木齐海关举行。(摄影:贾佳)

◀2021年3月20日,地窝堡机场海关关员对入境航班开展登临检疫。(摄影:高钧)

2021年8月8日,霍尔果斯海关规范做好入境车辆表面新冠病毒核酸采样工作。(摄影:孙婉娇)

◀ 2021年12月10日,伊尔克什坦海关关员对入境车辆表面进行新冠病毒核酸样本采集。(摄影:黄柏戈)

2021年9月23日,乌鲁木齐海关保健中心技术人员开展新冠病毒核酸检测。(摄影:田锋)▶

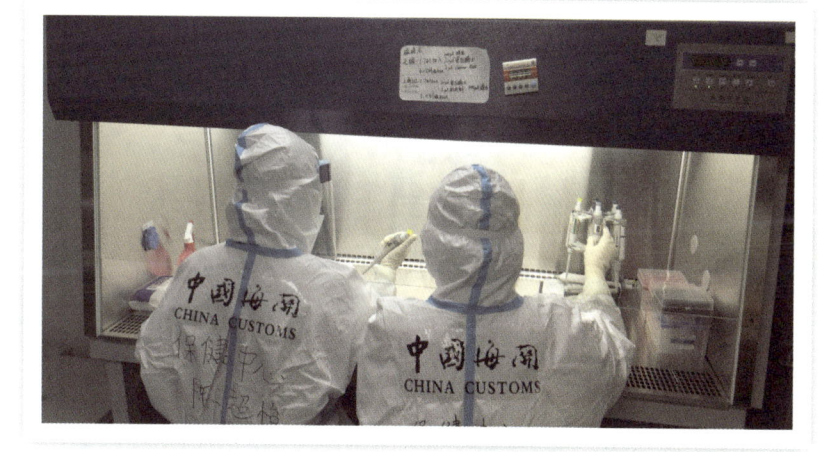

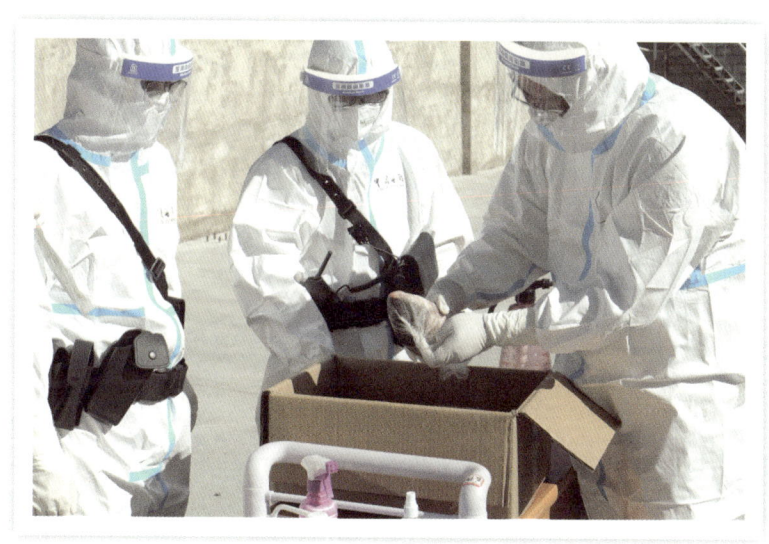

◀ 2021年8月22日,吉木乃海关开展进口冷链食品应急处置演练。(摄影:郑金元)

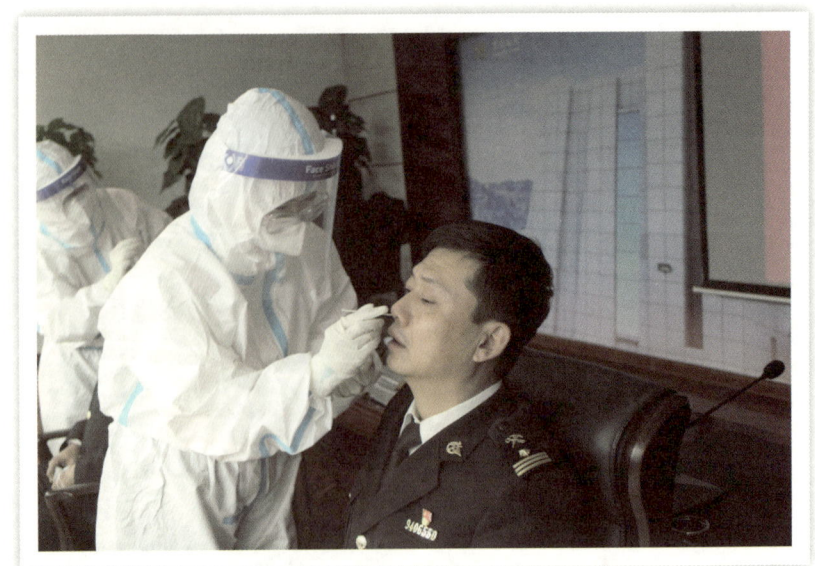

2021年12月23日,伊尔克什坦海关开展"争当防疫标兵"培训演练。(摄影:李魏)

2021年11月2日,阿勒泰海关严格落实口岸疫情闭环管理措施,及时清除车载式H986积雪,全力做好恢复货运通关准备工作。(摄影:崔晓晖)

2021年3月30日,乌鲁木齐海关后勤管理中心对办公楼公共区域开展预防性消毒。(摄影:宋立人)

支持丝绸之路经济带核心区建设

◀ 2021年5月25日,乌鲁木齐海关与新疆贸促会举行加强协作机制签署仪式。(摄影:齐帅)

2021年12月9日,乌鲁木齐海关与乌鲁木齐经济技术开发区(头屯河区)签署《关于加强关地合作促进开放型经济发展合作备忘录》。(摄影:杨逸萌) ▶

◀ 2021年12月10日,乌鲁木齐海关与克拉玛依市人民政府签署合作备忘录。[摄影:李浩然(《克拉玛依日报》)]

2021年8月5日,乌鲁木齐海关在自治区人民政府举行新闻发布会,介绍促进新疆外贸稳增长情况。(摄影:贾佳)▶

◀ 2021年4月24日,乌昌海关关员在乌鲁木齐国际陆港区高效验放入境中欧班列货物。(摄影:杨逸萌)

2021年3月10日，霍尔果斯海关关员在中哈天然气计量站取样，保障国家能源通道安全畅通。（摄影：张玖一）

◀2021年6月5日，阿拉山口海关关员在中哈原油管道计量站开展现场监管读数，服务国家能源安全战略。（摄影：唐秋菊）

2021年11月2日，阿勒泰海关关员开展进口原煤采样工作，保障进境能源资源质量安全。（摄影：阿尔艾·努尔黑扎提）

◀ 2021年7月15日,霍尔果斯综合保税区通过自治区联合验收组验收。(摄影:何梓豪)

2021年9月9日,喀什海关助力喀什综合保税区内跨境电商企业发展。(摄影:吴卫东)▶

◀ 2021年10月22日,霍尔果斯海关关员在雨雪天保障中欧班列高效开行。(摄影:伊木热尼·木塔力甫)

2021年3月5日,阿拉山口海关关员冒雪开展出境班列车体检查及封志核实等作业。(摄影:黄标)

◀ 2021年11月25日,喀什海关保障首列喀什—塔什干跨境电商专列开行。(摄影:迪丽尼尕尔·迪力夏提)

2021年5月15日,中哈霍尔果斯国际边境合作中心"空中陆桥"物流通道正式运营。图为首个集装箱运往哈萨克斯坦。(摄影:何梓豪)

◀ 2021年5月12日,乌昌海关关员赴辖区轮胎生产企业开展原产地调查。(摄影:李士钰)

2021年3月16日,喀什海关关员克服沙尘天气影响验放出境货物。(摄影:张兆涵)▶

◀ 2021年12月2日,伊尔克什坦海关关员对出口馕制品进行现场查验。(摄影:张冠俊)

边关队伍建设

2021年4月28日,乌鲁木齐海关组织开展内务规范强化月队列会操。(摄影:贾佳)

2021年7月2日,乌鲁木齐海关召开《乌鲁木齐海关干部换防式交流工作实施细则》宣讲会。(摄影:李柯霖)

2021年12月9日,乌鲁木齐海关工会第一届第二次会员代表大会顺利召开。(摄影:张瀚文)

◀ 2021年5月19日,乌鲁木齐海关马艳辉(右二)作为基层代表参加中共中央宣传部举行的"当好让中央放心、让人民满意的国门卫士"中外记者见面会。

2021年11月19日,霍尔果斯海关书吧获评"全国工会职工书屋示范点"。图为举行赠书拆封仪式。(摄影:柴书畅)

◀ 2021年3月28日,自治区妇联为喀什海关报关服务大厅颁发"全国三八红旗集体"牌匾和荣誉证书。(摄影:陈国文)

2021年8月8日,霍尔果斯海关深入社区为居民宣传讲解新法、解答法律问题。(摄影:贾丽媛)▶

◀ 2021年12月1日,阿勒泰海关关员向企业人员讲解艾滋病防治知识。(摄影:阿不都许库·阿不拉海提)

2021年6月26日,霍尔果斯国际边境合作中心海关在旅检大厅开展禁毒宣传活动。(摄影:聂小伟)

◀2021年3月5日,哈密海关组织开展"三八"妇女节系列活动。(摄影:祁翔)

第一篇

特 载

乌鲁木齐海关基本情况、主要职能、组织架构

一、基本情况

中华人民共和国乌鲁木齐海关（以下简称"乌鲁木齐海关"）是受中华人民共和国海关总署（以下简称"总署"）垂直领导的正厅级直属海关，负责新疆维吾尔自治区（以下简称"新疆"或"自治区"）范围内各项海关管理工作。

（一）历史沿革。

乌鲁木齐海关始建于1944年，当时称"新疆关"。1950年3月9日，中华人民共和国海关总署发布通令，将"新疆关"更名为"中华人民共和国迪化关"。1954年2月13日，海关总署电令"迪化关"更名为"乌鲁木齐关"。1981年8月1日，"乌鲁木齐关"正式称为"中华人民共和国乌鲁木齐海关"。1984年9月，乌鲁木齐海关被国务院批准为正局级海关。2018年3月，党中央作出深化党和国家机构改革的部署，明确国家质量监督检验检疫总局的出入境检验检疫管理职责和队伍划入总署。2018年4月，原新疆出入境检验检疫局完成机构转隶，正式划入乌鲁木齐海关。

（二）主要特点。

乌鲁木齐海关辖区范围为自治区全境，是全国监管区域最大的直属海关，监管区域点多线长面广，机构布局高度分散。一是政治把关责任重。新疆是我国反恐维稳的前沿阵地和主战场，乌鲁木齐海关承担着严防武器弹药、核生化爆、反宣品渗透以及反奸防谍等重任。二是战略区位辐射广。辖区总面积为166.49万平方千米，占中国陆地面积的六分之一；辖区陆地边境线长5,700多千米，占中国陆地边境线总长的四分之一；与周边8个国家接壤，超过中国接壤国家总数的二分之一。三是开放发展潜力大。党中央高度重视新疆工作，先后召开3次中央新疆工作座谈会、8次全国对口支援新疆工作会议，并赋予新疆作为丝绸之路经济带核心区的重要定位，新疆开放型经济发展有着广阔前景。四是艰苦奋斗作风硬。新疆口岸自然环境十分恶劣，南疆多个隶属海关位于高

原地区，海拔 4,500 米以上，空气含氧量仅有平原地区的 50%；北疆部分隶属海关位于高寒山区，冬季漫长且最低温度达零下 45 度，阿拉山口口岸每年 8 级以上大风天气达 165 天。一代代乌鲁木齐海关人凝聚形成了"特别能吃苦、特别能忍耐、特别能战斗、特别能奉献"的红其拉甫海关"四特"精神。2005 年，乌鲁木齐海关被国务院授予"艰苦奋斗模范海关"荣誉称号。

（三）新疆口岸开放情况。

截至 2021 年年底，新疆共有国家批准的对外开放口岸 20 个。其中，公路口岸 15 个、铁路口岸 2 个、航空口岸 3 个。公路口岸中，已开放的共有 13 个。其中，新疆与蒙古国的边境口岸 4 个：老爷庙口岸（哈密市）、乌拉斯台口岸（昌吉回族自治州）、塔克什肯口岸（阿勒泰地区）、红山嘴口岸（阿勒泰地区）；新疆与哈萨克斯坦的边境口岸 5 个：吉木乃口岸（阿勒泰地区）、巴克图口岸（塔城地区）、阿拉山口口岸（博尔塔拉蒙古自治州）、霍尔果斯口岸（伊犁哈萨克自治州）、都拉塔口岸（伊犁哈萨克自治州）；新疆与吉尔吉斯斯坦的边境口岸 2 个：吐尔尕特口岸（克孜勒苏柯尔克孜自治州）、伊尔克什坦口岸（克孜勒苏柯尔克孜自治州）；新疆与巴基斯坦的边境口岸 1 个，即红其拉甫口岸（喀什地区）；新疆与塔吉克斯坦的边境口岸 1 个，即卡拉苏口岸（喀什地区）。尚未开放的公路口岸 2 个，均为与哈萨克斯坦的边境口岸，分别是阿黑土别克口岸（阿勒泰地区）、木扎尔特口岸（伊犁哈萨克自治州）。铁路口岸为阿拉山口铁路口岸（博尔塔拉蒙古自治州）、霍尔果斯铁路口岸（伊犁哈萨克自治州）。航空口岸为乌鲁木齐航空口岸、喀什航空口岸、伊宁航空口岸，其中伊宁航空口岸正在建设中，尚未对外开放。

二、主要职能

根据总署批复，乌鲁木齐海关主要职能为：

（一）负责本关区贯彻落实党中央、国务院关于海关工作的方针政策和决策部署，在履行职责过程中坚持和加强党对海关工作的集中统一领导，履行全面从严治党责任。

（二）负责贯彻执行与海关管理相关的法律、法规、规章、规范性文件和相关技术规范，负责本关区征税、监管、缉私、出入境检验检疫、统计等工作。

（三）监控研判本关区各类执法风险、管理风险和廉政风险并组织防范和化解，负责本关区基层党组织建设、队伍建设和日常管理工作。

（四）完成总署交办的其他工作。

此外，乌鲁木齐海关缉私局的主要职能为：负责查办走私犯罪案件；管理和指导行政执法、刑事执法工作，办理行政执法案件，受理刑事赔偿、刑事申诉案件；负责缉私情报工作；受理反走私举报；负责反走私社会综合治理工作；贯彻落实海关缉私警察队伍管理、装备使用管理、警务督察、纪检监察等规章制度。

三、组织架构

截至2021年年底，乌鲁木齐海关共有各类机构49个，其中内设机构18个、隶属海关单位22个、事业单位9个。

（一）内设机构（18个）。

正处级内设机构15个：办公室（党委办公室）、法规和综合业务处、关税处、卫生检疫处、动植物检疫处、进出口食品安全处、商品检验处、口岸监管处、统计分析处、企业管理和稽查处、财务处、科技处、督察内审处、人事处（党委组织部）、教育处。

正处级机构3个：机关党委（思想政治工作办公室、党委宣传部、党委巡察工作办公室）、监察室（党委纪检组）、离退休干部办公室。

另外，监察室（党委纪检组）下设9个派驻纪检组：乌鲁木齐海关党委第一派驻纪检组负责乌鲁木齐地窝堡机场海关、乌鲁木齐海关技术中心、新疆国际旅行卫生保健中心（海关口岸门诊部）、中国电子口岸数据中心乌鲁木齐分中心、总署乌鲁木齐教育培训基地具体工作，常驻乌鲁木齐地窝堡机场海关；乌鲁木齐海关党委第二派驻纪检组负责乌昌海关、乌鲁木齐邮局海关、石河子海关、乌鲁木齐海关风险防控分局具体工作，常驻乌昌海关；乌鲁木齐海关党委第三派驻纪检组负责喀什海关、红其拉甫海关、卡拉苏海关、伊尔克什坦海关、吐尔尕特海关具体工作，常驻喀什海关；乌鲁木齐海关党委第四派驻纪检组负责都拉塔海关、霍尔果斯海关、霍尔果斯国际边境合作中心海关、伊宁海关具体工作，常驻霍尔果斯海关；乌鲁木齐海关党委第五派驻纪检组负责阿拉山口海关具体工作，常驻阿拉山口海关；乌鲁木齐海关党委第六派驻纪检组负责塔城海关具体工作，常驻塔城海关；乌鲁木齐海关党委第七派驻纪检组负责吉木乃海关、阿勒泰海关具体工作，常驻阿勒泰海关；乌鲁木齐海关党委第八派驻纪检组负责哈密海关具体工作，常驻哈密海关；乌鲁木齐海关党委第九派驻纪检组负责库尔勒海关、阿克苏海关、和田海关具体工作，常驻库尔勒海关。

（二）隶属海关单位（22个）。

副厅级隶属海关单位1个：喀什海关，内设办公室（党委办公室）、综合业务处、查检处、稽查处、物流监控处、人事政工处（党委组织宣传部）6个正处级机构；下设正处级机构喀什海关驻机场办事处。

正处级隶属海关单位21个：乌鲁木齐地窝堡机场海关、乌鲁木齐邮局海关、乌昌海关、红其拉甫海关、卡拉苏海关、伊尔克什坦海关、吐尔尕特海关、都拉塔海关、霍尔果斯海关、霍尔果斯国际边境合作中心海关、伊宁海关、阿拉山口海关、塔城海关、吉木乃海关、阿勒泰海关（下设副处级机构阿勒泰海关驻塔克什肯办事处)、哈密海关、石河子海关、库尔勒海关、阿克苏海关、和田海关、乌鲁木齐海关风险防控分局。

乌鲁木齐海关共设置科级内设机构207个，其中机关内设科室60个、隶属海关单位内设科室147个。

(三) 事业单位（9个）。

事业单位9个：乌鲁木齐海关后勤管理中心、乌鲁木齐海关技术中心、新疆国际旅行卫生保健中心（乌鲁木齐海关口岸门诊部）、中国电子口岸数据中心乌鲁木齐分中心（总署委托乌鲁木齐海关管理的总署所属事业单位）、总署乌鲁木齐教育培训基地、中国质量认证中心乌鲁木齐海关评审中心、喀什海关技术中心、伊宁海关技术中心、阿拉山口海关技术中心。

其中，中国质量认证中心乌鲁木齐海关评审中心为乌鲁木齐海关所属生产经营类事业单位，总署正在推动转企改制工作；喀什海关技术中心、伊宁海关技术中心、阿拉山口海关技术中心分别为喀什海关、伊宁海关、阿拉山口海关所属事业单位。

此外，乌鲁木齐海关缉私局内设10个处室：办公室、政治处、纪检监察处、警务督察处、侦查处、查私处、刑事技术处、法制一处、法制二处、情报技术处。下设6个缉私分局：喀什海关缉私分局、霍尔果斯海关缉私分局、阿拉山口海关缉私分局、塔城海关缉私分局、阿勒泰海关缉私分局、乌鲁木齐地窝堡机场海关缉私分局；在哈密海关、石河子海关、都拉塔海关、吉木乃海关、霍尔果斯国际边境合作中心海关、阿勒泰海关驻塔克什肯办事处、红其拉甫海关、伊尔克什坦海关、吐尔尕特海关、卡拉苏海关设10个口岸缉私科。

组织架构

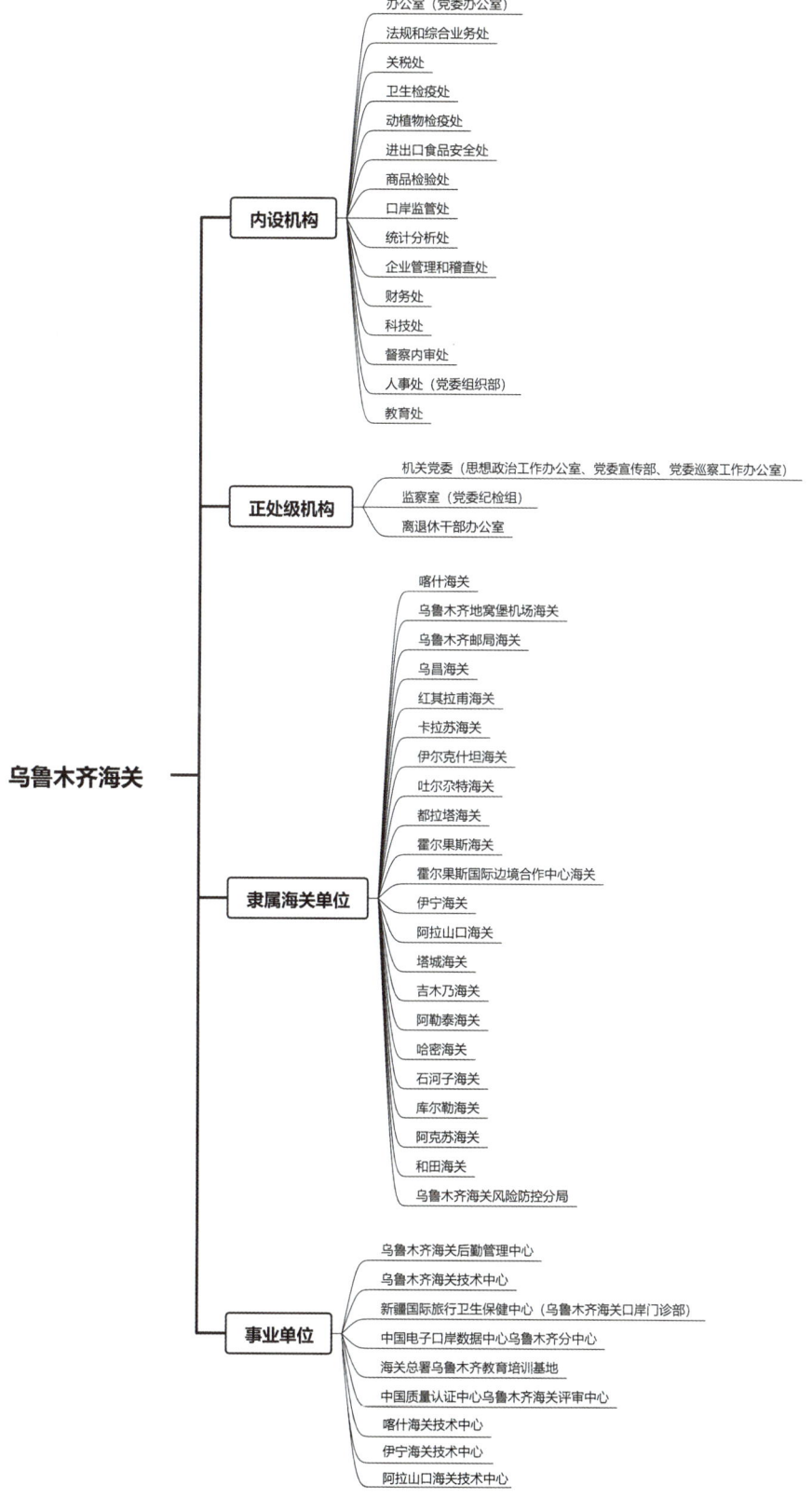

乌鲁木齐海关贯彻落实"十四五"海关发展规划实施意见

(2021年11月16日印发)

根据《中共中央关于制定国民经济和社会发展第十四个五年规划和二〇三五年远景目标的建议》和《中华人民共和国国民经济和社会发展第十四个五年规划和2035年远景目标纲要》，为深入贯彻落实总署、自治区"十四五"时期相关发展规划，结合乌鲁木齐海关实际，特制定乌鲁木齐海关贯彻落实"十四五"海关发展规划实施意见。

一、"十三五"时期关区工作回顾

"十三五"时期，在习近平新时代中国特色社会主义思想的引领下，关区全体干部职工不忘初心、牢记使命，众志成城、接力奋斗，坚决落实党中央、国务院重大决策部署，扎实推进政治建关、改革强关、依法把关、科技兴关、从严治关，在一些重要领域和关键环节取得新进展，保持持续健康发展的良好势头，得到总署党委和自治区党委政府的充分肯定，为"十四五"时期关区发展奠定了坚实基础。

——深入践行政治建关，"两个维护"一以贯之。深入学习贯彻习近平新时代中国特色社会主义思想，先后开展"三严三实"专题教育、"两学一做"学习教育和"不忘初心、牢记使命"主题教育，队伍理想信念更加坚定。认真落实第二次、第三次中央新疆工作座谈会精神，在总署党委"25+19"项利疆惠疆措施、署区合作备忘录的指引下，研究出台"12519"行动方案、落实新时代党的治疆方略28条举措等，连续打出海关服务新疆发展稳定大局"组合拳"。坚决落实习近平总书记重要指示批示精神，先后破获一系列有影响力的走私大要案。众志成城抗击新冠肺炎疫情，坚决打好"外防输入"阻击战。认真落实"六稳""六保"部署，出台促进外贸稳增长、支持中欧班列和综合保税区发展等一系列务实措施，全力对冲疫情影响。紧扣总署和自治区重大决策部署开展分析研究，在丝绸之路经济带核心区建设发展中的作用进一步提升。350余名"访惠聚"驻村干部和扶贫第一书记接续奋战在脱贫攻坚一线，为决战决胜全面建成小康社会做出了海关贡献。

——持续深化改革强关，服务发展成果丰硕。坚决落实总署改革部署，"双随机、一公开"覆盖海关全部执法领域，协同推进无纸化通关、"三互"大通关及全国通关一体化改革，稳步实施"海关全面深化业务改革2020框架方案"，简政放权、"放管服"改革、提效降费、压缩整体通关时间等成效不断巩固。高效落实党和国家机构改革部署，队伍业务融合纵深推进，机构改革红利不断释放。积极融入"一带一路"建设大局，监管中欧班列列数、货运量连年攀升，跨境电商、TIR、多式联运等业务从无到有，形成多层次对外开放布局。与周边5国海关建立了稳定的双边合作机制，农副产品快速通关"绿色通道"得到习近平总书记的肯定。5年来，各项业务量大幅增长，"十三五"时期监管进出口货运量达2.14亿吨，较"十二五"时期增长24.9%。

——毫不松懈依法把关，维护国门安全有力有为。紧扣国家安全面临的复杂形势，坚持把查缉武器弹药、毒品、反宣品等危安物品走私作为打击重点，坚决维护新疆社会稳定和长治久安。始终贯彻人民至上理念，全面强化动植物疫情全链条防控，有力阻击了非洲猪瘟、苹果枝枯病、高致病性禽流感、沙漠蝗等重大疫病疫情。严把进出口商品质量安全关，建成关区首个国家级风险监测点，查发上报进口采棉机质量问题，得到总署高度重视并暂停进口。严格落实食品安全"四个最严"要求，坚决维护国家利益和人民健康。深入开展"国门利剑"专项行动，立案数量、联合打私、涉税案件侦办等均取得新突破。5年来，关区刑事和行政立案数分别为204起、3,846起，总署挂牌督办案件10起。其中，刑事立案数量较"十二五"时期增长3倍。

——大力实施科技兴关，智慧海关提质增效。全力推动金关二期工程建设，科技装备升级改造和配备力度不断加大，信息化、智能化水平有力提升。H986设备由2015年的17台增加到30台，实现新疆口岸H986设备全覆盖，并在全国海关率先开展"集中审像""智能审图"改革。顺利完成HB2012、H2018等32个署级重点系统推广，自主开发建设了合作中心联网监管系统、边民互市辅助管理系统等8个关级信息化平台，建成1个二级、5个三级监控指挥中心，"互联网+海关"一体化网上办事平台平稳运行，科技引领支撑作用得到有力彰显。5年来，有35项研究课题获得总署、自治区重点研发立项。

——纵深推进从严治关，队伍建设不断强化。深入贯彻党中央全面从严治党各项部署，压紧压实"两个责任"，严格落实中央八项规定精神，坚定不移推进党风廉政建设和反腐败斗争，清廉海关建设不断深入。持续加强关区党的建设，统一收归管理隶属海关党的组织关系，"支部建在科上"实现全覆盖，"强基提质"工程大力推进，打造"两红"党性教育品牌，红其拉甫海关水布浪沟旧址成为全国海关特色教学基地党性课堂。坚持"20字"好干部标准，突出业绩导向，选优配强各级领导班子，大力培养选拔优秀年轻干部，干部职工干事创业热情不断激发。创新实施干部"换防式"交流机制，为优化人力结构、稳定边关队伍开辟了新路径，受到总署党委的充分肯定。持续加大民生保障力度，深入落实总署党委支持艰苦地区边关22条保障措施，边关工作生活条件不断改善。扎实推进准军事化纪律部队建设，大力弘扬红其拉甫海关"四特"精神，涌现出一大批先进典型。5年来，关区共创建获评9个全国文明单位，83个集体和118名个人获得省部级以上表彰。

二、"十四五"时期关区发展面临的形势

——从国际国内经济社会发展形势来看。世纪疫情和百年变局交织，经济全球化遭遇逆流，国际贸易和投资持续低迷，国际经贸规则主导权之争更趋激烈，产业链供应链本土化、短距化、区域化布局的趋势显现。外贸发展存在不确定性，稳中提质任务依然艰巨。同时，我国经济长期向好的基本面没有变，韧性好、潜力足、回旋余地大的基本特征没有变，持续增长的良好支撑基础和条件没有变，经济结构调整优化的前进态势没有变。尽管发展面临的环境更复杂、面对的风险和挑战更多，但是仍处于可以大有作为的重要战略机遇期。

——从新疆经济社会发展态势来看。"十四五"时期，新疆仍处在维护稳定巩固期、对外斗争尖锐期、由稳向治攻坚期，稳定的基础还需不断筑牢。对关区来说，就是要聚焦社会稳定和长治久安总目标，完整准确贯彻新时代党的治疆方略，统筹发展与安全，始终把维护国门安全作为首要职责，不断巩固和筑牢安全屏障；始终把促进发展作为长远之策，在富民兴边中贡献海关力量，切实为建设新时代中国特色社会主义新疆发挥更大作用。

——从全国海关发展形势来看。海关首先是政治机关，必须坚定坚决地走好"第一方阵"。任何时候都要牢记严格监管是本职，放松监管就是失职渎职。处在国内国际双循环的"交汇枢纽"，必须积极主动作为，协同推进强大国内市场和贸易强国建设，更好服务构建新发展格局。对关区来说，就是要紧紧围绕新目标新任务，做到守正和创新并重、增体量和提质量并重、打基础和利长远并重、增动力和聚合力并重、事业发展和人的发展并重，为关区"十四五"发展提供源源不断的前进动力。

——从关区自身发展情况来看。尽管

过去5年关区发展取得显著成效，但也要清醒地看到，关区工作还存在一些不足。一些业务基础薄弱，改革的系统性整体性协同性有待增强。基层基础建设尚不能完全适应海关履职要求，应对复杂局面、解决疑难问题的能力需持续强化。综合保障水平仍有较大差距。党风廉政建设和反腐败斗争形势依然严峻，准军事化纪律部队建设还需加强。这些都需要我们找准关区工作定位，加大探索实践力度，采取管用有效措施，在"十四五"时期实现各方面工作更高质量发展。

三、"十四五"时期关区发展总体要求

（一）指导思想。

高举中国特色社会主义伟大旗帜，深入贯彻党的十九大和十九届历次全会精神，以马克思列宁主义、毛泽东思想、邓小平理论、"三个代表"重要思想、科学发展观、习近平新时代中国特色社会主义思想为指导，全面贯彻习近平总书记对海关工作、新疆工作的重要指示批示精神，把握新发展阶段、贯彻新发展理念、构建新发展格局，完整准确贯彻新时代党的治疆方略，紧紧聚焦社会稳定和长治久安新疆工作总目标，全面落实总署和自治区各项决策部署，以推动高质量发展为主题，坚决筑牢国门安全防控阵地，全力服务丝绸之路经济带核心区建设，以社会主义现代化海关建设为战略牵引，全面提升制度创新和治理能力建设水平，为全面建设社会主义现代化国家贡献力量。

（二）基本原则。

——坚持政治统领、党建引领。坚持把学习贯彻习近平新时代中国特色社会主义思想作为首要政治任务，不断增强"四个意识"、坚定"四个自信"、做到"两个维护"。以政治建设为统领，不断增强政治判断力、政治领悟力、政治执行力，充分发挥党的建设引领保障作用，把加强党的全面领导贯穿关区工作全领域、全过程，在推进关区各项事业发展中充分体现党的政治优势和制度优势。

——坚持人民至上、执法为民。践行"人民海关为人民"，坚持以依法行政为基本准则。切实将"把好国门"作为第一职责，紧紧筑牢国门安全坚强防线，忠实履行把关服务职能。公正执法，精准履职，高效服务，努力提升人民群众获得感、幸福感、安全感。充分调动广大干部职工的积极性、主动性和创造性，永葆关区队伍生机活力。

——坚持问题导向、全面发展。聚焦关区事业发展面临的突出矛盾和问题，深入调查研究，鼓励基层大胆探索，着力固根基、扬优势、补短板、强弱项，以问题导向推动各项事业不断向纵深推进。坚持试点先行和全面推进相促进，既鼓励大胆试、大胆闯，又坚持实事求是、善作善成，确保关区发展行稳致远。

——坚持改革创新、稳步实施。坚定

不移推进全面深化改革，突出抓好破除体制机制障碍的重点领域改革，让企业和群众更多地感受到海关改革红利。注重以改革为牵引，积极融入国家对外开放战略，切实在"畅通国际物流大通道、优化口岸营商环境、丰富对外开放平台、深化国际合作"等方面强化海关功能作用，有力有效服务对外开放发展大局。

——坚持系统观念、协同高效。加强顶层设计，抓好前瞻性思考、全局性谋划、战略性布局、整体性推进，质效并举推动各项工作高质量发展。树牢底线思维，统筹应对各方面风险挑战，实现发展与安全有机统一。统筹处理好宏观把握与阶段预判、全面擘画与局部规划、总体部署与重点安排、整体推进与具体落实等各方面关系，推动质量变革、效率变革、动力变革，凝聚形成关区上下锐意进取、后发赶超的磅礴动力和生动局面。

(三) 发展目标。

按照建设中国特色社会主义现代化海关的要求，推进制度创新和治理能力现代化，全面发挥海关职能作用，积极探索新时代关区改革发展的实践路径，今后5年要努力实现以下主要目标。

——政治建关全面强化，政治建设水平显著提升。坚持以党的政治建设为统领，政治机关建设更加深入，政治机关意识更加牢固。认真贯彻新时代党的治疆方略，维护新疆社会稳定和长治久安更加坚决有力，服务新疆丝绸之路经济带核心区建设更加积极有为。坚定走好"两个维护"第一方阵，永葆政治机关鲜明本色。守正创新，赋予红其拉甫海关"四特"精神新的时代内涵。锲而不舍、一以贯之，确保关区改革建设始终沿着正确方向前进，争做让党中央放心、让人民群众满意的模范机关。

——改革强关全面深化，制度创新和治理能力显著提升。落实新发展理念更加系统深入，服务经济社会发展更加优质高效，维护安全能力更加突出，准军事化海关纪律部队建设高质量推进，改革创新更加系统集成、协同高效，关区各项工作在高质量发展上取得更多新突破。

——依法把关全面加强，法治建设水平显著提升。关区各方面制度体系更加科学完备，法治实施体系更加全面高效，行政权力监督制约机制更加严密有效，法治实施保障更加协同有力，运用法治思维和法治方式更加自觉主动，执法环境更加规范有序、公平高效，法治海关建设取得长足进展。

——科技兴关全面推进，科技创新应用显著提升。科技投入力度进一步加大，科技发展基础进一步夯实，强化科技创新应用，优化完善关区安全运维管理体系，业务科技一体化有力推进，实验室规划布局更加合理、技术体系更加完善，检验检测能力明显提升，口岸监管装备应用成效明显，智慧海关成效更加突出。

——从严治关全面深入，干部队伍素

质显著提升。全面加强党的建设，清廉海关建设纵深推进，文化润关与准军事化纪律部队要求有机结合，上下贯通、执行有力的组织体系更加科学，德才兼备的专业化人才配置更加合理，队伍积极性、主动性和创造性充分激发，忠诚干净担当的高素质干部队伍面貌焕然一新。

四、乌鲁木齐海关落实"十四五"海关发展规划的重点工作

"十四五"时期，是我国全面建成小康社会、实现第一个百年奋斗目标之后，乘势而上开启全面建设社会主义现代化国家新征程、向第二个百年奋斗目标进军的第一个五年，意义重大，影响深远。关区要牢牢把握这一关键节点，立足于进入新发展阶段、贯彻新发展理念、构建新发展格局，紧紧聚焦新时代党的治疆方略，紧紧抓住国门安全、服务发展、队伍建设、双基保障4个重点，锲而不舍、奋力前行，在建设社会主义现代化海关的全新征程中，再创佳绩，再立新功。

（一）聚焦落实总体国家安全观，以"协同化、智能化、一体化、专业化"为抓手，切实提升维护国门安全的能力。

全面践行总体国家安全观，坚持底线思维，不断提升维护国门安全协同化、海关实际监管智能化、风险防控一体化、打击走私专业化水平，全面履行监管职责，维护国家安全和人民群众利益。

1. 提升维护国门安全协同化水平。

要始终把维护国门安全作为第一职责，建立上下联动、协同高效的国门安全指挥体系，不断规范制度体系建设，深化联防联控常态化运作机制，坚决筑牢国门安全防线。

（1）突出指挥系统的中枢引领作用。完善关区国门安全防控委员会运行机制，依托乌鲁木齐海关二级监控指挥中心，构建关区国门安全工作的集中指挥、密切联动、协同高效的指挥管理体系。优化关区两级监控指挥中心布局和功能，选取隶属海关试点分步开展三级监控指挥中心建设，5年内实现口岸海关三级监控指挥中心全覆盖。升级关区精准防控指挥平台功能，整合现有业务系统数据资源，对接国际贸易"单一窗口"，建立海关监管、物流底账、企业管理等信息集成的大数据池。基于关区维护国门安全工作需求，研究搭建多数据项关联分析数据模型，加强海关监管信息公开化、数据展示可视化和互联网数据应用力度。

（2）强化制度规范的支撑保障作用。对标全国海关在制度和体系建设方面的先进经验做法，重点围绕进出境环节实货监管、税收安全、口岸公共卫生安全、进出境动植物检疫监管和外来入侵物种口岸防控、进出口食品安全监管、进出口商品质量安全等环节，构建系统完备、科学规范、体系明确、运行有效的关区业务制度规范体系。全面优化现行业务制度结构布局，不断推进制度规范的结构均衡，把各条线制度连成一体、系统集成，充分发挥

制度的整体效应。根据上位法和执法依据的修订变更，及时开展"立改废释"，确保为一线执法提供及时准确的制度规范供给。建立基层"执法联系点"，拓宽基层参与制度规范制定的途径方式，让制度规范制定工作更接地气、更聚民智。

（3）狠抓联防联控的协同互补作用。紧盯枪弹毒、核生化爆等危安物品，坚决将一切危害社会安全稳定的违禁品封堵于国门之外，特别是紧扣新疆区情社情，强化进出境意识形态领域安全监管，严防非贸渠道涉疆反宣品渗透。落实安全生产责任制，持续深入推进重点领域安全生产专项整治。完善税收征管流程，优化税收征管模式，提高税收征管质量，坚决确保税收安全。构建完善口岸公共卫生体系，推动实施智慧口岸精准检疫，筑牢"境外、口岸、境内"三道检疫防线，积极开展国际卫生机场创建工作，坚决维护口岸公共卫生安全。强化动植物疫情和外来入侵物种监测和预警，建立健全便利可控集约高效的检疫监管机制、快速有效的重大动植物疫情和外来入侵物种应急处置机制，坚决筑牢动植物检疫监管防线。落实食品安全"四个最严"要求，优化进出口食品源头治理、口岸监管和后续监管等制度设计，强化进出口食品安全监管。完善进出口商品质量安全风险预警和快速反应监管体系，充分发挥各级风险监测点作用，及时采取风险预警措施和快速反应措施，有序推进检验结果采信，加强进口能源、再生资源等大宗商品以及重点敏感消费品、危险化学品及其包装等安全监管，坚决保障进出口商品质量安全。

2. 提升海关实际监管智能化水平。

以构建安全便利高效的通关环境为目标，加大智能化信息设备应用力度，探索建立顺势智能监管体系，不断提升海关监管在维护国门安全方面的精准性和威慑力。

（1）推动审图作业实现"快、准、优"。根据新疆口岸过货特点和H986安全准入机检工作实际，推进机检风险图像审核作业模式改革，提升集中审像作业效能，提升智能审图查发能力。细化集中审像、智能审图作业操作指引，实现以机检图像为主线，风险防控、集中审像和人工查验协同共治，同步处置安全准入风险与税收征管风险的并联作业模式，推进集中审像工作"一次机检、一次审像、分步处置"。

（2）推动卡口建设实现"网联化、智能化、无感化"。支持试点公路口岸多通道和铁路口岸场站通道卡口验放，实现卡口互联、舱单数据无缝对接，促进"公路、铁路和航空"多式联运业务快速发展。推动关区国门和监管场所（场地）部署配置卡口智能网关设备，提升卡口前端设备智能识别技术应用力度。集成卡口风险数据自动处置功能，推动无感式智能卡口建设。

（3）推动关区物流监管实现"全流程

作业监控、数据集成交互比对、信息多部门共享"。强化口岸监管和物流监控,加强口岸监管环节的反恐、防扩散和出口管制等工作,构建完善口岸核生化爆、枪支弹药的监测查发反恐体系。重构仓储管理和在途监管功能,深化安全智能锁和北斗系统整体应用,实现运输工具在途监管和监管作业场所内海关监管货物种类、物流状态的动态展示。探索与公安、交管等部门执法互助,推动跨部门信息系统互联互通。整合运输工具、舱单等数据信息,纳入风险信息控制管理,深化大数据应用,建设智慧物流监控系统。

(4)推动实验室建设实现"资源集约、运行高效、能力提升、一体发展"。按照"重点、区域、常规"的三级架构,对现有实验室资源以"2+3+N"的模式进行合理布局。以乌鲁木齐海关技术中心、保健中心为龙头,喀什海关技术中心、伊宁海关技术中心、阿拉山口海关技术中心为骨干,其他实验室为基础和补充,重点提升矿产品、石油、天然气、煤炭、木材、农产品、化工品等商品检验能力和传染病、媒介生物检测等检疫鉴定能力,形成专业完备、特色鲜明、错位发展的专业技术支撑体系。推进关区重点口岸和主要业务现场初筛鉴定室建设,提升关区口岸"初筛快放"能力。

3. 提升风险整体防控一体化水平。

构建以风险管理为主线的国门安全防控体系,统筹推进一体化管控,提升风险防控整体效能,以风险管理工作的高质量力促国门安全防控的高效能。

(1)织密风险一体化防控架构。将口岸公共卫生、进出口食品、动植物产品和商品质量安全等领域的风险要素纳入安全准入风险范畴,形成统一的风险防控规则体系。实现对进出境运输工具、货物、物品,特别是针对边民互市、跨境电商等新业态的风险要素及态势进行动态分析评估,做好风险规则指令的统筹管理。延伸风险防控链条,加强进口目的地检验和出口前监管等环节风险防控,强化对布控指令的监控评估,促进风险防控在海关监管"事前预警监测、事中精准布控、事后加严检测"全过程有效贯通。

(2)增强风险一体化防控效能。统筹布控指令运行情况、申报信息、历史查发、外部开源性数据和本底监测结果,推进全指标动态统计、关键指标动态展示,完善风险监测评估和预警发布机制。移植应用全国海关成熟数据模型,通过数据提取、加载应用和比对分析,锁定关区主要风险指征。开展历史查发案例和典型案件追溯、整理、分析和挖掘,建立完善安全准入风险知识图谱等风险信息数据库。充分发挥风险分析精准靶向作用,加强各业务部门的统筹协作和业务衔接,统一规范风险作业指令下达,实施风险集中处置。及时跟踪风险处置类指令执行情况,对风险指令的精准性开展验证和后续处置效果评估,提高风险处置效能。

（3）夯实风险一体化防控保障。充分发挥职能部门在各自领域风险防控的优势和主体作用，强化风险防控整体合力。参与构建西部陆海新通道、中欧班列等风险防控一体化区域协作机制，实现对区域重大风险进行整体测量、精准评估和统筹处置。巩固海关内外部风险联合防控机制，推动落实《新疆口岸安全风险联合防控工作方案》，积极开展与联合防控单位的相关信息交流、风险分析研判、联合处置和执法互助工作。建设面向中亚的乌鲁木齐海关风险情报工作站，实现风险情报来源可靠、高效、稳定，加大情报产品转化应用力度。

4. 提升打击走私工作专业化水平。

紧紧围绕中央关注、社会关切、群众关心的突出走私问题，提高政治站位、强化政治担当，进一步优化模式、精准施策，推动新时代打私工作高质量发展。

（1）强化打私利剑作用。紧紧围绕习近平总书记关于打击走私工作的重要指示批示精神，坚决打击洋垃圾、濒危动植物及其制品、"水客"等走私，严厉打击防疫物资、疫苗非法出境以及重点涉税商品、涉枪涉毒、农产品等走私。紧密围绕新疆社会安全稳定和口岸打私形势，始终保持反恐维稳和打击走私高压态势。探索"事前预警、主动查发、精准打击、有效管控"专业打击方式，建立健全"统一指挥、整体联动"作战模式，不断强化打击主动性、准确性、有效性。综合利用各类数据平台，提升数据分析和"网上作战"能力，实现"全域动态感知、智能精准研判、高效监测预警"。

（2）强化反走私综合治理。深化全员打私，建立科学完备的打私绩效考评体系。固化完善线索移交、案件查办、分析反馈等移交反馈机制，强化海关业务部门与缉私部门的协作配合。加强公安优势资源和专业力量在缉私实战中的应用，完善与地方公安机关在关联犯罪方面的协作配合机制。适时组织开展与周边国家的打私执法合作，逐步探索建立情报信息共享、境内外共同监管、国际协同打击的国际执法合作工作方式。推动构建党委领导、政府负责、部门共管、社会协同、人民参与的新时期反走私社会治理体系，将反走私工作深度融入全疆社会治理体系。

（3）强化打私综合保障。严格落实总署党委部署，不断提升缉私工作综合保障水平。根据总署和公安部部署，加快建设完善缉私移动警务等基础应用支撑平台，推进执法办案等专业应用系统的大数据智能化规范建设和升级。到2025年实现缉私业务全部"上网"运行，四中心功能有机衔接和全面推广应用。加强刑事技术基础建设，强化电子数据和电子物证在刑事案件侦办工作中的重要支撑作用。完善缉私犬业务布局，优化职能定位，提升缉私犬查缉效能。

（二）聚焦深化改革，以"优能力、优载体、优布局、优模式"为抓手，切实提升服务高质量发展的能力。

主动契合自治区"一港、两区、五大中心、口岸经济带"建设部署，充分发挥海关处于国内国际双循环交汇枢纽的重要作用，以优化海关改革创新能力、优化新疆对外开放载体功能、优化新疆外贸创新发展布局、优化政策研究及统计分析模式为重点，着力促进国内国际两个市场更好联通，加快推进丝绸之路经济带核心区建设，打造我国内陆开放和沿边开放高地。

1. 优化海关改革创新能力。

坚持以改革创新为根本动力，持续深化"放管服"和全国通关一体化改革，全面优化事前事中事后全链条监管，着力在更多领域和环节推出新举措，营造更好外贸秩序。

（1）推动"两轮驱动"有机嵌入"两段准入"监管作业环节。发挥业务风险统筹协调机制，集中各业务部门共同分析研判在"两段准入"各环节的监管风险因素，针对不同监管环节，进一步完善具有可操作性的布控需求和作业要求，实现科学随机精细化、人工布控精准化，实现以"两轮驱动"确保"两段准入"监管流程在不同时空的风险精准防控。围绕"两段准入"监管作业流程，按照物流监控全链条的要求，将准予提离、附条件提离等作业节点信息数据纳入关区物流监控系统，形成两段监管信息衔接融会贯通、相互印证，实现物流监控覆盖整体作业流程、风险控制全方位统筹管理的监管目标。

（2）加快推进"两类通关"作业改革。重点推动关区旅客、寄递物品监管信息化、规范化、智能化改造。规范旅客通关管理子系统、邮递物品管理信息化系统应用，统一标准、科学配置现场作业功能区域，合理设置现场业务岗位。全面推动旅客进境托运行李先期机检、无感通关和邮递物品监管改革项目实施。深化乌鲁木齐地窝堡机场海关出境旅客行李物品"海关、民航（安检）一次过检"试点经验推广应用，推动监管查验设备共建共享共用。在乌鲁木齐邮局海关试点推动邮政企业开发应用进出境邮递物品"互联网＋"服务平台，推动邮递物品监管向"智能—电子—集约"型监管的根本转变。

（3）全面落实"两区优化"改革任务。深化协同管理，完善综合保税区海关管理专班工作机制，定期评估分析关区综合保税区各业务领域改革事项推进落实情况，推动职能管理部门和隶属海关落实具体监督管理职责和工作措施，发挥海关特殊监管区域开放型经济重要平台作用。落实区内以电子账册和稽核查管理为主的监管理念，加大"四自一简"等监管创新制度复制推广落地，梳理明晰"一线""二线"监管风险与防控重点，强化事中事后监管。密切跟踪中国（新疆）自贸试验区批复设立进程，结合关区实际，拟定成熟监管经验复制推广计划步骤，推动海关特殊监管区域与自贸试验区统筹发展。

（4）创新事前事中事后监管。持续深化"放管服"改革，全面实行海关权责清单制度，进一步精简行政许可事项。将信用管理嵌入海关监管全过程，强化结果应用，构建新型海关监管机制。完善与自治区信用体系建设联席会议部门联络协调机制，与有关部门实施守信联合激励和失信联合惩戒。改革优化稽查工作机制，聚力稽查查发能力，着力提升查发效能。以出口企业分类管理和产品风险分级为依据，在安全风险分析的基础上，综合运用风险评价结果，实施"风险评估+监控检测+合格判定"的综合评定模式。

2. 优化新疆对外开放载体功能。

按照不断优化布局、实现功能叠加联动发展、拓宽国际合作领域的工作思路，梯次推动新疆各类对外开放载体平台成为产业优化升级、外贸创新发展、内外贸一体化融合的经济新高地，进而逐步形成高地引领、辐射带动一方的发展态势。

（1）统筹优化对外开放布局。以需求为导向，综合考虑承载能力与辐射半径，进一步优化关区内具有保税功能的区域和口岸指定监管场地的布局。支持确有需要且符合条件的地州市申建公共型保税仓库、保税物流中心、综合保税区等，支持中国（新疆）自由贸易试验区申建，助力塔城重点开发开放试验区建设。进一步优化新疆口岸指定监管场地布局，推动申建口岸建设综合性、集约化的指定监管场地，实现场地资源最大化利用。支持确有需要且符合条件的地州市申建指定监管场地、海关监管场所。支持边民互市转型升级。支持兵团地区按需申建海关监管场所以及综合性指定监管场地，积极支持在阿拉尔、图木舒克等城市设立海关机构。

（2）着力激发开放平台潜能。完善"一区一策"指导原则，支持和推动综合保税区集中优势资源发展重点特色业务，促进产业优化升级，形成错位发展格局。支持指导各地州统筹辖区内综合保税区、保税监管场所、区外加工贸易企业资源，推动形成区内外互通互补、联动发展的产业链条。支持推进"综合保税区+口岸"联动，改变口岸以货物装卸、中转、换装等单一、传统业务为主的运行模式。支持乌鲁木齐、阿拉山口、霍尔果斯、喀什探索"指定监管场地+综合保税区"模式，推动肉类、水果、粮食、木材等企业落地开展冷链仓储、运输服务、保税深加工等业务，支持巴克图、吉木乃等地开展"边民互市+落地加工"，最大限度地将税收等政策红利留在边境地区。

（3）深入践行"三智"理念。立足关区特点，搭建"参与实施海关外事合作战略对话（总署级）、磋商或互访（直属海关级）、边境会晤（隶属海关级）"等多层面、多领域、多主体的对话和协商机制，建立三级联络官制度，发挥边境海关的参与、协调、推动作用，为"一带一路"海关协调联络机制贡献积极力量。进一步扩大我国与吉尔吉斯斯坦、塔吉克斯坦、哈萨克斯坦农副产品快速通关"绿色通道"实施范围。进一步提升管输能源检验检测智能化水平，确保中哈原油管道、中国—中亚天然气管道等能源项目运行畅通。持续深化中哈"关铁通"项目合作，加强中哈通关制度衔接。加快推进中亚生物安全通道项目建设，探索多边联合监管，协调跨境联合执法。

3. 优化新疆外贸发展布局。

充分把握新疆在国内国际双循环中的位置和比较优势，围绕经济结构转型，将海关监管服务与丝绸之路经济带核心区建设有机衔接，坚持"引进来"与"走出去"并重，推动构建中心突出、东西贯通、南北辐射、层次分明、错位发展的开放型经济空间布局，助力新疆由通道型经济向口岸经济、产业经济发展。

（1）首府片区。创新打造"渠道多样、模式领先"的国际陆港物流枢纽。立足海关监管和服务职能，支持打造智慧陆港，协同推进中欧班列集结中心发展建设，全面提升国际陆港区物流组织分拨和集散能力。联动打造"资源整合、开放合作"的产业经济转型模式。支持乌鲁木齐、昌吉、石河子、奎屯—独山子、吐鲁番等地州市各类国家级产业园和示范区建设，积极助力招商引资工作，吸引优质企业入驻，有效承接东中部地区产业转移，实现国际国内产业要素集聚和资源优化配置。着力打造"数字支撑、互联快通"的贸易新业态发展模式。促进乌鲁木齐市跨境电子商务综合试验区发展，推动"跨境电商、数字物流"等新业态发展，带动传统外贸转型升级。协同打造"优质高效、简便快捷"的进出口通关环境。支持乌鲁木齐国际陆港区和临空经济示范区联动发展，完善公路、铁路、航空多式联运运行机制，最大限度提升进境指定监管场地承载能力，实现多式联运、保税物流、仓储、快速查检、场站作业等功能叠加。

（2）北疆片区。支持打造新疆口岸经济带发展引擎和示范。根据各口岸运行效力，优先选择一批运行状况较好的重点口岸，给予多方面政策支持，充分发挥对边境地区发展的引领和联动效应，为其他口岸发展提供良好的范本。重点支持阿拉山口、霍尔果斯口岸发挥"东联西出、西来东去"核心节点的区位优势，助力阿拉山口、霍尔果斯口岸建设丝绸之路经济带核心区双向开放国际门户枢纽、陆上边境口岸型国家物流枢纽。助力形成天山北坡经济带"口岸+腹地"的产业发展集群。依托北疆片区开放平台功能齐全、享惠政策丰富、产业基础扎实、区位优势突出等特点，促进"通道经济"向"口岸经济""产业经济""区域综合型经济"转变。积极促进"传统业态+新业态"一体发展。助力优质种质资源和农副产品进口，提高优质特色农畜产品种养殖规模，延伸农副产品加工的产业链条。支持发展订单农业，推动出口农产品基地规模化、标准化、优质化发展，培育新疆特色品牌，提高出口竞争力。支持多斯特克—阿拉山口—独山子液化石油气管线建设，支持在阿拉山口、霍尔果斯、塔克什肯、吉木乃口岸建设进口能源资源性商品保税仓库，助力提高产品附加值，形成产业集群。

（3）南疆片区。助推口岸型物流联动高效化。充分把握喀什作为上海合作组织商贸物流中心的重要区位优势，切实发挥喀什综合保税区、喀什国际空港及南疆铁路场站作用，支持打造以喀什为中心的"公、铁、空"三位一体物流大通道，形成陆空联通、公铁联运、空铁联动全方位开放格局。支持"和田—喀什—阿克苏—库尔勒—乌鲁木齐"环塔集拼集运中欧班列常态化开行、联动化发展，推动中欧班列南疆（巴州）集散中心建设，支持库尔勒陆港型国家物流枢纽和临空经济示范区建设。助推开放型产业发展规模化。支持喀什、克州、和田利用产业援疆政策，大力发展商贸物流、电子产品装配、纺织服装、农副产品加工等劳动密集型产业，构建面向中亚、西亚、南亚和欧洲的特色产业集群，不断提升新疆制造"走出去"的范围和广度。助推出口农业生产标准化。提高进出口农产品质量检测能力，支持喀什地区加大农产品精细化研发、生产和加工，培育喀什及南疆四地州高水平的出口加工企业和高质量的农产品种植基地，推行农产品标准化生产，规范农业投入品使用，提高农产品在国际市场的竞争力。

4. 优化政策研究及统计分析工作模式。

突出全局视野和系统观念，着力打造上下联动、内外协调、整体运行的政策研究及统计分析工作模式，切实提供高质量决策建议和决策参考。

（1）强化海关技术性贸易措施工作机制建设。建设面向中亚、南亚地区的技术性贸易措施信息库，完善信息咨询、研判预警、通报评议、特别贸易关注、专家团队建设等工作管理制度，持续加强对主要贸易伙伴、"一带一路"沿线国家和地区重要敏感技术法规标准的收集、跟踪和研究分析。加强与商务、市场、工信等政府多部门协调，提升政府部门、企业及行业协会应对技术性贸易措施的主动性、协同性。以建立技术性贸易措施调查研究中心（中亚）为依托，打造面向中亚、南亚的服务政府和企业的技术性贸易措施平台。

（2）强化传统贸易分析、业务分析、政策调研融合研究。紧盯外贸高质量发展以及中美贸易摩擦涉疆商品等重点，关注涉及"六稳""六保"等政策支持的贸易状况，强化业务数据、贸易数据、宏观数据融合分析，开展短线对策研究和长线跟踪研究，找准促进海关工作和助推地方开放型经济发展的契合点，构建"一关一专、一关一品"的研究分析格局，强化品牌意识，着力打造在系统内有影响力的乌鲁木齐海关特色政策研究和统计分析品牌。

（3）强化政策研究和统计分析工作综合保障。巩固与自治区商务、口岸管理等部门和行业协会等已建立的合作机制，推动完善数据交流互换，将外部关联数据"引进来"，拓展和丰富分析研究基础数据来源。在法律法规允许范围内将海关统计数据与社会大数据结合，与工信、交通、科研院校等机构开展协同分析研究。加强骨干力量重点培养、动态管理，着力在干部培养、经费保障、成果激励上推出务实举措，更好激发干事创业动能。优化关区隶属海关专职统计分析科级机构布局，夯实统计研究基层基础建设。

（三）聚焦严管厚爱，以"高标准、高质量、高要求、高起点"为抓手，切实提升队伍建设的能力。

突出政治机关和准军事化纪律部队双定位，高标准加强党的建设、高质量建强边关队伍、高要求打造清廉海关、高起点实施"文化润关"，推动边关队伍建设良性循环和可持续发展。

1. 高标准加强党的建设。

以习近平新时代中国特色社会主义思想为指引，围绕新时代党的建设总要求，贯彻新时代党的组织路线，强化理论武装、建强领导班子、夯实党建基础，推进党的建设各项工作再上新台阶，为建设社会主义现代化海关新征程提供坚强政治保证。

（1）持续强化理论武装。增强"四个意识"、坚定"四个自信"、做到"两个维护"，深入学习贯彻习近平新时代中国特色社会主义思想，加强和改进党委理论学习中心组学习，切实在学懂弄通做实上下功夫。坚持用习近平新时代中国特色社会主义思想武装头脑、指导实践，着力提升关区各级党委（班子）的战略思维、创新思维、底线思维，增强谋划发展、改革创新、强化管理、防控风险的能力和本领。严格落实"第一议题"制度，配套完善上下贯通、执行有力的工作机制。严格落实意识形态工作责任制，加强反奸防谍工作，优化完善政治情况报告制度，强化问题查发能力建设。坚持开展"三反"教育，发扬斗争精神，严防"两面人"，有效防范化解安全隐患，牢牢守住意识形态领域主阵地和舆论主导权，不断筑牢国家安全人民防线。

（2）持续强化领导班子建设。坚持党的集中统一领导，持续健全完善党委工作规则、议事规则和决策程序。加强政治思想建设，坚决落实讲政治要求，补足精神之"钙"、筑牢思想之"魂"，不断提高各级党委班子政治判断力、政治领悟力、政治执行力。选优配强领导班子，形成年龄梯次配备、专业优势互补、来源渠道广泛的合理结构。注重加强隶属海关单位和企事业单位领导班子建设，统筹使用行政机关和企事业单位领导干部，畅通公务员与企事业单位人员交流渠道。实施"领导力"提升专项工程，不断增强领导班子把方向、谋大局、定政策、促改革的能力，更好地发挥总揽全局、协调各方的重要作用。

（3）持续夯实党建基层基础。围绕新时代党的建设总要求，贯彻新时代党的组织路线，推进党建工作高质量发展，巩固拓展"强基提质工程"成果，深化"四强"党支部建设，推动基层党组织全面进步、全面过硬。坚持党委委员联系基层党支部制度，规范关区党组织设置，配齐配强基层党组织班子，加强党务干部队伍建设。突出抓两头带中间、机关带基层，深挖党建热源，总结提炼一批具有实战力和带动力的基层党建工作法，打造一批有影响力和感召力的基层党建示范品牌。到2025年，实现关区A类品牌覆盖率达到80%，总署示范品牌在现有基础上增加50%。

2. 高质量建强边关队伍。

深入践行新时代党的组织路线，以更大魄力、更科学方法培养选拔优秀干部，充分激发干事创业热情和活力。

（1）着力在人才强关上实现新发展。立足培养具有多资质、资格复合型执法人员，以优化人才结构为重点，以培养综合型人才为关键，以创新人才发展机制为保障，培养造就一支数量充足、结构合理、素质优良、充满活力的人才队伍。着力培养引进高层次人才，改进完善海关专家制度，重点培育关区特色智库人才、创新型科技领军人才。大力开发急需紧缺人才，补充引进国门安全监管领域专业执法人才，扩大国际合作人才队伍储备，科学布局法治人才梯队。统筹培养重点领域人才，大力推进综合管理人才、行政执法人才和专业技术人才队伍建设。健全完善人才培养、使用、评价、流动、激励机制，强化人才在科技创新中的主体地位，持续优化人才发展环境和成长路径。

（2）着力在干部培养上构建新格局。落实"信念坚定、为民服务、勤政务实、敢于担当、清正廉洁"好干部标准，健全"选育管用"环环相扣又统筹推进的全链条机制。大力培养选拔优秀年轻干部，建立健全源头培养、跟踪培养、全程培养的干部素质培养体系，分级分类建立优秀年轻干部库。到2025年，年轻领导干部比例较"十三五"末提升10%，领导干部年龄结构更加科学合理。坚持"瘦上强下"，有计划地安排机关干部下基层锻炼，实现机关干部全部具备基层工作履历。综合运用督察审计、巡视巡察、纪检监察的结果对干部实施"精准画像"，推动监督结果与从严管理有机衔接、深度融合，为干部考核、任免、奖惩提供全面、客观的依据。优化干部流动，统筹换防式交流、干部选调、集中工作等措施模式，拓宽基层优秀人才成长发展空间。深化落实加强执法一线科长队伍建设22条措施，完善执法一线科长担任党委委员制度，到2025年执法一线科长中进入党委班子的人员比例要达到10%。根据统一部署，积极开展"访惠聚"驻村工作，锻炼培养干部，切实为新疆乡村振兴事业贡献海关力量，做出海关贡献。

（3）着力在简政提效上迈出新步伐。加强关区人力资源的统筹管理，及时做好改革配套的职能、机构、编制和人力资源调配工作。完善职级公务员管理制度，提升职级职数使用率，彻底解决职级职数超配的堵点问题。按照"规范设置、明确职能、精简统筹"的原则，机关实行"大科室"管理模式，以优化协同高效为着力点，进一步优化机关科级机构职责，减少工作交叉，提高管理和工作效能，力争至2025年末机关现有科级机构数量精简10%。

（4）着力在教育培训上取得新成效。把习近平新时代中国特色社会主义思想作为首课主课贯穿始终、覆盖全面，充分发挥干部教育培训在海关业务改革和队伍建设中的先导性、基础性、战略性作用。对标总署教育培训"十四五"规划，着力推进干部教育培训"五大体系"建设，即培训内容体系、培训对象体系、培训方式方法体系、培训制度体系、培训保障体系。通过不断构筑、完善、提升关区干部教育培训体系，切实提高干部教育培训的针对性、精准性、有效性。

3. 高要求打造清廉海关。

始终保持"赶考"的清醒，坚持"严"的主基调，系统施治、标本兼治，不断增强自我净化、自我完善、自我革新、自我提高能力，一体推进不敢腐、不能腐、不想腐战略目标。

（1）不断严密"四责协同"责任体系。坚持严的主基调，全面强化党委主体责任、纪检组专责监督责任、党委书记"第一责任人"职责、班子成员"一岗双责"的"四责协同"机制。完善全面从严治党主体责任清单，关党委每年至少2次专题研究关区全面从严治党工作。在各类考核中突出全面从严治党责任落实情况，健全完善与主体责任清单配套的检查考核机制，突出政治监督、做深日常监督，充分发挥全面从严治党引领保障作用。

（2）不断优化督察内审工作机制。紧盯习近平总书记重要指示批示精神、党中央决策部署及总署、乌鲁木齐海关党委重点工作部署等落实情况，统筹开展各类督审检查。"十四五"期间，自主开展20个以上关级督察，每年开展4个以上专项督察。持续开展领导干部经济责任任中审计与离任审计，优化"研判分析、联网督审、现场验核、整改问效"审计工作模式，提升审计监督质效。"十四五"期间，实现关区所有隶属海关单位、事业单位领导干部经济责任审计全覆盖。深化内控机制建设，推动"新海廉"平台使用绩效位居全国海关前列。立足高标站位，动态打造内控"样板间"，并培塑系统内外具有影响力的内控示范单位。

（3）不断强化巡察监督"利剑"作用。明确监督重点，精准把握"四个落实""三个聚焦"等要求，每年对9个单位开展常规巡察，根据总署党委和乌鲁木齐海关党委工作安排，组织开展专项巡察，稳步推进巡察监督全覆盖。紧扣基层党组织职能责任，重点关注被巡察党组织落实习近平总书记重要指示批示精神等情况，确保习近平总书记重要指示批示精神、党中央重大决策部署在基层党组织一贯到底、落地落实。积极总结巡察制度化规范化建设、巡察干部队伍管理、推进整改取得实效等工作，争取形成系列可复制可推广的经验做法，推动巡察工作全面加强、全面进步。提升"巡审合一"效能，常态化一次进驻、并行开展、联动合作，切实减轻基层负担。

（4）不断拓展"三不"一体工作质效。坚持无禁区、全覆盖、零容忍，坚持重遏制、强高压、长震慑，不断提高"不敢腐、不能腐、不想腐"综合功效，全力打造清廉海关。健全完善权力制约和监督制度，进一步加强对"一把手"和领导班子监督，以有效监督把"关键少数"管住用好。继续从严规范领导干部配偶、子女及其配偶从业以及干部职工企业兼职行为，加强廉政警示教育和廉政文化创建。不断深化落实中央八项规定及其实施细则精神，密切关注"四风"问题隐形变异新动向，持续纠治形式主义、官僚主义，健全基层减负常态化机制。强化"制度+科技"成果运用，推进廉政风险源头防控。深化打私反腐"一案双查"，加强与地方纪委监委协作配合，做好案件查处"后半篇"文章，突出以案促改、以案促治。综合运用好监督执纪"四种形态"特别是"第一种形态"，发挥派驻监督优势，及时解决苗头性、倾向性问题，厚植廉洁土壤。

4. 高起点实施"文化润关"。

全面把握和准确领会新时代党的治疆方略，将"文化润关"作为文化润疆的具体抓手和生动实践，大力传承弘扬乌鲁木齐海关红色精神文化，培育特色鲜明的边关优秀文化。

（1）深度挖掘红色基因。传承弘扬建关以来凝聚形成的以红其拉甫海关"四特"精神为代表的边关宝贵精神财富，进一步扩大乌鲁木齐海关红色精神血脉对社会面的影响力、对边关队伍的凝聚力、对事业发展的推动力。扩大"两红"辐射宣传作用，推动水布浪沟旧址党性教育课堂申建自治区乃至全国爱国主义教育基地。结合党史学习教育，开展"赋予'四特'精神新内涵"研讨实践活动，以边关优秀文化引领正气、激励士气。持续开展红色讲坛活动，用"红色课堂""红色活动""红色文化"铸就对党绝对忠诚的国门卫士。注重文艺队伍建设和人才培养，丰富日常文化生活。

（2）深度厚植优良作风。深化精神文明创建，巩固已获得文明单位、青年文明号、模范机关等各类先进荣誉的创建成果，确保100%通过复核，到2025年，实现各类先进荣誉"零摘牌"，实现各单位、各部门至少一项省部级以上荣誉全覆盖。深入落实"政治坚定、业务精通、令行禁止、担当奉献"的准军事化纪律部队要求，开展准军事化集训、"内务规范强化月"等活动，厚植"令行禁止、雷厉风行"的优良作风。

（3）深度推进融合宣传。实施媒体融合发展工程，构建线上线下一体、内宣外宣联动、全员参与的海关新闻舆论工作大格局，探索建立"新闻+政务服务"的运营模式，提升海关新闻舆论工作的传播力、引导力、影响力、公信力。做好重大活动、重大事件和重大项目的专项档案工作，提高信息化利用率。着力推出一批在全国有重大影响的精品宣传成果，塑造有新疆气派、有海关特色的当代"乌关品牌"，为弘扬海关以及新疆优秀文化、宝贵精神作出积极贡献，夯实乌鲁木齐海关人文化自信和文化自觉的根基。

（四）聚焦质效并举，以"新发展、新提升、新变化、新突破"为抓手，切实提升双基保障的能力。

培树大抓基层、大抓基础的干事创业导向，把基层基础工作摆在更加突出的位置，顺应时势，提高效能，突出抓好法治建设的新发展、财务管理的新提升、后勤保障的新变化、考核排名的新突破，为关区改革发展提供有力支撑。

1. 推动法治建设实现新发展。

深入贯彻习近平法治思想，完善关区制度体系建设，坚持依法行政，全面加强依法把关，营造更加规范有序、公平高效的执法环境，为社会主义现代化海关建设提供有力法治保障。

（1）注重深化文明执法。坚持权责法定、依法行政，继续深入落实三项制度，规范行政执法自由裁量权。改进执法方式，推行柔性、理性执法，围绕《中华人民共和国行政处罚法》等新修订、新颁布法律，及时规范具体执法行为。规范行政执法证管理，关区行政执法人员全面实现"持证上岗"。坚持和发展新时代"枫桥经验"，健全多元化行政争议预防化解机制，提升行政诉讼、行政复议办案能力，有效防范化解行政争议。持续规范执法行为，提升依法行政能力水平，提高主动纠正违法或不当执法行为能力。落实案件审理委员会制度，强化对重大行政处罚案件、重大行政执法决定的集体审议把关，从源头上规范权力行使。

（2）注重强化法治保障。健全对重大业务改革方案、配套制度文件的合法性审查机制，重点开展对涉及公民、法人和其他组织权利义务规范性文件的合法性审查，完善跟踪反馈和评估制度。运用法治思维和法治方式推动各方面改革，完善改革风险评估研判机制，所有改革方案必须经业务改革领导小组或相关工作机制审核评估后方可实施，及时将成熟的改革经验和举措固化为制度规范。建立健全规范性文件发布后评估机制，强化评估结果的运用和跟进。编制关区两级海关权责清单，准确界定海关法定职责，厘清权力边界。2023年之前，完成乌鲁木齐海关及隶属海关层面的权责清单编制与公开，建立健全权责清单动态调整机制。

（3）注重优化法治环境。强化主要负责人法治建设第一责任人职责，落实党委中心组集体学法制度和领导干部任前考法制度，推动领导干部做尊法学法守法用法的模范。进一步加强法律顾问工作，从海关公职律师、法学专家和社会律师中择优选聘法律顾问，建立以内部法律顾问为主体、外聘法律顾问为补充的法律顾问队伍。全面落实"谁执法谁普法"普法责任制，大力实施"八五"普法规划，利用国家宪法日暨宪法宣传周、全民国家安全教育日、海关法治宣传日等重要节点，扩大海关法治文化的覆盖面和影响力。到2025年，关区法治规范更加健全，法治化水平显著提高，形成符合实际、体现时代特征、人民群众满意的法治海关生动局面。

2. 推动财务管理实现新提升。

坚持以系统观念谋划推进关区财务工作，抓住主要矛盾，聚焦重点难点问题，全面统筹资源精准做好保障，发挥各类资产最大效用，使财务保障能够更好地适应和满足关区发展建设需要。

（1）做好"开源"大文章，拓宽经费来源渠道。完善争取中央财政资金为主、地方财政资金和其他资金为辅的保障机制。重点在人员经费缺口等方面积极争取地方财政支持，并形成长效机制。在实验室建设、科技能力提升、重大项目推进、海关执行属地有关人员经费政策、承担地方工作任务以及支持地方发展等方面，形成更加多元的经费保障机制。事业单位努力开拓相关业务市场，大力发展多种经营，提升核心竞争能力。

（2）打好"节流"持久战，提升绩效管理水平。编制中期财务规划，深入推进预算和绩效一体化，全面提升预算执行效能。"滴灌式"精准使用资金，注意发挥项目的溢出效应，以最小投入获得最大产出。强化过"紧日子"机制建设和执行，严格控制"三公经费"、会议、培训及差旅费支出，提高资产配置和物资使用效率。深入推进节约型机关建设。深入推行预算绩效管理，实现绩效自评全覆盖。

（3）种好资产使用"责任田"，提高固定资产使用质效。科学管理关区资产，提升资产使用效益，闲置房产整合利用完成率达到总署规定的目标。完善固定资产制度标准体系，整合利用优质资产，及时处置劣质资产。提升科技设备集约化应用水平，盘活存量，提高质量，用好用足各类设施设备。及时维护口岸各类查检设备，定期开展资产清查或常规的设备检查，跟进做好维修、调拨、报废等处置措施。抓好实战状态下的能力检测，提高整体工作效能，真正让设施设备发挥效能。构建高效的运维体系，形成以运维服务为核心，以安全、系统、网络为基础，集中调度、分层实施的运维机制。

3. 推动后勤保障实现新变化。

全面统筹各类资源，形成符合新形势新要求的服务保障能力，做到精准有效保障，保障水平大幅提升。

（1）创新运行机制，构建严密高效后勤保障体系。完善区域综合保障模式，按照"统筹集约、优化管理、务实便捷、提高效能"的原则，建立权责清晰、运转顺畅、协调高效的区域性保障运行机制和区域海关党委联席会议机制。促进综合保障管理模式由分散型向集约型转变，降低运行成本、提升共享水平、统一管理步调、形成工作合力。优化应急物资储备结构和空间布局，统筹建立两级应急物资储备库，完善应急物资保障预警机制，提高应对突发事件能力。积极推动智慧后勤建设，探索智慧楼宇、智慧食堂、智慧会议室、智慧安保、智慧资产管理等功能研发运用，加强对干部职工服务保障的科技支撑。

（2）用足用好政策，打造拴心留人干事的创业环境。深入落实总署党委对边关支持保障的22条措施，争取新"22+"支持艰苦地区边关保障措施。着力改善边关工作生活条件，解决边关干部职工实际困难，重点缓解干部职工在婚育、就医、子女教育、家庭团聚等方面的突出问题。重视关员工资福利等合法利益诉求，积极争取政策支持，努力缩小收入差距，持续提升职工综合性收入水平。坚持以人为本，积极探索和创造边关思想政治工作新形式、新载体，加强人文关怀和心理疏导。在政治上关爱、精神上激励、工作上支持、生活上关心，不断提振边关队伍精气神，充分调动边关干部职工工作积极性。落实信息化精准化规范化要求，用心用情做好离退休干部工作。加强工会、共青团、妇女组织建设。

4. 推动考核排名实现新突破。

健全完善关区量化考核指标体系和考核指标推进落实机制，积聚优势、深挖潜能、靶向施策，以绩效管理为抓手推进关区事业纵深发展。

（1）牢固树立"边关也有大作为"的锐意进取意识。坚持"紧盯指标抓业务，紧盯业务抓管理，紧盯管理抓质效"，建立考核指标定期评估以及督导检查机制，以定目标、定责任、定措施、定落实的"四定"为要求，确保目标任务高效推进。优化属地型海关考核指标，鼓励以强化监管为前提优化服务，紧扣属地发展需求，提升海关对辖区的贡献度和影响力。到2025年，关区每个业务条线至少有1个含金量高的指标位居全国海关前列，关区的整体业务指标要由现在的中上游水平，努力跃升为"全面位于第一梯队"，对于确实相对薄弱的业务，至少位于第二梯队前列。

（2）牢固树立"边关必有大作为"的自信自强意识。秉持敢想敢干、先行先试的理念，用全新的视角去拓展工作思路和方法，踊跃提出创新的经验，积极推出务实的方案。突出发挥关区地理区位优势，围绕"三智"建设、中欧班列、管输能源、国门安全防控、TIR、核心区建设等重点工作，强化时不我待的紧迫感，大力培育核心业务和优势指标。持续深化重点领域和关键节点改革，以指标排名的"跃升度"，提升关区事业发展的"繁荣度"，切实在建设社会主义现代化海关、社会主义现代化新疆的新征程中，贡献乌鲁木齐海关力量、展示乌鲁木齐海关风采。

五、实施保障

（一）抓好组织领导。

充分发挥党委总揽全局、协调各方作用，提高把方向、谋大局、定政策、促改革能力，完善上下贯通、执行有力的组织体系。乌鲁木齐海关党委加强对落实"十四五"海关发展规划实施意见的统一领导，关区各单位、各部门均要建立健全推动落实实施意见的工作机制，加大专题宣贯力度，营造良好氛围，确保总署、乌鲁木齐海关党委决策部署落地砸实。

（二）抓好统筹推进。

关区各单位、各部门要按照海关"十四五"发展规划以及本实施意见提出的目标任务，细化具体落实措施，加强工作推进的衔接，系统性地推动关区"十四五"各项事业发展。强化行政运转综合保障，推动内外协同，加强与地方党委、政府等相关部门沟通协作，凝聚思想共识，形成推动实施意见落实的强大合力。

（三）抓好支持保障。

加强组织人事与本实施意见推进工作的协调，抓好重大项目实施管理。加强财务保障与本实施意见推进工作的衔接，科学编制预算，提高资金使用效益。积极争取总署、自治区及相关单位部门政策和资金支持，做好"十四五"时期关区重点建设项目的落地见效。

（四）抓好督导落实。

加强实施意见具体任务督办落实，将确定的目标指标、任务举措分解到年度工作安排中，确保有序推进、如期完成。加强实施意见落实情况监督评估，把具体推动落实情况纳入各级领导班子考核体系，加强跟踪问效。紧紧围绕实施意见落实情况加强巡察、督查等，以强有力的监督保障本实施意见顺利实施。

乌鲁木齐海关工作会议、全面从严治党工作会议文件选辑

在 2021 年乌鲁木齐海关工作会议上的讲话

乌鲁木齐海关关长、党委书记　沈扬

（2021 年 2 月 5 日）

这次会议的主要任务是：以习近平新时代中国特色社会主义思想为指导，深入贯彻党的十九大和十九届二中、三中、四中、五中全会精神，认真落实中央经济工作会议精神，按照全国海关工作会议、全面从严治党工作会议部署，总结工作，分析形势，明确要求，研究安排 2021 年工作，奋力为关区"十四五"高质量发展开好局、起好步。

一、2020 年和"十三五"时期关区工作回顾

2020 年是极不平凡的一年，面对全面建成小康社会、"十三五"规划收官的历史任务和突如其来的新冠肺炎疫情，关区上下攻坚克难、接力奋斗，坚决落实党中央国务院重大决策部署，扎实推进"五关"建设，一以贯之强政治，全力以赴把国门，全心全意促发展，共克时艰战疫情，经受住了多重考验，关区各项工作取得了积极进展。

（一）2020 年是我们强化政治机关建设，坚定践行"两个维护"的一年。

一年来，我们坚持不懈抓好理论武装。牢牢把握政治机关定位，坚持用习近平新时代中国特色社会主义思想立心铸魂，利用党委会、党委碰头会第一时间传达学习习近平总书记最新讲话精神，围绕党的十九届四中、五中全会及第三次中央新疆工作座谈会精神等开展了 15 次中心组学习，342 名处级干部和 115 名执法一线科长参加了线上集中调训，"晨会一刻"

"处长讲堂"等形式有效拓展了学习空间。

一年来，我们讲政治见行动。坚定坚决落实党中央决策部署，坚持将学习贯彻习近平总书记重要指示批示精神作为各类会议的首要议题，及时研究部署、持续跟踪问效，在打击洋垃圾、濒危物种及其制品走私方面取得了新战果，查获走私固体废物7.9吨，侦办濒危物种制品案2起。助力脱贫攻坚取得决定性胜利，帮扶的18个贫困村全部脱贫摘帽。第三次中央新疆工作座谈会精神在关区迅速转化为28项落实举措，受到自治区党委政府充分肯定。

一年来，我们坚决扛起巡视整改政治责任。将巡视整改作为践行"两个维护"的具体行动，召开专题民主生活会，制定巡视整改"两方案一清单"，开展6个专项整治，细化89项整改措施，每周动态研究整改落实情况，立行立改任务实现见底清零。

（二）2020年是我们众志成城抗击新冠肺炎疫情，大力弘扬伟大抗疫精神的一年。

一年来，我们在大战大考中展现政治担当。疫情就是命令，关区闻令而动、遵令而行，把疫情防控作为重要政治任务，第一时间研究部署，最快速度组织动员，乌鲁木齐海关党委召开68次疫情防控指挥部会议，组织58次视频调度，确保了疫情防控要求落实落细。广大干部职工主动请战、逆行出征，组建起1,046人的疫情防控梯队，大家勇挑重担、连续作战，谱写了一曲曲平凡而伟大的边关抗疫赞歌。强化党建引领作用，成立28个党员突击队，10名同志火线入党，党旗始终在抗疫一线高高飘扬。关区2个集体、6名个人获得总署、自治区疫情防控专项表彰。抗疫成果的取得不仅有一线国门卫士的冲锋陷阵，也凝结着保障部门的默默付出，大家讲政治、讲大局、讲奉献，克服困难、全力服务，同样是伟大的抗疫英雄。

一年来，我们在"外防输入"中发挥关键作用。落实国务院联防联控机制要求，实施"一口岸一方案"，建立"共采、共检、共享"机制。严格实施采样检测、预防性消毒等疫情防控措施，加强进口冷链食品和高风险非冷链集装箱货物的检疫监管，健全完善进口货物信息预警、追溯机制，有效严密了口岸全链条闭合管控。向自治区提出的"一货一策"等多项工作建议得到采纳实施。

一年来，我们在统筹优化中促进外贸稳增长。因地制宜、特事特办，在业务一线开通"绿色通道"，快速验放医疗物资994批、货值6.03亿元。创新"甩挂"等非接触式通关模式，有力保障了口岸通行顺畅。我们认真落实"六稳""六保"任务，出台促进外贸稳增长、支持中欧班列和综合保税区发展等一系列措施，全力对冲疫情影响。2020年，在国际贸易和投资大幅萎缩的不利条件下，新疆口岸进出口货运量保持在了6,000万吨以上，进出口贸易值5,238.9亿元，同比增长1.7%。

（三）2020年是我们质效并举织密口岸防线、有力维护国门安全的一年。

一年来，我们着力强化全链条监管。聚焦聚力维护新疆社会稳定大局，常态化实施"3个100%"机检查验，研发上线"精准防控智慧监管"指挥系统，深化集中审像、智能审图应用，全年查获大量管制刀具、各类反宣品及管制类精神药品。牵头与36家单位签署了口岸安全风险联合防控工作方案，初步构建了口岸安全协同共治格局。加强综合治税，坚持依法科学征管，全年征收税款129.43亿元。深入推进"多查合一"，后续监管效能不断提升。

一年来，我们有力筑牢国门检验检疫防线。加强口岸核心能力建设，实验室核酸检测能力显著提升。持续加强国门生物安全防控，截获进境有害生物192种、19,951种次，在进出口农产品中检出矮壮素等7种超标物质，在全国首次截获甜瓜迷实蝇。认真落实食品安全"四个最严"要求，检出不合格进口食品166批次，对4批高风险食品不予准入，首次在进口食用植物油中检出未申报的转基因成分。严把商品质量安全关，建成关区首个国家级风险监测点，查获不合格出口防疫物资9批次，检出不合格进口工业品11批次，查发上报进口采棉机质量问题，得到总署高度重视并暂停相关产品进口。

一年来，我们始终保持严打走私高压态势。"国门利剑2020"联合专项行动打出了声威，一举破获蚕产品走私系列案件，案值3.21亿元，对行业性低报价格走私形成了有力震慑。全年立案侦办刑事、行政案件分别为26起、663起。我们与反走私综合治理成员单位密切协作，牵头召开全区打私办会议，与自治区检察院建立合作机制，打私合力不断集聚，构筑了齐抓共管、群防群治的工作格局。

（四）2020年是我们主动作为促进发展，积极助力"一带一路"建设的一年。

一年来，我们全力保障西向国际物流大通道高效畅通。落实支持中欧班列"10+12"项措施，首次实现跨境电商货物搭载班列和班列运邮，监管班列10,051列、增长40.4%，业务量居全国首位。上线运行铁路舱单、铁路运输工具系统，班列口岸放行时间由3.5小时压缩至0.5小时。依托区位优势挖掘TIR运输潜力，监管TIR运输车辆占全国的52.7%，位列全国第一。

一年来，我们充分发挥对外开放平台作用。助推新疆综合保税区高水平开放高质量发展，合作中心中方配套区获批升级为综合保税区，全疆海关特殊监管区域贸易额为133.8亿元，同比增长84.9%。促进跨境电商规模化发展，推动乌鲁木齐市获批跨境电商零售进口试点城市和跨境电商综合试验区，全疆跨境电商出口件数、货值分别增长50倍、23倍。双河市公用型保税仓库、吉木乃口岸边民互市区顺利通过验收，和田海关、喀什海关驻机场办事处正式挂牌开关，海关服务新疆开放型经济发展的布局更加优化。

一年来，我们持续优化口岸营商环境。认真落实业务改革2020框架方案，"两步申报"应用率稳步提升，"两段准入"完成首单申报。大力推进企业信用培育，认证企业数量增长63%。持续巩固压缩整体通关时间成果，口岸进口、出口通关时间分别快于全国平均水平21.02小时、1.71小时。深化税收征管改革，电子支付、自报自缴、汇总征税占比持续提升，"关银一KEY通"项目在疆落地。积极实施减税享惠措施，累计为企业减免税8,640万元。强化内外协同，与14个直属海关签订了支持西部陆海新通道合作备忘录，与周边国家海关开展视频双边会谈5次，举行边境会晤20次，信息共享、执法互助、风险共治水平进一步提升。

一年来，我们主动建言献策提升服务层次。24篇统计分析专报和政务综合信息受到上级部门高度重视。牵头和参与的6项署级课题顺利通过总署评审，契合关区重点工作组织开展8项关级课题研究，11篇理论文章被署级载体刊载，18篇论文获中国海关学会以及天津分会表彰。多篇专题报告受到总署党委、自治区党委政府重视肯定，促进纺织服装产业发展等多项建议转化为具体政策措施。

（五）2020年是我们大力推进全面从严治党，严管厚爱加强队伍建设的一年。

一年来，我们全面加强党委班子建设。研究制订了加强政治建设、责任体系建设等6项方案以及重大风险防控责任清单、党委全面从严治党责任清单，关区制度创新和治理能力得到增强。严格落实民主集中制，修订党委工作规则和"三重一大"决策实施办法，党委议事决策的科学化、规范化水平不断提升。批复设立2个事业单位党委，有力加强了事业单位党的领导。

一年来，我们大力发挥党建引领作用。深入推进"强基提质工程"和"四强"党支部创建，3个党建品牌被评为全国海关党建示范品牌。广泛开展建关70周年系列纪念活动，举办历史回顾展和文化艺术展，拍摄专题纪录片，建成"两红"党性教育基地网上VR展厅，关区干部职工的凝聚力、向心力进一步增强。深化岗位练兵，在全国海关缉私刑事法制业务、动植物检疫业务技能比武中取得了好成绩。成立了关区系统工会，群团建设、精神文明创建等工作扎实推进。关区35个集体、34名个人荣获省部级以上表彰。

一年来，我们牢固树立重实干重实绩的用人导向。制定干部选拔任用严把政治关的10条具体举措，创新实施全员政治情况报告。加强一线考察，强化考核结果运用。制定加强执法一线科长建设的20条举措，狠抓个人有关事项报告查核。组建了92名兼职教师的师资库，举办各类培训9期。推进事业单位"三定"和绩效工资改革，为事业单位长远发展奠定了坚实基础。

一年来，我们扎实推进清廉海关建设。针对贯彻落实中央八项规定精神等重点领域开展专项监督43项，务实推进问题整改。印发党委进一步加强派驻监督工作的意见。对9个单位、部门开展巡察监督，政治巡察利剑作用有力发挥。持续跟进督审发现问题及历史遗留问题整改。突出抓早抓小、防微杜渐，强化运用"四种形态"。加强案件线索核查，持续释放全面从严的强烈信号。

（六）2020年是我们统筹施策，服务保障能力和水平进一步提升的一年。

一年来，我们不断夯实法治工作基础。制定并落实"三项制度"实施办法的细化措施，开展综合执法检查，关区执法规范化水平进一步提升。加强法治宣传阵地建设，"七五"普法顺利收官，霍尔果斯海关被评为全疆唯一的"全国法治宣传教育基地"。

一年来，我们着力强化科技支撑引领作用。H2018"两段准入"等重点署级系统在关区上线运行。完成实验室资质认定扩项评审，新增检测项目530项，4个实验室完成核酸检测资质属地备案。加强网络安全和数据安全保护，对涉数系统、数据提取等进行清理规范，关区数据安全管理机制更加完善。强化科技创新，7个科技项目获得总署、自治区立项，2个科技项目分获自治区科技奖励一、二等奖。

一年来，我们切实加大关爱保障力度。积极争取总署支持，坚持保障资源向边关一线倾斜，全年安排民生建设资金增长17.3%。卡拉苏海关宿舍食堂主体工程顺利完工，伊宁海关宿舍食堂等多个民生建设项目陆续投入使用，乌鲁木齐海关准军事化体能训练场实现了当年开工建设、当年竣工验收、当年交付使用。推进智慧后勤建设，启用智慧餐厅，坚决遏制餐饮浪费，乌鲁木齐海关机关食堂费用节约9.56%。我们带着感情和责任加强老干部工作，实现了联络全覆盖、走访常态化，用心用情做好服务保障。

一年来，我们多措并举推动政务运行效率提升。制定改进会风文风克服形式主义18条措施，基层减负工作成效持续巩固。保密密码工作顺利通过总署分级保护测评。12360热线服务质量持续提升。中国海关传媒中心新疆记者站正式批复设立。1,269篇新闻稿被省部级以上新闻媒体刊发，增长39.9%，关区工作影响力得到有力提升。

2020年是"十三五"收官之年，关区上下深入践行"五关"建设部署，同心协力、锐意进取，顺利完成各项任务，也为关区"十三五"工作画上了圆满句号。五年来，我们坚持以政治建设为统领，坚定有力落实习近平总书记重要指示批示精神和党中央决策部署，严打洋垃圾、濒危物种走私，高效落实机构改革部署，决战决胜脱贫攻坚，真正将"两个维护"落实到行动上。五年来，我们持续推进改革创新，深入落实全国通关一体化等改革部署，积极融入"一带一路"建设大局，服务发展取得丰硕成果。五年来，我们毫不松懈严密监管，有力查缉武器弹药、毒品、反宣品等危安物品渗透，不断筑牢检验检疫防线，有力维护了国门安全。五年来，我们坚持科技引领支撑，全力推动科技装备配备升级，积极推进科技业务一体化，智慧海关建设不断提质增效。五年来，我们纵深推进全面从严治党，强化监督执纪问责，创新优化队伍管理，大力弘扬"四特"精神，持续加强民生保障，队伍建设迸发出新的活力。

上述成绩的取得，得益于总署党委的坚强领导，离不开自治区党委政府和社会各界的理解帮助，更凝聚着关区全体干部职工的心血和汗水。在此，向一直以来关心支持我关工作的社会各界人士，向关区全体干部职工、离退休干部和家属，表示衷心的感谢！

二、把握要求，系统思考，统筹谋划关区工作新开局

（一）党中央作出进入新发展阶段的战略判断，要求我们在加强党的全面领导上持续加力。

习近平总书记指出，全面建成小康社会、实现第一个百年奋斗目标后，我们要乘势而上开启全面建设社会主义现代化国家新征程、向第二个百年奋斗目标进军，这标志着我国进入了一个新的发展阶段。站在"两个一百年"的历史交汇点，身处百年未有之大变局，我们要深刻地认识到，在新发展阶段中，面临的机遇和挑战之大都前所未有。办好中国的事，关键在党。过去一个时期我国取得一系列伟大成就，根本在于有以习近平同志为核心的党中央坚强领导。形势越是复杂，任务越是艰巨，越是要坚持和加强党的全面领导。总署党委强调，"十四五"时期经济社会发展必须遵循的原则第一条就是坚持党的全面领导。对关区来说，就是要以党的政治建设为统领，着力提高各级领导干部政治判断力、政治领悟力、政治执行力，切实把加强党的全面领导贯穿于关区工作的各方面各领域各环节，坚定走好"两个维护"第一方阵，坚决贯彻落实习近平总书记重要指示批示精神，确保关区改革建设始终沿着正确方向前进。

（二）党中央提出贯彻新发展理念的战略思想，要求我们在推进关区高质量发展上统筹发力。

习近平总书记指出，全党必须完整、准确、全面贯彻新发展理念。理念是行动的先导，从根本上决定着发展成效乃至成败。新发展理念回答了关于发展的目的、动力、方式、路径等一系列理论和实际问题，是被实践证明了的科学的发展理念，是开启全面建设社会主义现代化国家的思想引领。总署党委强调，在建设社会主义现代化海关的征程中，要坚持以新发展理念来审视问题、指导工作，加强海关工作

的前瞻性思考、全局性谋划、战略性布局、整体性推进，并对标五中全会部署提出的"五个一流""五个大幅度提升"的目标要求。对关区来说，就是要系统把握新发展理念，统筹推动关区改革发展，做到守正和创新并重、增体量和提质效并重、打基础和利长远并重、增动力和聚合力并重、事业发展和人的发展并重，推动关区各项工作在高质量发展上取得新突破。

（三）党中央作出构建新发展格局的战略部署，要求我们在服务更高水平对外开放上提升能力。

习近平总书记指出，加快构建以国内大循环为主体、国内国际双循环相互促进的新发展格局，是一项关系我们发展全局的重大战略部署任务。总署党委强调，海关处在国内国际双循环的"交汇枢纽"，必须积极主动作为，协同推进强大国内市场和贸易强国建设，更好服务构建新发展格局。对关区来说，就是要把新疆自身的区域性开放战略纳入国家向西开放的总体布局中，把握双循环战略支点和重要节点的定位，主动适应新变化，以服务"一带一路"建设为重点，着力畅通国际物流大通道，不断优化外贸营商环境，加快推动产业转型升级，努力打造内陆开放和沿边开放的新高地。

（四）党中央确定的新时代党的治疆方略，要求我们在促进新疆社会稳定和长治久安上保持定力。

习近平总书记在第三次中央新疆工作座谈会上，明确阐释了新时代党的治疆方略，强调要牢牢扭住社会稳定和长治久安总目标，坚持依法治疆、团结稳疆、文化润疆、富民兴疆、长期建疆。总署党委一直以来高度重视新疆工作，多次强调新疆安全稳定关系到国家核心利益和根本利益，牵一发而动全身，是压倒一切的政治任务。对关区来说，就是要完整准确理解和长期坚持新时代党的治疆方略，统筹发展与安全，在涉及社会稳定的关键问题上立场坚定、行动坚决，始终把维护国门安全作为首要职责，不断巩固和筑牢安全屏障；在事关长治久安的深层次问题上持续用力、久久为功，始终把促进发展作为长远之策，在富民兴边中贡献海关力量，切实为建设新时代中国特色社会主义新疆发挥更大作用。

结合关区工作实际和新一届党委班子近期的调研思考，我们在历届乌鲁木齐海关领导班子好思路、好经验、好传统、好作风的基础上，对关区未来一个时期工作思路进行完善和拓展。我们认为，面对新形势新任务，要在具体工作中系统把握"安全、稳定、发展、统筹、提升"5项要求：

——聚焦"安全"，始终把落实总体国家安全观作为我们必须扛起的政治责任。安全是国家和人民的核心利益。新疆战略区位十分重要，新疆的安全关系到国家安全，关系到全国改革发展大局，关区监管区域广、跨度大，口岸面临的环境复杂，加之当前新冠肺炎疫情仍在全球加速蔓延，我们必须不断增强风险意识和底线思维，落实总体国家安全观，着力履行好维护国门安全、严密疫情防控、防范重大风险"3项硬责任"。一是在严把国门上突出精准监管。要强化风险管理体系建设，常态化分析研判周边国家和敏感区域动态，结合口岸特点和新疆物流特点找准高风险部位，精准引导查缉管控。要突出防控重点，对涉及政治安全的反宣品，涉及社会安全的枪弹毒等危安物品，涉及生态安全的重大疫情疫病、洋垃圾、转基因食品等，丰富手段加强源头锁定，深化内外协作，强化科技支撑，推动国门安全准入前移，切实筑牢国门安全防线。二是在疫情防控上突出分类施策。要慎终如始抓好常态化疫情防控，坚持"内外同防、人物同防、多病同防"，根据疫情形势变化动态调整优化防控举措，着力将常态化防疫措施顺势嵌入一线监管环节，做到防控工作分区分级分类分模式，在确保安全的基础上实现口岸运行高效顺畅。要加强干部职工个人防护和内部防控，以底线思维制定完善相关突发事件预案，加强实操演练，从最坏处考虑、向最好处努力，确保实现"打胜仗、零感染"目标。三是在防范化解重大风险上突出源头治理。风险防范是动态的，不可能一劳永逸，要根据新情况主动查找风险点，及时掌握风险底数，果断采取措施堵塞漏洞、制定长效机制消除隐患。要克服麻痹思想、侥幸心理，紧盯监管场所安全、危化品安全、消防安全、行车安全、网络安全、数据安全等重点环节，确保不发生重大安全事故。

——聚焦"稳定"，始终把确保稳中求进作为我们长远发展的根本保障。稳定是发展的前提和基础。新疆的发展稳定有其特殊的区情社情，尤其是我们处在反分裂、反渗透、反极端思想的关键一环，不仅要履行好进出境监管职责，还承担着口岸一线反恐维稳、"访惠聚"驻村、"民族团结一家亲"等任务，遇到的问题更加敏感、斗争更加尖锐。同时，关区干部队伍年轻，思想活跃，可塑性很强，如何在复杂环境下带好队伍，通过队伍稳定保障关区事业发展稳定，进而更好地服务和促进新疆社会稳定，考验着我们各级党委的能力智慧和责任担当。第三次中央新疆工作座谈会提出，对新疆各族干部要政治上激励、工作上支持、待遇上保障、生活上关心、心理上关怀，研究采取有效措施，稳定新疆干部队伍。我们必须不断树牢守土尽责、守土负责的意识，在严管厚爱上同向发力，着力拧紧思想引导、严格管理、待遇保障"3个稳压阀"。一是坚持正确导向，保持队伍思想稳定。乌鲁木齐海关党委将保持既往成熟模式的延续、工作思路的贯通、基本政策的稳定、重点工作的持续，咬定青山不放松，一张蓝图绘到底，形成接力奋进、再续华章的强大合力。要坚持把重实干重实绩摆在更加突出位置，将"干和不干不一样、干好干坏不一样"

的鲜明导向树起来,大力选拔那些勇于改革创新、勇于迎难而上、勇于担当尽责、勇于吃苦奉献的干部,让真正干事创业的干部有奔头,着力营造风清气正的政治生态。要积极实施文化润关,深化准军事化纪律部队建设,以优秀文化引领正气、激励士气,增强关区干部职工的职业认同、集体认同、价值认同和文化认同感。要高度重视意识形态领域安全,牢牢把握意识形态领域主动权,发扬斗争精神,坚决对错误思想进行批判,坚决向歪风邪气"亮剑",切实抵御不良思潮的侵蚀。二是坚持从严管理,保持队伍纯洁稳定。近年来,关区也发生了一些案件,这都说明我们队伍建设还存在不少不稳定的因素。要持续推进全面从严治党向纵深发展,坚持从严治关,严明政治纪律,严把内控关口,严守廉政规定,切实加强对权力运行的制约和监督。要进一步强化制度的约束力,严格执行各项制度规定,不断夯实纪律作风,提高工作质效。三是坚持以人为本,保持队伍预期稳定。收入待遇是大家一直以来非常关注的问题,南北疆之间、口岸型海关和属地型海关之间、机关和基层之间也存在着一些不同的诉求。我们在下一步处理这些问题的过程中,要充分体现政策性、公平性,同时也要兼顾差异性、特殊性,在实践中总结优化机关选调、"换防式"交流、驻村干部选派等机制,盘活人力资源,激发队伍活力。要加强关爱保障,努力提升边关综合保障水平,缩小收入待遇差距,多措并举稳定干部队伍预期。同时,各级领导班子要带着感情、带着责任去抓管理带队伍,用情用心经营团队,积极打造和谐边关、活力边关。

——聚焦"发展",始终把服务高质量发展作为我们义不容辞的职责使命。发展是解决一切问题的关键。在"一带一路"建设背景下,在新时代党的治疆方略指引下,新疆正面临难得的历史发展机遇,我们必须靠前站位、主动作为,准确把握地方发展和企业发展的需求,坚持人民海关为人民,着力做好扩大开放、深化改革、培育产业"3篇大文章"。一是注重以扩大开放引领发展。要立足服务"一带一路"建设,充分发挥新疆区位优势,在优化中欧班列监管机制、完善多式联运模式、推广TIR业务、保障大宗商品和资源能源性物资进口等方面加大力度,助力国内国际双循环。要着眼丝绸之路经济带核心区建设,在推动"一港、两区、五大中心、口岸经济带"建设上创新举措,不断提升核心区集聚辐射能力,打造对外开放新高地。二是注重以深化改革促进发展。要立足提升开放型经济发展软实力,加大改革2020框架方案落实力度,强化协同配套,及时疏通堵点难点,切实增强企业对海关改革的获得感。要持续巩固降本增效和压缩通关时间成果,简化优化海关手续和办事流程,增强"放管服"累积效应,打造稳定、透明、可预期的通关环境。要做好政策咨询服务，加强对企业合理运用和规避技术性贸易措施的指导，保障外贸企业的合法权益。三是注重以培育产业支撑发展。要立足富民兴边，紧扣自治区"稳粮、优棉、促畜、强果、兴特色"战略，着力发挥好综合保税区、合作中心、边民互市、指定监管场地、跨境电商等外贸平台载体的作用，围绕产业链延链补链加强项目培育，紧贴民生促进新疆特色产业、劳动密集型产业发展，重点支持纺织服装"走出去"、农副产品生产加工、能源资源性产品保税仓储、大宗产品深加工等，推动通道型经济向口岸型、产业型经济转型。

——聚焦"统筹"，始终把统筹兼顾作为我们推动工作的基本方法。统筹兼顾是我们党的一个科学方法论。面对关区不断增加的业务体量、不断丰富的业务门类、多头并进的工作任务，我们必须合理统筹、有效统筹，在确保安全稳定的基础上，在符合国家政策的前提下，进一步解放思想、转变思路，在关区改革建设发展的实践中正确处理各方面关系，着力解好以大兼小、小中见大、大小协同"3道应用题"。一是增强全局观念，突出整体推进、以大兼小。要着力避免一叶障目不见泰山的片面思维，善于在大格局中整体谋划，正确理解和把握政策的本意，不断提升我们看问题、做决策的层次和视野。要以政策研究为先导，主动探究深层次、前沿性问题，注重吸收系统内最新的改革举措和研究成果，大胆设想、严谨求证，加大研究成果转化力度，使其能够迅速成为我关支持发展、服务大局的核心竞争力。二是增强辩证观念，突出举一反三、小中见大。要着力避免头痛医头、脚痛医脚的机械思维，善于在具体工作实践中深化认识、拓展思路，在难点业务上深耕细作、重点突破，以点带面形成长效机制。要注重集思广益、群策群力，畅通基层反映问题、提出建议的途径，鼓励干部职工建言献策，让"金点子"释放"大智慧"。领导干部要加大蹲点调研力度，躬下身子"解剖麻雀"，切实掌握情况，解决问题和困难。三是增强系统观念，突出错位发展、大小协同。要着力避免刻舟求剑的僵化思维，善于在不断发展变化中把握事物和解决问题，加强对各类情况的分析研判，优化完善科学决策机制，在错综复杂的形势中明晰主线，分清轻重缓急，十个指头弹好钢琴。新疆各地区各口岸发展基础、边境贸易特点、毗邻国家经济水平和产业结构特征等都有明显的差异性，要认真研究各自发展优势，分类施策，因地制宜，积极探索符合实际的特色发展路径，形成互补发展、联动发展、纵深发展的良好局面。

——聚焦"提升"，始终把质效并举作为我们孜孜不倦的目标追求。提升是高质量发展的应有之义。对标"十四五"时期各项发展目标和社会主义现代化海关建设要求，我们必须坚定敢为人先、勇争一流的信心和决心，厚植基础、与时俱进、开拓创新，着力激发挖潜增效、融合增效、提质增效"3个动力源"。一是提升履职能力。进入新发展阶段，我们面对的工作要求更高，关区改革建设的征程上，每个人都是关键人、每个岗都是关键岗，一个都不可或缺、一个都不能掉队。要切实增强自我提升的主动性和紧迫感，把提升政治能力作为首要要求，把提升业务能力作为履职根本，坚持理论学习和工作实践相统一，不断更新"知识库存"。要增强抓落实的本领，把雷厉风行和久久为功有机结合起来，既要强调执行落实的效率，更要注重执行落实的效果，既要能干事，更要能干成事。二是提升融合效应。以创新机制、改革协同为抓手，优化布局、整合资源，大力推进规范化建设，着力完善全链条业务队伍管理制度，推动更深层次全面融合，使上下级之间、部门之间、条线之间各项工作职能更加优化、衔接更加紧密，进一步激发机构改革蕴含的巨大潜能。三是提升发展质效。在业务体量增长的同时，要更加注重业务质量，树立精品意识，在改革创新中寻求新突破，在把关服务上取得更多标志性成果，争取更多指标走上全国海关前列，着力打造"乌关样板"、提供"乌关方案"，推动乌鲁木齐海关由"大关"向"强关"迈进。

2021年是"十四五"开局之年，也是社会主义现代化海关建设的起步之年，乌鲁木齐海关党委研究认为，今年关区工作的总体要求是：以习近平新时代中国特色社会主义思想为指导，深入贯彻党的十九大和十九届二中、三中、四中、五中全会精神，增强"四个意识"，坚定"四个自信"，做到"两个维护"，认真贯彻新时代党的治疆方略，按照全国海关工作会议、全面从严治党工作会议部署，加强党对关区工作的全面领导，持续推进"五关"建设，系统把握"安全、稳定、发展、统筹、提升"5项要求，强化监管优化服务、稳定队伍激发活力、深化协同提升质效，全面建设社会主义现代化海关，奋力为关区"十四五"高质量发展开好局、起好步。

三、马上就办、真抓实干，全力做好2021年各项工作

乌鲁木齐海关党委提出的5项要求是关区未来一个时期工作的总体要求，各单位和部门要完整准确理解，全面系统把握，今年要着力在"抓安全、保稳定、促发展、重统筹、求提升"上出实招、用实功，质效并举提升整体工作水平。

（一）突出政治统领，在政治建设上实现新提升。

海关是政治机关，讲政治是关区各项工作的第一要求，我们要持续加强政治机关建设，不断增强"四个意识"、坚定"四个自信"、做到"两个维护"。重点要提高"3个能力"。

1. 提高政治判断力。

政治判断力是政治实践的前提，决定

着行动的方向。我们要坚持以习近平新时代中国特色社会主义思想为引领，不断增强政治敏锐性和政治鉴别力，做政治上的明白人。加强政治机关建设，严格落实意识形态工作责任制，年内开展2次意识形态和队伍思想状况调研分析。加强党员干部政治核查，做好全员个人年度政治情况报告。加强反奸防谍工作，严防敌对势力渗透。严守政治纪律和政治规矩，坚决整治党员干部信教、匿名诬告等问题，坚决抵制"低级红""高级黑"等现象。

2. 提高政治领悟力。

政治领悟力是政治实践的重要先导，决定着把握党中央精神的准确性和完整性。我们要深入学习习近平新时代中国特色社会主义思想，实施领导干部政治能力提升计划、青年理论学习提升工程，组织开展五中全会精神全员轮训，采取多种形式扩大学习覆盖面，做到学思用贯通、知信行合一。自觉从政治上领会习近平总书记重要指示批示精神的重大意义，完整准确把握党中央各项决策部署的政治内涵、政治要求，做到对"国之大者"心中有数，对职责使命了然于胸，当好对党绝对忠诚的国门卫士。

3. 提高政治执行力。

政治执行力是政治实践的关键，决定着推进落实各项工作的成效。我们要时刻关注习近平总书记强调什么、要求什么，坚持"第一议题"制度，每月通报贯彻落实情况，建立台账跟踪问效。持续严厉打击洋垃圾、象牙等濒危物种及其制品走私，进一步强化打击"水客"走私。研究制定关区巩固拓展脱贫攻坚成果同乡村振兴有效衔接的工作方案，做好驻村干部轮换和关爱保障。持续深化巡视整改成效，组织开展巡视整改"回头看"，以此促进关区整体工作再提升再进步。

（二）突出依法把关，在全链条监管能力上实现新提升。

海关处在对外开放安全防控"第一线"，要始终将把好国门作为我们的第一责任，坚决扛起维护国家安全和利益的职责使命。重点守好"4道防线"。

1. 守好疫情管控防线。

落实"毫不放松抓好常态化口岸疫情防控"要求，持续巩固提高口岸公共卫生核心能力建设质量和水平，以创建国际卫生机场为目标，健全关区卫生检疫全链条防控工作机制，严防各类重大传染病跨境传播。继续把新冠疫情防控摆在突出位置，紧密契合疫情形势，动态调整完善各类疫情防控举措。严格监督落实口岸环节进口冷链食品和高风险非冷链集装箱货物预防性消毒措施。加强新冠病毒疫苗等特殊物品监管。强化个人防护，做到防控物资应配尽配、核酸检测应检尽检、新冠病毒疫苗应接尽接，确保"打胜仗、零感染"。加强动植物疫情疫病监测，扎实推进动植物检疫防控能力提升示范口岸建设，深入推进农产品检疫分类管理，持续严防疫情疫病传入传出和外来物种入侵。

2. 守好风险管理防线。

聚焦"推进各领域风险一体化防控"要求，延伸风险防控链条，加强事前、事后风险分析和处置，统筹风险规则指令管理，加强贸易渠道和非贸渠道风险整体防控，提升布控有效性。依托总署涉疆专项风险防控机制，提升对枪弹毒、反宣品等危安物品的风险防控水平。推动边民互市风险防控改革。

3. 守好正面监管防线。

聚焦"围绕监管同向发力、形成合力，有效提高监管效能"要求，持续强化"3个100%"机检查验，加大"精准防控 智慧监管"指挥系统建设力度，深化智能审图应用，严格进出口贸易禁限管控，加强口岸环节反恐维稳，实施安全生产专项整治。落实"四个最严"要求，持续推进口食品"国门守护"行动，加强进口食品监督抽检和风险监控。完善进出口商品质量安全风险预警和快速反应监管体系，推进关区分监测点建设。对高风险矿产品开展100%固废排查。严格落实进口危化品口岸"批批验核+抽批检测"检验监管模式，确保危化品安全高效监管。加强重点敏感商品质量安全监管。推广"互联网+稽核查"，重点开展对涉税领域的专项稽查、对涉检领域的专项核查，将主动披露适用范围扩大到检验检疫领域。加强税收监控分析，强化归类审价，全力完成税收预算目标。

4. 守好打击走私防线。

按照"切实承担起领导负责打击走私工作的职责"要求，强化各级党委对打私工作的领导和各隶属海关关长打私第一责任人职责，推进全员打私和专业打击，着力增强打私质效。深入开展"国门利剑"等专项行动，严厉打击重点领域走私。贯彻落实总署党委"1+6"项制度，全力做好缉私保障。深化反走私源头治理、综合治理，推进"智慧缉私"建设，推动各级地方政府打私办实体化运作，做好"全调中心"新疆分中心的筹建工作。积极开展"大地女神""雷电"等国际联合执法行动。

（三）突出担当作为，在服务发展成效上实现新提升。

2021年新疆外贸形势非常复杂，我们必须紧扣国家构建新发展格局的战略部署，契合新疆核心区建设规划，助力打造政策好、成本低、服务优的沿边对外开放新高地。重点做到5个"着力"。

1. 着力构建新疆对外开放新格局。

围绕贯彻落实第三次中央新疆工作座谈会精神，积极推动签署新一轮署区合作备忘录。紧扣自治区确定的重点区域发展规划，优化关区业务布局。北疆地区，重点支持产业发展和新业态发展，研究出台支持霍尔果斯经济开发区、合作中心、塔城重点开发开放试验区等重点区域高质量发展的具体举措。乌鲁木齐片区，重点支持国际陆港区发展，助推中欧、中亚班列集结中心建设，完善多式联运模式，促进公路、铁路、航空等运输方式有效衔接，积极融入西部陆海新通道建设布局。支持符合条件的外贸综合服务体开展市场采购贸易。南疆片区，重点推动口岸物流联动，支持南疆区域"铁公铁"联运模式发展。促进特色农副产品出口，积极培育高水平的出口加工企业和高质量的农产品种植基地。大力支持中巴经济走廊建设。服务兵团向南发展战略，支持在具备条件的地区建设出口监管仓库、保税仓库。

2. 着力推进重点领域改革。

按照"全面深化改革，加强制度创新和治理能力建设"要求，深化"5项创新"，在"两步申报"中推进高级认证企业免除税款担保落地实施，将"两段准入"适用范围扩大至公路、铁路进口。推进税收征管改革，年内实现财关库银横向联网税单占比达到99%以上、自报自缴报关单达到85%以上、汇总征税报关单达到20%以上，推动实现集团担保"零突破"。深化关检业务全面融合，强化业务结合部协调联动，规范检疫处理。

3. 着力优化口岸营商环境。

做好国际贸易"单一窗口"新增功能应用。落实精简进出口环节监管证件和随附单证要求，巩固压缩整体通关时间成效，降低进出口环节合规成本。开展"关银一KEY通"项目推广。加强信用企业培育，实现认证企业数量增加20%、认证企业贸易额占比达到新疆进出口额的35%以上。成立专班开展RCEP协定专项研究，指导企业用好RCEP协定。

4. 着力促进外贸提质增效。

推进"关铁通"项目和"E-TIR"试点，拓展"中欧班列+"业务模式。研究制定促进综合保税区发展指导意见，推动霍尔果斯综合保税区封关运营，加强综合保税区绩效评估，推动地方政府加大政策宣传、建设管理力度。积极争取试点开展跨境电商B2B（9710、9810）业务、O2O业务及跨境电商出口退货复运入境业务，支持喀什、阿拉山口申建跨境电商综合试验区。要发挥合作中心"免税购物""天然海外仓"等政策优势，支持发展会展服务、入区旅游、跨境电商等新业务新业态，推进线上、线下融合发展。助力霍尔果斯、塔克什肯、阿拉山口等建新型边民互市区，推进"边民互市+落地加工"，试点"边民互市+综合保税区一般纳税人"业务模式。围绕促进农副产品进出口、支持种子库建设等重点内容，出台支持新疆农业产业发展实施举措。

5. 着力深化海关国际合作。

组织召开中哈、中吉等年度边境海关负责人会谈，加强国际疫情防控协作和口岸通关协调。推动周边国家优质农产品进口准入，支持新疆果蔬等特色农产品开拓国际市场，年内争取开通中巴口岸农副产品快速通关"绿色通道"。深入推进"中亚生物安全通道"项目实施。加强技术性贸易措施应对，筹建关区技贸措施评议研究基地。建立对周边国家形势及舆情的分析机制，加强处置应对，提升海关国际合

（四）突出严管厚爱，在勇担职责使命上实现新提升。

为政之道，首在用人。我们要以更高的站位、更宽的视野、更实的举措，建设高素质专业化干部队伍，大力营造凝心聚力、担当奉献的良好环境。重点抓好"6个发力点"。

1. 坚持以党建引领聚合力。

深入推进"强基提质工程"和"四强"党支部建设，加大党建品牌培育力度，探索建立党建工作和业务工作一体推进的工作机制。制订工作方案启动实施文化润关工程，积极推动水布浪沟旧址党性教育基地申建自治区级爱国主义教育基地，打造边关特色文化品牌。建立健全群团组织，高标准推动文明单位、青年文明号创建工作。以建党100周年为契机，广泛开展"党旗在基层一线高高飘扬""我为群众办实事"活动，组织"两优一先"评选表彰，大力培养树立各领域先进典型，赋能"四特"精神新内涵。

2. 坚持以正确导向增动力。

研究制定关区人才发展"十四五"规划，建立更加系统集成、衔接紧密、科学有效的"选育管用"机制。健全领导班子和领导干部动态分析研判机制，大力培养选拔优秀年轻干部，加强执法一线科长队伍建设，优先选用在疫情防控、改革攻坚、乡村振兴等急难险重工作中表现突出的干部，切实把想干事、能干事、干成事的干部选起来、用起来。

3. 坚持以人事制度改革激活力。

开展机构改革"回头看"，厘清部门和科室职责，优化技术机构布局。深入推进公务员分类管理，提升职级职数使用率，充分释放制度红利。完善机关选调、"换防式"交流等机制。统筹开展事业单位人员定岗晋升和绩效工资改革，更好发挥事业单位服务保障和技术支撑作用。

4. 坚持以考核监督挖潜力。

完善"三位一体"考核体系，强化考核结果运用，发挥好考核"指挥棒"作用。开展隶属海关改设党委后的首次"一报告两评议"工作。抓好隶属海关选人用人检查、党委书记离任检查，做到3年内全覆盖。贯彻"两项法规"要求，强化个人事项申报核查工作，进一步提升如实申报率。

5. 坚持以从严管理加压力。

加强准军建设，深入开展"内务规范强化月"活动，强化对作风纪律的监督检查。抓好业务现场文明执法和服务窗口工作规范，深化政务服务"好差评"系统应用，试点对部分隶属海关开展第三方测评，持续推进政风行风建设。

6. 坚持以教育培训提能力。

抓好疫情常态化背景下的分类分级培训，灵活组织专项业务练兵比武，加强各条线业务骨干培养。深化"关校"合作，拓展干部视野。强化互学互促，采取机关和隶属海关双向短期跟班作业、赴内地挂职锻炼、邀请兄弟海关业务专家实地指导等方式，多渠道培养干部专业能力和综合素质。

（五）突出双基保障，在厚植发展优势上实现新提升。

关区事业，基层是源头，基础是根本。面对不断增加的人员数量和业务体量，我们必须持续加强基层基础建设，补短板、强弱项，推动关区各项工作提质增效。着力做到"7个提高"。

1. 提高工作规划质量。

成立关区"十四五"发展规划编制工作领导小组，优选各条线业务骨干组建工作专班，对接总署和自治区"十四五"发展规划，研究制订乌鲁木齐海关落实总署"十四五"发展规划实施方案，为关区中长期发展谋篇布局。

2. 提高法治建设水平。

深入贯彻习近平法治思想，持续做好规章制度"立改废释"，构建系统完备、科学有效的制度规范体系。深化"三项制度"落实，开展年度综合执法检查。制定关区"八五"普法规划。编制直属海关权责清单。加大知识产权保护力度，严厉打击侵权假冒违法行为。

3. 提高政策研究能力。

优化关区政策研究工作机制，加强跨部门融合研究，打造"一处一专、一关一品"研究格局。积极参与署级课题研究，组织开展关级课题研究和专项研究。深化"数据+研究"，加强统计调研和监测预警。

建设"点靓边关"政研工作交流平台，畅通建言献策渠道，激发干部职工参与改革建设发展的热情。

4. 提高科技赋能效果。

完善信息系统架构体系，推进署级系统上线运行。优化实验室布局，提升各类实验室属地化检测能力和协同互补效能。加快推进生物安全实验室建设和能力提升，发挥好移动P2+实验室作用。强化科技设备集约化应用，优化管理，提高质量。积极推进总署、自治区重大科技项目落实，开展固废鉴定、归类化验及核生化、食品安全、传染病检测技术研究和应用。

5. 提高综合保障效益。

全面统筹资源，盘活存量资金，发挥地方财政补助和单位集中收入等渠道的补充保障作用。狠抓预算执行、绩效实施、政府采购、涉案财物等管理，提升财务管理规范化水平，年内开展关区重点项目绩效评价。全面贯彻落实过"紧日子"要求，从严从紧安排一般性支出，集中财力优先保民生、重点保运转、精准保发展。贯彻落实总署党委支持艰苦地区边关22条保障措施，重点推进边关生活设施改造、业务技术用房维修等项目，改善边关工作生活条件。提高离退休干部服务管理能力，落实好离退休干部"两项待遇"。优化区域中心海关一体化保障机制，不断提高区域海关保障质效。

6. 提高行政运行效能。

持续推进精文简会，继续实行机关发

文配额管理,实现关级下行文数量下降10%。落实机要保密管理责任,做到管住人、管住事、管住文件、管住场所、管住设备、管住网络,确保机要保密万无一失。加强政务信息和新闻宣传工作,打造关区融合宣传新格局。统筹政务公开、督查督办、人大建议和政协提案办理等工作,进一步优化职能和运行机制。

7. 提高考核指标排名。

对照直属海关领导班子年度考核客观指标,健全完善关区量化考核指标体系,做到管理有手段、执行有目标、评估有尺度。各职能部门要对照2020年本条线指标全国海关排名,科学评估,勇于突破,积极培育关区优势业务,力争更多指标向"第一梯队"迈进。

(六)突出全面从严治党,在清廉海关建设上实现新提升。

党风廉政建设和反腐败斗争永远在路上。我们要认真落实十九届中央纪委五次全会精神,按照全国海关全面从严治党工作会议部署,积极适应高质量发展要求,推动全面从严治党、从严治关向纵深发展。具体抓实"8项工作"。

1. 压紧压实主体责任。

关区各级领导班子必须担负起管党治党政治责任,从严要求干部、管理干部、约束干部,切实把严的主基调长期坚持下去。乌鲁木齐海关党委将带头在全面从严治党中发挥表率作用,做到"四责协同"。各隶属海关和事业单位党委要认真履行全面从严治党主体责任,强化责任担当,狠抓责任落实,自觉接受监督。

2. 落实落细监督责任。

纪检监察机构要忠诚履职,发挥好专责监督作用。派驻纪检组要用好"派"的权威,体现"驻"的优势,及时向驻在单位党委提醒风险、提出建议,督促落实全面从严治党要求,推动解决存在的突出问题。驻在单位党委要积极支持派驻纪检组履职,形成全面从严治党"两个责任"同向发力的工作格局。

3. 持之以恒正风肃纪。

坚决贯彻中央八项规定精神,毫不松懈纠治"四风",深化整治形式主义、官僚主义顽瘴痼疾。继续巩固酒驾醉驾治理成效,多措并举防范非职务违纪违法问题。

4. 不断织密内控网络。

充分发挥内控在事前风险防范中的作用,实施内控高风险节点岗位清单制管理,动态调整完善内控节点体系,强化"三道防线"实际效果。

5. 统筹强化监督合力。

统筹多渠道监督力量,突出对重点对象和重点领域的监督。加强对中央重大决策部署落实情况的跟踪督察问效,围绕打击洋垃圾、支持中欧班列发展等重点工作开展专项督察。针对公共资金管理、国有资产处置等开展专项审计。加强对餐饮浪费、疫情防控、安全生产等领域的专项监督。加大巡察工作力度，年内完成对12个单位部门的政治巡察。

6. 持续推进廉洁文化建设。

强化警示教育，加强党纪国法学习，大力营造"敬畏党的纪律要求使之不敢忘、严格法纪制度使之不能违、自觉思想自律使之不想松"的浓厚氛围。组织对关区近年来典型违法违纪案件开展分析，提升以案促改质量。

7. 始终高悬执纪问责利剑。

加大查办案件工作力度，重点查处不收敛不收手、问题线索反映集中、群众反映强烈的问题。深化拓展打私反腐"一案双查"，提升自我查发和自我净化的能力。用好问责利器，增强问责工作的政治性、精准性、实效性。

8. 切实加强纪检监察队伍建设。

注重对纪检监察干部的培养，选优配强纪检监察队伍，加强纪检干部与其他部门人员交流，严格对纪检监察队伍进行约束和监督，努力建设一支纪检监察铁军。

新时代开启新征程，新使命呼唤新作为！让我们更加紧密地团结在以习近平同志为核心的党中央周围，在总署党委的正确领导下，以更加饱满的热情、更加昂扬的斗志、更加务实的作风，马上就办、真抓实干，锲而不舍、一以贯之，全力推进社会主义现代化海关建设，以优异成绩庆祝建党100周年！

在2021年乌鲁木齐海关全面从严治党工作会议上的讲话

乌鲁木齐海关党委书记、关长　沈扬

（2021年2月5日）

这次会议的主要任务是：深入学习贯彻习近平新时代中国特色社会主义思想和党的十九大和十九届二中、三中、四中、五中全会精神，认真落实十九届中央纪委五次全会和全国海关全面从严治党工作会议部署，回顾总结2020年工作，研究部署2021年全面从严治党、党风廉政建设和反腐败工作任务。

一、2020年关区全面从严治党工作

一年来，我们认真学习贯彻习近平新时代中国特色社会主义思想，全面履行管党治党政治责任，持续强化正风肃纪，全面从严治党工作取得新成效。

（一）走好"第一方阵"内生动力持续增强。

坚持以政治建设为统领，把学习贯彻习近平总书记重要讲话精神和重要指示批示精神作为党委会的"第一议题"，第一时间学习研究、贯彻落实、督查问效。关区全面推行"晨会一刻"制度，持续深入学习习近平新时代中国特色社会主义思想，增强"四个意识"、坚定"四个自信"、做到"两个维护"，建设模范机关，当好"三个表率"。持续用好"中心组学习""三会一课"等学习活动推进理论武装，集中学习宣传贯彻党的十九届四中、五中全会精神，着力做到入脑入心、融会贯通。不折不扣抓好贯彻落实习近平总书记关于统筹推进疫情防控和经济社会发展的重要指示批示精神，做好"六稳"工作、落实"六保"任务，持续加强打击象牙等濒危物种及其制品、洋垃圾走私力度。强化底线思维，认真落实决战决胜脱贫攻坚、构建新发展格局、推动高质量发展、安全生产等重大部署。严明政治纪律和政治规矩，严格落实重大事项请示报告制度，在思想上政治上行动上始终同以习近平同志为核心的党中央保持高度一致。认真落实第三次中央新疆工作座谈会精神，完善意识形态工作责任制清单，开展新疆"四史"教育，扎实推进驻村工作，坚定坚决贯彻落实好新时代党的治疆方略。

（二）"四责协同"压力传导持续走实。

认真落实全面从严治党党委主体责任、纪检组监督责任、党委书记第一责任和班子成员"一岗双责"的"四责协同"机制，强化横向协同协作与纵向压力传导相结合，推动知责明责、履责督责、考责问责等各个环节形成闭合，构建形成主体明晰、有机协同、层层传导、问责有力的全面从严治党责任落实机制。关区两级党委制定全面从严治党主体责任清单，层层明晰、逐级压紧。推动主体责任和监督责任贯通协同，形成政治、业务、管理、队伍、技术等领域方面的重大风险防控责任清单，制定出台《乌鲁木齐海关党委关于进一步加强派驻监督工作的实施意见》，不断提升派驻监督效能。坚持压力传导，将落实全面从严治党责任情况作为民主生活会对照检查内容，定期召开党建述职评议会，每半年召开党风廉政形势分析会，年度组织开展党风廉政建设专项考核，督导推进主体责任落实。

（三）准军事化纪律部队建设持续巩固。

以总署党委第九巡视组巡视反馈问题为切入点，狠抓内务督察，党委班子成员带队对关区准军事化纪律部队建设情况进行督察，对业务现场进行视频专项调度，干部职工纪律意识显著增强。狠抓疫情防控纪律，关领导每周视频调度检查，召开关区"坚持立行立改、强化作风建设"专题会议。强化警示教育，组织开展专题警示教育，以案促改，以案促治。严格落实中央八项规定及其实施细则精神，修订贯彻落实中央八项规定精神的具体措施。严格落实过"紧日子"要求，推动关区上下厉行勤俭节约，反对浪费。大力整治形式主义、官僚主义，出台具体措施，统筹监督检查。着力转变服务作风，加大"放管服"改革落实力度，优化口岸营商环境，推行政务服务"好差评"工作，企业和群众获得感进一步提升。

（四）党建"强基提质"持续推进。

以责任落实为抓手，着力提升组织工作质量，建立党委委员联系一线党支部制度，编印《基层党支部工作标准》手册，推进党支部标准化规范化建设；着力提高党务干部能力素质，组织党务干部网络培训，试行"党支部书记活动日"，有针对性地进行日常党务培训、经验交流和难题会诊；推进党建与业务深度融合，开展"四强"党支部争创活动，创建边关特色党建品牌，成立党员先锋队，做好抗疫一线火线入党工作，下拨疫情防控专项党费，推荐表彰抗疫先进；大力弘扬"四特"精神，举办建关70周年暨红其拉甫海关荣誉授予15周年系列活动，宣讲先进事迹，组织微视频展评，建设"两红"党性教育基地网上VR展厅，提振队伍精气神；抓实经常性思想政治工作，开展谈心谈话专项调研，把准队伍思想脉搏；深化文明单位创建，坚持总署管理与属地管理条线相结合，乌鲁木齐海关机关和8个隶属海关被表彰为第六届"全国文明单位"。

（五）全方位监督持续发力。

统筹关区纪检、巡察、审计、督察、执法及各职能条线监督有机贯通，形成合力。积极构建巡视巡察上下联动监督网，以问题为导向，开展1轮常规巡察、2轮专项巡察，对5个隶属海关、1个机关内设部门及3个事业单位开展政治巡察。组织开展疫情防控、脱贫攻坚、公车使用管理、政府采购、选人用人、"贴着海关发财"等专项监督。深化运用监督执纪"四种形态"，特别是"第一种形态"，制定出台《乌鲁木齐海关运用"第一种形态"压紧压实主体责任实施办法（试行）》等系列文件。对关区6个单位领导干部开展经济责任审计，对10个企事业单位的财务管理、基建等6个业务领域以及业务数据安全开展专项审计，对19个单位开展综合执法检查，通过多方位监督发现问题、分析问题、解决问题。

（六）纪律作风建设持续加强。

全面打造清廉海关，牵住责任制这个"牛鼻子"，持续保持惩治腐败的高压态势，坚持"无禁区、全覆盖、零容忍"，重点查处不收敛不收手，严重阻碍党的理论和路线方针政策贯彻执行、严重损害党的执政根基的腐败问题。严厉查处违纪违法问题。制定《严肃查处诬告陷害和开展失实检举控告澄清工作办法》，对反映不实问题予以澄清；坚持用好问责利器，在查办违纪违法案件的同时倒查"两个责任"落实情况，推进精准规范问责，持续传导压力，廉政建设成效明显。坚持激励与约束并重，突出实干、实绩导向，选拔忠诚干净担当干部，采取即时奖励和专项奖励相结合的方法，党员干部干事创业、担当作为的精气神持续提振。

二、准确把握关区全面从严治党形势

习近平总书记在十九届中央纪委五次全会上强调，全面从严治党首先要从政治上看，不断提高政治判断力、政治领悟力、政治执行力。党的十八大以来，尽管党风廉政建设和反腐败斗争取得了历史性成就，但形势依然严峻复杂。必须清醒看到，腐败这个党执政的最大风险仍然存在，存量还未清底，增量仍有发生。政治问题和经济问题交织，威胁党和国家政治安全。传统腐败和新型腐败交织，贪腐行为更加隐蔽复杂。腐败问题和不正之风交织，"四风"成为腐败滋长的温床。腐蚀和反腐蚀斗争长期存在，稍有松懈就可能前功尽弃，反腐败没有选择，必须知难而进。关区反分裂、反腐败面临的形势依然严峻，违法违纪问题不容忽视，我们必须保持冷静清醒、坚韧执着，以更大力度推进反腐败斗争取得压倒性胜利。

三、2021年主要工作任务

2021年是我国现代化建设进程中具有特殊重要性的一年，"十四五"开局、喜迎建党百年、全面建设社会主义现代化国家开启新征程。关区全面从严治党工作的总体要求是：深入学习贯彻习近平新时代中国特色社会主义思想和党的十九大和十九届二中、三中、四中、五中全会精神及十九届中央纪委五次全会部署，增强"四个意识"，坚定"四个自信"，做到"两个维护"，不断提高政治判断力、政治领悟力、政治执行力，落实全国海关全面从严治党工作会议要求，坚持稳中求进工作总基调，以推进党建工作高质量发展为主题，以党的政治建设为统领，以落实"两个责任"为基础，持续加强监督执纪问责，强化全面从严治党引领保障作用，一体推进不敢腐、不能腐、不想腐，打造清廉海关。重点做好以下7个方面工作。

（一）提高政治站位，大力加强政治建关。

海关首先是政治机关，必须旗帜鲜明讲政治。全面从严治党首先要从政治上看，不断提高政治判断力、政治领悟力、政治执行力。

坚定坚决做到"两个维护"。自觉把"两个维护"作为思想认识上的政治态度、政治信条，作为一切实践活动的政治原则、政治保障，坚定不移地同以习近平同志为核心的党中央保持高度一致。要立足"两个大局"，心怀"国之大者"，将贯彻落实习近平总书记重要指示批示精神和党中央决策部署作为第一位任务，第一时间研究部署、督导推动、落实反馈。要自觉落实"四个坚持和走在前"的要求，持续抓好疫情防控工作，打击洋垃圾、象牙等濒危物种及其制品走私，做好"访惠聚"和驻村扶贫工作，反对餐饮浪费，用实际行动践行"两个维护"。

坚持党的全面领导。要常观大势、常思大局，时刻关注习近平总书记强调什么、要求什么，把党的全面领导贯穿到关区各项工作部署中去，坚持一切工作到支部的鲜明导向，注重发挥隶属海关机关党委（党总支）作用，织牢织密上下贯通、执行有力的党组织体系，推动党建高质量发展。

严守政治纪律和政治规矩。常态化开展党的政治纪律和政治规矩教育，引导党员干部以党纪党规为标尺。严格落实总署关于政治建关的各项措施，持续开展政治机关意识教育。各级党组织和党员干部要深入贯彻新形势下党内政治生活的若干准则，建立清清爽爽的同志关系、规规矩矩的上下级关系，切实增强党内政治生活的政治性、时代性、原则性、战斗性。

（二）强化理论武装，切实站稳政治立场。

把深入学习贯彻习近平新时代中国特色社会主义思想作为推进政治建关的首要政治任务，在学懂弄通做实上持续用力。

坚持用党的创新理论武装头脑、指导实践、推动工作。把学习习近平新时代中国特色社会主义思想同学习党史、新中国史、改革开放史、社会主义发展史贯通起来，引领党员干部加强党性锻炼、党性修养，坚定理想信念。扎实开展庆祝建党100周年系列活动，按照总署要求制订巩固深化"不忘初心、牢记使命"主题教育成果实施方案，持续推进主题教育常态化长效化。

切实增强意识形态工作主动性、把握主动权、打好主动仗。各级领导班子和领导干部要认真落实意识形态工作责任制，加强理论武装，及时关注舆情动态、抓好分析研判处置，筑牢意识形态的"防火墙"。巩固传统宣传阵地，筑牢网上思想阵地，切实增强新媒体宣传的政治性、针对性、时效性。

强化理想信念教育、筑牢思想根基。扎实开展"党旗在基层一线高高飘扬"和"党旗映天山"主题党日活动，抓好学习贯彻党的十九届五中全会精神轮训。利用好"两红"党性教育基地网上VR展厅，不断提炼和丰富"四特"精神新的时代内涵，常态化开展理想信念教育。坚持和完善队伍思想形势分析制度，做好经常性思想工作。深入挖掘各类先进典型，让干部职工感受优秀品格、汲取精神力量，筑牢思想根基。

（三）夯实基层基础，推进准军建设高质量发展。

深入落实"政治坚定、业务精通、令行禁止、担当奉献"要求，以更高标准推进准军事化纪律部队建设。

进一步打牢党建基础。持续推进党支

部标准化规范化建设，严格落实党支部质量提升三年行动方案，深化"强基提质工程"。分层次开展基层党务干部能力培训，严格落实"党支部书记活动日"制度，培养和建设一支精通党务、熟悉业务的党务干部队伍。召开基层党组织建设现场会，加大"四强"党支部创建、培育党建品牌的力度，推动基层党组织从"基本建好"向"全面建强"发展。在建党100周年之际，开展关区"两优一先"和党建品牌评选表彰。

推动党建与业务深度融合。把讲政治要求落实到业务工作中，把思想政治工作贯穿到业务工作中，充分发挥党支部战斗堡垒作用。健全党建和业务工作同谋划、同部署、同推进、同考核的运行机制，选准党建工作与业务工作的结合点，形成党建业务"一盘棋"。增强党组织政治功能和组织功能，不仅要从严管思想、管工作、管纪律，而且要管生活、管作风，严格党员的教育管理监督，教育引导党员干部担当作为。

从严从实加强队伍管理。优化人力资源配置，健全干部队伍梯次培养，统筹做好关区公务员职级晋升和管理工作，优化"换防式"交流机制，持续加大执法一线科长队伍建设力度。加强干部从严监督管理，制定切实管用的具体举措，推进领导干部个人有关事项报告实现零差错的目标，今后凡出现差错的，所在单位部门不得评先，个人不得提拔任用。

（四）坚持正风肃纪，大力加强党风廉政建设。

持之以恒正风肃纪是新时代党风廉政建设的必然要求，是增强党的生命力、战斗力的根本保障。要以"马不离鞍、缰不松手"的定力把正风肃纪反腐进行到底，做到态度不变、决心不减、尺度不松。

大力加强作风建设。持之以恒落实中央八项规定及其实施细则精神，定期对贯彻落实中央八项规定精神情况开展专项检查并进行"回头看"。持续开展节前廉政提醒、通报曝光典型案例，持续纠治公车私用、违规收受礼品礼金、违规接受吃请等问题，严防隐形变异，严查顶风违纪。要对形式主义、官僚主义毫不妥协，坚决纠正不用心不务实、工作拖沓推诿、不担当慢作为等问题，深化整治文山会海、检查考核过多过频、工作过度留痕等困扰基层问题，健全基层减负常态化机制。

大力加强机制建设。要以强化执法和非执法领域的机制建设为抓手，有效防范化解执法、廉政和管理风险。加强"制度+科技"应用，深化"双随机、一公开"，全面推进执法行为"标准化、进系统、留痕迹、可追溯"，重视和加强内控机制建设，强化对监管、稽查等重点领域、重点岗位的监督监控。充分发挥"新海廉"平台作用，加强风险分析和评估，有针对性地采取防控措施。切实做好非执法领域廉政风险防控工作，不断规范涉案财物管理，加强基本建设管理，优化财务管理制度，加强事业单位及所属企业的监管。

大力加强纪律建设。要坚持抓在平常、严在日常，常态化抓好《海关内务规范》落实，持续加大现场检查和视频检查力度，下大力气整肃关容风纪、严格内务规范、严肃工作纪律。要结合海关工作实际学习贯彻党纪党规，持续开展纪律作风教育月活动，不断巩固深化酒驾醉驾治理成效，采取措施遏制非职务违纪违法问题。要继续从严规范领导干部配偶、子女及其配偶从业行为，构建干干净净的亲清政商关系。要进一步发挥12360服务热线作用，在关区全面推行政务服务"好差评"系统并量化考核，扎实开展"我为群众办实事"实践活动，继续坚持落实好特邀监督员制度。

（五）强化监督职能，着力提高监督效能。

不断强化党内监督，发挥关党委全面监督、纪检组专责监督、各条线职能监督、基层党组织日常监督作用，坚持问题导向，以责任体现担当，构成上下贯通、协同高效的监督体系。

着力提升专责监督的精准性。两级党委要全力领导和支持纪检部门履行党内监督专责，持续强化监督执纪问责。要创新方式方法，聚焦党中央重大决策部署、全面从严治党责任落实等方面，加强经常性监督。要严肃查处危害国家安全案件，严肃查处以权谋私、受贿放私、失职渎职、滥用职权、酒驾醉驾等违纪违法问题，严肃查处罚没财物管理、基建工程、信息科技、物资采购等方面的违纪问题，严肃查处收受管理相对人礼金礼品、接受宴请和娱乐等违纪问题。要综合运用组织调整、组织处理、纪律处分等手段严肃追责问责，把板子打实打准，警示教育广大干部职工。同时，把追责问责与制度建设、整改落实结合起来，通过分析原因，查找漏洞，举一反三，督促相关部门、单位完善制度，加强源头治理，防止屡查屡犯。

着力推进巡察监督常态化。要全面贯彻巡视工作方针，把巡察工作作为加强关区全面从严治党工作的"利剑"，在构建"横向全覆盖、纵向全链接、关区一盘棋"的巡察布局下，扎实推进关区巡察工作五年规划，加大组织开展整治"贴着海关发财"专项巡察的力度，提升巡察精准度和震慑力。加大对巡视巡察反馈问题整改落实监督检查力度，以开展巡察"回头看"的方式，在巡视巡察问题整改上发力，切实做好"后半篇文章"，巩固提升巡视巡察效果。综合运用督察审计、纪检监察、干部监督等手段，重点加强对疫情防控、安全生产、信访工作、行风建设、机要保密、餐饮浪费等工作领域的监督检查，建立整改台账，紧盯问题整改，健全长效机制。

着力增强基层党组织监督的经常性。基层党组织要坚持把纪律挺在前面，依规依纪依法综合运用好监督执纪"四种形态"特别是"第一种形态"，增强高压震慑和政策感召综合效应。把运用"四种形态"与党员干部评优评先、考核、选拔任用等有机衔接转化，定期对运用成效进行通报，进一步提高精准运用监督执纪"四种形态"的能力。要继续坚持抓细抓长、抓早抓小，对有违纪苗头的党员干部及时提醒告诫，让其红脸出汗、吸取教训，对触犯纪律的及时果断报告处理。

（六）坚持系统观念，一体推进不敢腐、不能腐、不想腐。

腐蚀和反腐蚀斗争长期存在，惩治腐败任何时候都不能松、不能软，要准确把握"惩、治、防"辩证统一关系，加大"惩"的力度，完善"治"的举措，提升"防"的效果，做到系统施治、标本兼治。

继续保持高压态势。严肃查处违纪违法行为，持续用力削减存量，以零容忍态度遏制增量，既要紧盯"关键少数"、重点领域和关键岗位，对受贿索贿、以权谋私、放纵走私等腐败问题严惩不贷，也要聚焦"小微权力"，坚决整治推诿扯皮、吃拿卡要等群众身边腐败和作风问题，对顶风违纪、不收敛不收手的严肃处理。

拓展打私反腐"一案双查"。深化与缉私部门联合风险研判、问题线索移交、案件办理反馈等工作机制。对查办的案件要认真剖析案发原因，查找监督漏洞，开展以案促改、以案促治。

发挥廉政教育基础性作用。持续抓好思想道德和党纪国法教育，加强海关廉政文化建设，开展清廉海关建设内外宣传，营造尊廉崇廉爱廉的内外部浓厚氛围。持续开展警示教育月活动，以发生在身边的违纪违法案例为反面教材，引导党员干部知敬畏、存戒惧、守底线。

（七）压紧压实责任，确保全面从严治党工作落到实处。

推动全面从严治党向纵深发展，必须强化责任担当，拧紧责任链条，精准实施问责，狠抓责任落实。

全面强化"四责协同"机制。党委要履行主体责任，狠抓落实推进工作。纪检组要切实履行专责监督责任。党委书记要认真履行"第一责任人"职责，重要工作亲自部署、重大问题亲自过问、重点环节亲自协调、重要案件亲自督办，管好班子、带好队伍、抓好落实。班子成员要履行好"一岗双责"，根据工作分工落实全面从严治党任务安排，领导、检查、督促分管部门和单位全面从严治党工作。

建立落实全面从严治党主体责任工作机制。各隶属海关党委要进一步完善全面从严治党主体责任清单，做到可量化、易施行，重点对照清单抓好落实；要根据总署党委、乌鲁木齐海关党委安排部署，制定本单位落实全面从严治党主体责任的年度任务安排，明确责任分工和完成时限；坚持每半年至少召开1次党委会议，专题研究关区全面从严治党、党风廉政建设和反腐败工作、意识形态工作，分析形势，研究解决管党治党中存在的问题，提出加强和改进的措施。

健全落实全面从严治党主体责任考核机制。强化责任传导，统筹党风廉政建设、意识形态工作、基层党建工作等方面考核，在年度工作中突出考核全面从严治党责任落实情况，将落实主体责任纳入领导班子和领导干部民主生活会及述职述廉的重要内容。要将考核结果作为对被考核单位领导班子总体评价和领导干部选拔任用、实绩评价、激励约束的重要依据。

全面从严治党永远在路上，反腐败斗争一刻不能松，半步不能退。我们要认清新形势新任务，保持政治定力，坚守责任担当，牢记初心使命，勇于开拓进取，努力构建不敢腐、不能腐、不想腐的长效机制，全力推进关区全面从严治党工作向纵深发展，以优异成绩庆祝中国共产党成立100周年。

第二篇 专记

庆祝中国共产党成立 100 周年和开展党史学习教育

2021 年是中国共产党成立 100 周年，在全党开展党史学习教育，是以习近平同志为核心的党中央立足百年党史新起点、着眼开创事业发展新局面作出的一项重大战略决策。乌鲁木齐海关认真落实党中央部署要求和总署党委工作安排，紧紧围绕爱党爱国爱社会主义主题，组织开展庆祝中国共产党成立 100 周年系列宣传教育活动，并以处级以上领导干部为重点，扎实开展党史学习教育。关区党员干部落实学史明理、学史增信、学史崇德、学史力行要求，以实际行动践行"学党史、悟思想、办实事、开新局"取得明显成效。

一、广泛开展庆祝中国共产党成立 100 周年活动

（一）加强组织领导。

乌鲁木齐海关立足关区实际和海关行业特点，制发《乌鲁木齐海关庆祝中国共产党成立 100 周年活动方案》，成立以党委书记、关长沈扬为组长，其他党委委员为成员的活动领导小组；领导小组下设办公室，由党委委员、政治部主任孙晨明担任办公室主任，日常工作由机关党委（政工办）协调办理。

（二）突出重点、体现特色，开展形式多样的庆祝活动。

乌鲁木齐海关根据总署党委、自治区党委要求，结合关区实际，围绕 6 个方面具体工作，广泛开展庆祝中国共产党成立 100 周年活动。

——加强党的创新理论学习。持续深入学习贯彻习近平新时代中国特色社会主义思想，将学习《习近平谈治国理政》第一、二、三卷等原著原文贯通起来，用好《习近平新时代中国特色社会主义思想学习问答》等 4 本权威读本，及时跟进学习习近平总书记最新重要讲话精神。

——组织开展系列红色教育。广泛开展"学史·铸魂"海关红色讲坛，邀请专家学者、英模人物，开展政治理论宣讲、革命传统教育；邀请关区老革命、老党员，讲述参加革命、参与海关事业发展的奋斗历程。组织党员干部瞻仰参观革命遗

址遗迹、革命博物馆、纪念场馆，就近就便开展体验式学习教育，传承红色基因，组织开展观看"红色电影"、诵读"红色家书"、举办"红色故事会"、传唱"红色歌曲"等群众性文体活动。

——组织开展"党旗在基层一线高高飘扬 以实际行动庆祝中国共产党成立100周年"活动。系统总结评估"强基提质工程"实施情况，开展"'四强'党支部回头看、我为支部献一策"活动，查找弱项、破解难题、提质增效。持续开展"四强"党支部"模范机关"等创建工作。组织开展关区"两优一先""党建品牌"评选，充分发挥典型示范引领作用，建立先进带后进、结对帮扶工作机制。各基层党组织以"学百年党史 守初心情怀"为主题集中开展庆祝建党百年主题党日活动，党委班子成员分别前往基层联系点参加相关活动。开展建党100周年理论文章征集、"我想对党说"微视频征集。"七一"前夕，组织关区各级党委班子成员、基层党组织书记分别讲授一次专题党课。开展"七一"慰问活动，走访慰问获得党内功勋荣誉表彰的党员、生活困难党员、老党员、老干部等。开展庆祝建党100周年书画摄影文学作品征集、展示活动及各类文体比赛、群众活动等。

——开展先进典型评选宣传活动。配合做好"七一勋章"评选颁授、全国"两优一先"评选表彰、"光荣在党50年"纪念章颁发、"3个100杰出人物"宣传等工作。选树一批基层党员干部特别是优秀年轻干部的先进典型，宣传他们坚守一线、扎根基层，不畏困难、忘我工作，忠诚履职、担当奉献的感人事迹，引领和感召广大党员干部学先进、争先进、做先进。

——开展"书香天山"全民阅读活动。将庆祝中国共产党成立100周年阅读活动贯穿全年，充分结合党史学习教育，组织开展主题鲜明、内容丰富、形式多样的全民阅读活动，引导干部职工阅读红色书籍，重温百年奋斗历程，进一步坚定信仰信念信心。

——在离退休干部中开展庆祝建党100周年系列活动。按照总署离退休干部局关于在全国海关离退休干部中开展庆祝建党100周年系列活动的要求，组织老同志开展主题征文、红歌微视频征集、主题书画摄影展等活动，通过文学作品、歌曲、书画摄影等方式，回顾党的光辉历程，讴歌党的丰功伟绩，展现老同志爱党、爱国、爱海关的深厚感情和健康向上的精神面貌。

二、扎实开展党史学习教育

（一）加强组织领导。

乌鲁木齐海关制订了党史学习教育工作方案及任务分解表，细化工作任务38项。成立了党史学习教育领导小组，党委书记、关长沈扬为组长，其他党委委员孙雷、李世瑞、宏军、吴卫、孙晨明为副组长，明确领导小组职责，建立领导小组工作会议制度、请示报告制度、公文审批制度、督促指导制度。领导小组办公室由党委委员、政治部主任孙晨明担任办公室主任，设置综合协调、信息宣传、教育培训、后勤保障等4个工作组。

乌鲁木齐海关坚持"双周一推进、一月一小结"工作机制，每两周汇总一次党史学习教育开展情况，每月召开一次党史学习教育领导小组办公室工作会议。为强化上下联动，确保党史学习教育不跑偏、见实效，派出4支党史学习教育巡回指导组，下沉一线，靠前指挥，督促各单位、各部门始终在思想上政治上行动上同党中央保持高度一致，坚定走好"两个维护"第一方阵。

（二）推进重点工作落实。

乌鲁木齐海关紧紧围绕"学党史、悟思想、办实事、开新局"目标，突出牵头抓总，创新提出"3533"工作推进思路，即抓好"三项学习、五项活动、三个载体、三项任务"，不断丰富学习载体、创新活动形式、注重成果转化，在学上下功夫，在做上见实效，推动党史学习教育有声有色。

——抓好"三项学习"，在学史明理中强化理论武装。督促指导党员干部用好4本指定书目，及时跟进学习习近平总书记最新重要讲话精神，坚持全面系统学、深入思考学、联系实际学，进一步增强党员干部的政治自觉、思想自觉和行动自觉。一是领导干部带头学。抓住处级领导干部这个"关键少数"，组织党委理论学习中心组（扩大）学习15次，集中研讨8次，编印研读材料8期。组织关区处级领导干部参加各类党史学习教育专题培训班858人次。二是党员干部全员学。利用"晨会一刻""三会一课"等载体学好4本指定书目，在第二阶段划分6个专题进行研讨。组织关区2,225人次参加"海关e课堂边关课堂"专题培训，1,115人次参加全国海关党史知识竞赛。三是党课辅导示范学。邀请上海市委党校、浙江大学、自治区党委党校等专家进行专题辅导，与浙江大学建立合作框架，邀请专业教师面向乌鲁木齐海关全体干部职工开设网络直播课，开展"送教上边关"活动，实现党史学习教育资源"云端共享"。

——开展"五项活动"，在学史增信中坚定理想信念。进一步丰富党史学习教育的内容与形式，探索开展党史学习教育的新方法、新思路、新举措，不断深化内涵，在"宣、讲、演、展、比"中融入关区特色，营造学习氛围。一是宣讲先行一步。组织政治素质好、理论水平高、宣讲能力强的党委书记、执法一线科长（基层支部书记）、驻村工作队员、退休老干部及先进模范等组成关区宣讲团，召开关区党史学习教育专题宣讲会，让身边的先进力量鼓励全体干部职工。二是书记讲深一步。将每周五"晨会一刻"固定设置为"书记讲堂"时间，关区各级党委书记、机关党委（党总支）书记、党支部书记

"先讲一步",发挥好领学、促学、导学、帮学作用。组建专家评审组,评出10个党委书记、10个党总支书记、5个党支部书记的优秀党课,让学习形式更生动、更丰富、更便捷。三是故事演活一步。开展"肩上有使命,心中有'四特',身边有榜样,行动有力量"演绎活动,以离退休干部办公室、乌鲁木齐地窝堡机场海关、霍尔果斯海关、阿勒泰海关、和田海关选送的5个故事为脚本,以"身边人演身边事"的形式,为关区干部职工上了一堂极具政治性、艺术性、教育性的生动党课。四是服务展出一步。以"诚心诚意办实事　尽心竭力解难题"为主题策划关区"'我为群众办实事'成果展","线上""线下"展示关区47个重点民生项目,推动各级重点民生项目落到实处,检验党史学习教育效果。五是竞赛灵活一步。以"学党史、增党性、当先锋"为主题,在"疆海飞扬"微信平台开辟"百年党史天天读""党史知识每周测""青年理论大学习"专栏,在关区范围内组织党史知识竞赛,打造"指尖移动"学习课堂。

——用好"三个载体",在学史崇德中赓续红色血脉。坚持用好"三个载体",在学史崇德中赓续精神血脉,营造浓厚的"党的盛典,人民的节日"氛围。一是加强组织推动。根据党中央部署和总署党委要求,制发《突出"永远跟党走"主题深化"我们的节日"活动方案》,把握重要时间节点,组织各类主题党日活动,2,700余人次利用驻地红色资源开展体验式教学,厚植爱党爱国情感。二是将文化润关活动与党史学习教育有机结合。聚焦"永远跟党走",开展庆祝中国共产党成立100周年"红色故事会"暨合唱比赛活动,数据分中心、喀什海关、阿拉山口海关等13个单位通过讲述红色故事,传唱红色歌曲,迅速掀起党史学习教育高潮。其中,后勤管理中心《永不磨灭的丰碑》获自治区党委直属机关"百年风华天山颂歌"红色故事演讲比赛一等奖,受到地方党政领导的高度评价。以"我为群众办实事"和"我想对党说"为主题制作微视频5部,把庆祝活动激发的精气神转化为干事创业、担当作为的实际行动。三是做好红色资源利用与保护。在政务网开辟"党史学习教育"专栏,搭建影视资料库,在"疆海飞扬"微信平台开设"百年党史天天读"等学习专栏;传承弘扬"四特"精神,深入挖掘开发利用好红色资源,红其拉甫海关水布浪沟"海关特色教学基地党性课堂"成功申创自治区"爱国主义教育基地","两红"党性教育基地网上VR展厅成功上线总署网站;机关"党员之家"及隶属海关党员活动室、荣誉室等50余个党建阵地进一步完善;组织党员干部前往67处爱国主义教育基地开展"沉浸式"体验学习,切实让干部职工在"观、听、思、践、悟"中振奋精神。

——落实"三项任务",在学史力行中促进成果转化。坚持定向施策,区分即时化解和长期解决类别，实行清单式、台账式销号管理，着力在"怎么办"上出实招、求实效，确保事事有着落、力争件件都办好。一是实行清单动态管理。建立两级台账、四类项目清单，倒排工期，对账销号，确保逐件逐项落实到位。党委班子成员带头深入基层、深入企业，赴隶属海关调研32次，赴企业调研14次，持续补充完善项目清单，加强跟踪督办和督导检查，推动问题整改落实。二是聚焦解决"急难愁盼"问题。倾听企业心声，帮助解决外贸企业在监管场所设立、农产品供港输澳、积压货物疏港、减免税等方面的一系列"急难愁盼"问题。聚焦基层关注热点，协调解决22名干部职工子女入学入托困难。对离休干部和特殊困难老干部建档立册，不断提升精准服务水平。三是充分发挥示范带动效应。乌鲁木齐海关重点打造的3个民生项目入围总署"百佳项目"。同步开展关区"十佳项目"评选，形成示范带动效应，将行之有效、群众认可度高的经验做法坚持下去、推广开来，形成为民服务解难题的长效机制。乌鲁木齐海关党委重点民生项目清单（包含13项110条具体落实措施）、党委班子成员重点民生项目77条、隶属海关党委重点民生项目清单（包含17项413条具体落实措施）、干部职工"急难愁盼"问题45个，全部完成"问题清零"。

▲2021年6月22日，库尔勒海关党员干部前往马兰烈士陵园开展"传承红色基因，弘扬马兰精神"主题党日活动。（摄影：杜江龙）

通过持续开展党史教育学习，乌鲁木齐海关全体党员干部始终把思想、认识和行动统一到习近平总书记的重要指示批示精神上来，聚焦口岸疫情防控、打击象牙等濒危物种及其制品走私、禁止洋垃圾入境等重点工作，紧扣贯彻落实第三次中央新疆工作座谈会精神等重要部署，建台账、明责任、强督办，切实将"两个维护"体现在履职尽责的实际行动上。同时深刻认识到群众利益无小事，只有将群众的"小事"当作"大事"来办，才能获得最广大人民群众的支持，不断增强人民群众的幸福感、获得感。健全完善"我为群众办实事"长效机制建设，进一步明确为群众办实事的着力点和切入点，与落实"十四五"发展规划、做好当前各项工作结合起来，坚决贯彻"人民海关为人民"的理念，持续为民服务。

（撰稿人：于　静　肖利伟）

乌鲁木齐海关全力以赴做好口岸新冠肺炎疫情防控

2020年，突如其来的新冠肺炎疫情成为新世纪以来国际社会面临的最严重的全球公共危机，它不仅是全球公共卫生治理面对的严峻挑战，也是对世界各国治理能力的重大考验。新冠肺炎疫情发生以来，以习近平同志为核心的党中央坚持"人民至上、生命至上"，坚持"外防输入、内防反弹"总策略和"动态清零"总方针，因时因势不断调整防控措施，积累了一套卓有成效的防控措施，疫情防控取得重大战略成果。2021年，乌鲁木齐海关深入学习贯彻习近平总书记重要指示批示精神，坚决贯彻落实党中央、国务院决策部署，根据总署和自治区工作安排，高效统筹口岸疫情防控和促进外贸稳增长工作，严格落实各项防控措施，保障口岸高效畅通，筑牢新疆"外防输入"口岸防线。

一、强化口岸疫情防控组织领导

（一）健全疫情防控指挥体系。

根据总署党委工作安排，2020年1月22日，乌鲁木齐海关成立新冠肺炎疫情应对工作领导小组，1月28日改设为新型冠状病毒感染的肺炎疫情防控工作指挥部。为贯彻落实习近平总书记关于统筹推进疫情防控和经济社会发展工作的重要指示精神，2020年5月18日，将乌鲁木齐海关新型冠状病毒感染的肺炎疫情防控工作指挥部改设为乌鲁木齐海关统筹口岸疫情防控和促进外贸稳增长工作指挥部，由关长、党委书记任总指挥，各党委委员任副总指挥，机关各部门单位负责同志为指挥部成员；下设应对工作组、应急办公室、安全防护组、防疫物资通关组、促进外贸稳增长组5个工作组，从严从紧抓好"外防输入、内防反弹"各项措施的贯彻落实。指挥部实行24小时运行机制，定期召开指挥部工作会议、每周视频调度会议，实时跟进落实国务院联防联控机制以及总署、自治区疫情防控最新工作要求，安排推进关区疫情防控工作。

2021年，乌鲁木齐海关召开37次统筹口岸疫情防控和促进外贸稳增长工作会议，汇总、梳理、细化各业务条线的疫情防控工作方案、预案和流程等，编制新版《乌鲁木齐海关新冠肺炎疫情防控监管流程》，进一步规范航空、陆路、铁路口岸疫情防控流程；完善口岸疾病预防控制、口岸卫生监督、口岸突发公共卫生事件应急处置和国际旅行健康服务等工作机制，持续巩固口岸公共卫生核心能力建设，坚持"人、物、环境同防"，确保疫情防控精准科学、规范高效。各隶属海关也建立健全了相应的指挥和运行机制，确保疫情防控工作贯通有序、执行有力。

（二）推进联防联控机制建设。

作为"外防输入"的重要职能部门，乌鲁木齐海关主动加强与自治区联防联控机制联系和沟通，实现海关疫情防控关键环节与地方联防联控机制需求的有机衔接，在保证数据安全的前提下，强化疫情防控信息共享。主动全面掌握口岸管控措施、运行情况及工作动态，第一时间上报重要情况，及时发现问题、分析研判、拟订预案，并结合实际采取针对性、有效性、及时性措施，确保海关工作职能落实到位。树牢疫情防控"一盘棋"思想，认真履行海关疫情防控各项职责，在标准化、专业化、规范化落实总署工作要求的前提下，充分发挥职能作用和专业优势，聚焦统筹做好口岸疫情防控和促进外贸稳增长工作，积极向地方联防联控机制建言献策，切实将海关工作标准要求转换为地方联防联控工作机制重要内容。指导各隶属海关积极参与驻地疫情防控联防联控机制。2021年，乌鲁木齐海关结合联防联控机制要求，修订《乌鲁木齐海关口岸应对突发公共卫生事件处置预案》，制发《中亚五国新冠肺炎疫情风险研判报告》331期、《陆上邻国风险评估报告》15期，持续推进口岸公共卫生体系建设。

（三）强化疫情防控监督检查。

乌鲁木齐海关坚持"三个确保"（确保防护机制有效运行、确保严格防护监督、确保操作严格规范），按照最新版口岸防控技术方案和个人防护指南，健全"培训考核、监督管理、自查督查"的"三位一体"安全防护体系，完善"岗前检查、工作巡查、全程督查"和"双人作业、互相监督"的"3+2"安全防护监督制度，制发《乌鲁木齐海关口岸新冠肺炎疫情防控工作人员个人防护工作手册》。成立"挑毛病"专家组和口岸疫情防控风险隐患排查整治工作专项督导组，承担自治区口岸疫情防控督导组成员职责，建立"四不两直"（不发通知、不打招呼、不听汇报、不用陪同接待，直奔基层、直插现场）督查组，通过视频检查、实地督导等形式，抓关键环节和执行落实，对关区各口岸疫情防控工作开展督导检查，压紧压实各方责任，确保规定动作全部落实到位。2021年制发视频检查通报8期，通过监督检查和问题整改，进一步提升疫情防控工作实效。

（四）发挥党支部战斗堡垒和党员先锋模范作用。

疫情防控是一场没有硝烟的战争，涉及面广、任务艰巨、情况复杂，是对广大党员干部能力和本领的重要考验。乌鲁木齐海关大力弘扬伟大抗疫精神，结合关区实际情况，充分发挥党支部战斗堡垒作用和党员先锋模范作用。突出党建引领，结合开展党史学习教育，建立工作专班，组建工作梯队，成立临时党支部，动员党员干部立足岗位践行"四特"精神，始终坚守在口岸疫情防控一线。广泛挖掘一线梯队内主动担当、勇于奉献、舍小家为大家的先进事迹，做好典型事迹的宣传总结，用身边事感召身边人，彰显一线同志敢打必胜、顽强拼搏的精神风貌，切实凸显正向激励作用。2021年，乌鲁木齐海关1个集体、1名个人分别获得自治区抗击新冠肺炎疫情荣誉表彰，以准军事化纪律部队作风要求持续巩固疫情防控成果，为新疆乃至全国疫情防控工作大局作出边关贡献。

二、全面高效落实口岸疫情防控各项重点措施

（一）科学精准做好口岸卫生检疫工作。

乌鲁木齐海关坚持"内外同防、人物同防、多病同防"，对入境环节进行风险排查，在关区各口岸"客停货通"基础上，严格落实"三查三排一转运"（三查：全面开展健康申明卡核查、体温监测筛查、实施医学巡查；三排：严格实施流行病学排查、医学排查、实验室检测排查；一转运：对"三排"中判定的确诊病例、疑似病例、有症状人员和密切接触者等"四类人员"一律按照有关规定移交地方联防联控机制做后续处置），切实做好驻地信息通报和移交转运，严密封闭管理。全面落实科学精准常态化疫情防控工作部署，结合新疆口岸情况，细化确立"六抓"（抓责任规范要细、抓关键环节要实、抓结合部衔接要紧、抓过程留痕可溯要清、抓协调沟通要畅、抓执行落实要严）、"十到位"（思想认识统一到位、流程机制梳理到位、关键节点管控到位、操作细节规范到位、结合部衔接到位、风险隐患整改到位、过程环节追溯到位、联防联控贯通到位、责任压力传导到位、人力物力保障到位）工作要求，进一步细化防控措施，优化作业流程。

从严做好入境人员和航班卫生检疫工作，按照"一口岸一方案"原则不断细化完善口岸疫情防控工作方案和应急预案，精准做好跨境货车司机等交通工具司乘人员卫生检疫，强化与属地防控政策对接，确保实现全流程无缝衔接和封闭管理。按照总署统一安排，推进关区旅客通关子系统卫生处置子系统的建设和应用。2021年，乌鲁木齐海关检疫查验出入境飞机949架次、火车134.11万节、汽车4.33万辆次，检疫监管进出境人员6.18万人次。

（二）严格做好进境冷链食品检疫监管工作。

乌鲁木齐海关成立严防新冠病毒通过

进口冷链食品输入风险应对工作专班，制订工作方案，紧盯关键环节和工作结合部衔接点，做实抓细关区进口冷链食品疫情防控工作。密切与地方联防联控机制的联系配合，全年参加自治区疫情防控指挥部应急指挥调度会 35 次，应急值守 28 天。通过"四不两直"及视频检查方式加强进境冷链食品检疫监管业务督查指导，进一步规范现场抽采样、人员防护、消毒处理等环节工作。将进口冷链食品疫情防控工作有机融入口岸联防联控整体链条之中。结合实际制订并完善进口冷链食品检测阳性案例应急处置预案，并组织开展关区应急处置演练，各隶属海关通过视频方式观摩。组织开展进口冷链食品疫情防控视频培训 482 人次，135 人次观看应急处置演练。

（三）严格做好进口高风险非冷链集装箱货物核酸检测和预防性消毒工作。

按照国务院联防联控机制工作要求和总署具体部署，乌鲁木齐海关加强风险布控指令监控，在进口货运渠道开展进口高风险非冷链集装箱货物新冠病毒核酸检测和预防性消毒监督工作，加强与地方联防联控机制措施对接，强化源头管控和防疫处置。优化现场检查模式，调整现场检查、核酸检测和预防性消毒确认指令，将预防性消毒作业嵌入现场检查过程中，依托二级、三级监控指挥中心强化对现场作业的监督检查。2021 年，乌鲁木齐海关对 690 票进口高风险非冷链集装箱货物采集核酸样本 6,677 管，实施预防性消毒监督 149 次；对 21 架次航班 99 个空集装器采集核酸样本 792 管，实施预防性消毒监督 21 次。

（四）严格做好一线人员封闭管理和关心爱护工作。

在认真分析口岸疫情防控形势的基础上，乌鲁木齐海关率先在全国海关实行口岸一线人员集中封闭管理，按照《海关系统入境人员卫生检疫岗位工作人员封闭管理指南（修订版）》要求，做好入境人员卫生检疫等高风险岗位工作人员"N+7"天封闭管理，严格落实健康监测和核酸检测，做好每日健康监测"日报告、零报告"。落实落细统筹协调、具体实施、监督检查、核酸检测等各项封闭管理工作任务，持续查找封闭管理工作漏洞和薄弱环节，及时抓好问题整改，确保封闭管理措施落实到位。

科学统筹疫情防控人力资源，组成关区"一线、预备、应急"梯队人员，形成日常和应急处置人员调配预案，完善关区分片区疫情防控人力资源应急保障支援机制，按照"整建制"后备和"嵌入式"支援相结合的方式，年内统筹选派 80 余人次支援重点开关口岸海关。同时，强化对疫情防控一线人员的关心关爱，贯彻落实《海关总署关于建立保护关心爱护疫情防控一线人员长效机制的工作措施》，细化分解 60 条具体举措。加大沟通协调力度，积极争取明确临时性工作补助发放范围，为一线干部提供更多关心和保障。2021年，乌鲁木齐海关各隶属海关在岗封闭管理472人次、离岗封闭管理352人次。按照属地统筹安排，工作人员核酸检测和疫苗接种实现"应检尽检、应接尽接"。

（五）强化疫情防控应急处置培训演练。

乌鲁木齐海关密切关注周边国家疫情形势和防控政策变化，深入分析新疆口岸进出境人员和货物特点，针对性制订疫情防控应急预案，细化演练脚本，常态化组织开展培训和演练，通过业务现场视频连线等综合评估演练情况。围绕口岸卫生检疫核心能力建设，提前做好检疫设施、留观场所、防护物资、人员队伍等准备工作。通过视频连线、"送教上门"、跟班学习等多种方式，重点加强安全防护、流行病学调查、核酸样本采集、医学排查等疫情防控工作技能培训。

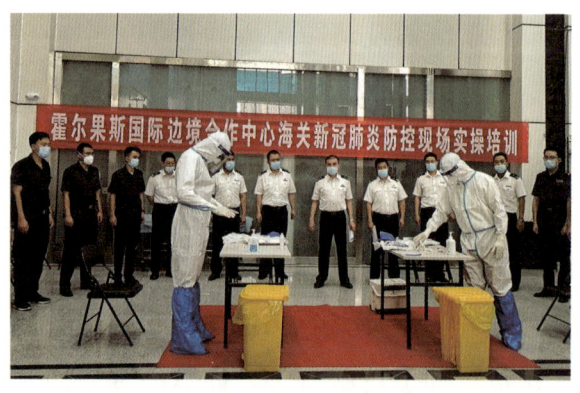

▲2021年8月13日，霍尔果斯国际边境合作中心海关开展新冠肺炎疫情安全防护和采样技能实操培训演练。（摄影：韩月）

年内，关区开展疫情防控专项培训20余次，参训人员4,100余人次；围绕冬奥会备降航班卫生检疫监管、入境货物检疫监管及新冠病毒阳性案例处置、内部疫情防控及职业暴露等方面开展应急处置演练，制（修）订各类演练脚本76个，拍摄制作不同场景演练视频21个。通过开展疫情防控应急处置演练，持续优化完善疫情防控措施，确保突发情况下能够及时有效应对。

（六）强化边境海关疫情防控国际合作。

乌鲁木齐海关充分发挥地缘优势，通过开展与周边国家边境海关视频会谈会晤、签署会谈纪要、办理来函等工作，及时沟通协调双边口岸疫情防控工作，解决口岸通关中遇到的问题，保障进出境货物高效通关，提升国际疫情防控处置联系协调能力。年内保障自治区政府举办中国—哈萨克斯坦、中国—吉尔吉斯斯坦、中国—塔吉克斯坦口岸疫情防控视频会议9场，组织开展边境海关视频会谈会晤32次，协助总署为保障国家领导人与周边国家元首举行视频会议提供参阅材料，服务中国—哈萨克斯坦口岸和海关合作分委会视频会议顺利开展。

（七）做好重要活动检疫监管和服务。

按照总署要求，乌鲁木齐海关做好2022年北京冬奥会和冬残奥会备降机场卫生检疫保障准备和应急处置值班值守工作，制发《乌鲁木齐海关关于北京2022年冬奥会和冬残奥会入境备降航班卫生检疫保障方案》和工作预案，编制《北京

2022年冬奥会和冬残奥会卫生检疫手册》。参加自治区疫情防控指挥部专题工作会议，协调完善出入境航班和人员口岸卫生检疫措施，完成乌鲁木齐地窝堡国际机场、喀什国际机场各类外事活动和特殊航班卫生检疫监管任务。组建工作专班，顺利完成"国际军事比赛2021"外事活动保障任务。

（撰稿人：王晓彤　王　瑶　苏占海　吴南仕　阿克来木·卡德尔）

乌鲁木齐海关支持丝绸之路经济带核心区建设

2014年5月召开的第二次中央新疆工作座谈会提出,把新疆建设成为丝绸之路经济带核心区。2018年11月,自治区党委九届六次全会明确以"一港(乌鲁木齐国际陆港区),两区(喀什、霍尔果斯经济开发区),五大中心(交通枢纽中心、商贸物流中心、文化科教中心、医疗服务中心、区域金融中心),口岸经济带(以沿边19个陆路口岸为依托形成的产业经济带)"为主要抓手的核心区建设工作思路。作为丝绸之路经济带核心区建设的亲历者、参与者、责任方,乌鲁木齐海关科学谋划、主动作为,于2019年8月制发《乌鲁木齐海关促进自治区"一港、两区、五大中心、口岸经济带"建设行动方案》,在打造内陆开放和沿边开放高地中贡献海关力量。

2021年,乌鲁木齐海关以贯彻第三次中央新疆工作座谈会精神为主线,深入落实"六稳""六保"工作任务,完整准确贯彻新时代党的治疆方略,紧紧围绕自治区"一港、两区、五大中心、口岸经济带"布局,将自身建设融入新疆建设发展大局,积极服务新疆开放型经济高质量发展实现新突破、取得新成效。

一、助力乌鲁木齐国际陆港区高质量发展

乌鲁木齐海关牢牢抓住乌鲁木齐国际陆港区这个重点,深入推进"集货、建园、聚产业、强物流",持续深化业务改革,积极发挥海关职能作用,进一步完善国际陆港区功能。12月9日,乌鲁木齐海关与乌鲁木齐经济技术开发区(头屯河区)签署《关于加强关地合作促进开放型经济发展合作备忘录》,紧密结合区域发展实际推出促进陆港区高质量发展的36条举措。

丰富和优化多式联运中心功能。2021年,乌鲁木齐海关积极探索创新发展模式,全力支持国际陆港区多式联运模式创新发展。推进"顺势监管"改革试点,综合采取出口货物提前申报、多点装货、集中运抵、集中施封、集中查验等创新举

措,在乌鲁木齐多式联运中心实现拼箱出口货物"顺势监管"。积极探索并实践"产地组货集结""内外贸混编运输"等创新举措,有针对性制订监管方案,提升陆港区组货能力,增强丝绸之路经济带核心区外贸承载力和吸引力。统筹整合空港、陆港指定监管场地资源,推进建立国际陆港区"空港+陆港"联动发展新模式。优先推动乌鲁木齐国际陆港区进境粮食、木材指定监管场地立项上报、组织验收等工作,积极推进乌鲁木齐保税物流中心申建工作。

支持中欧班列（乌鲁木齐）集结中心建设。深化落实总署促进中欧班列发展10项措施,结合国际陆港区中欧班列发展情况,开通中欧班列申报"绿色通道",推行落实24小时预约通关,实现中欧班列即到即验、即验即放,提升中欧班列通关便利化水平。9月10日,顺利保障全国首列出境"铁路快通"中欧班列在乌鲁木齐国际陆港区发运。针对疫情期间新疆本地产品"出口难"问题,充分发挥"铁路快通"模式新优势,积极推动构建政府、铁路、海关、企业多部门数据互联、协调联动工作机制,优化乌鲁木齐本地班列申报流程,助推中欧班列在疆集拼集运业务上规模,推动实现中欧班列运营规模效益扩大及本地产品快速发运。

支持进出口冷链集散中心建设。充分利用乌鲁木齐国际陆港区内进口肉类指定监管场地的冷链存储优势,鼓励进口肉类企业在保障途中运输"三原"（原箱、原封识、原证书）要求的情况下,将进口肉类通过口岸地转运至陆港区作检疫处理。发挥多式联运中心毗邻乌鲁木齐航空口岸的区位优势,以多式联运中心现有冷链一体化查验平台设施为依托,允许将机场冰鲜水产品和水果进境指定监管场地查验业务及冷链仓储功能延伸至多式联运中心,统筹资源,最大限度提升进境指定监管场地承载能力。

二、助力喀什、霍尔果斯经济开发区加快发展

2021年,乌鲁木齐海关进一步密切与地方政府沟通协作,落实落细各项海关优惠政策,加大对外贸企业的指导和帮扶力度,着力推进喀什经济开发区、霍尔果斯经济开发区"两区"发展,支持构建面向中亚、西亚、南亚和欧洲的特色产业集群。

（一）支持喀什经济开发区发展。

统筹推进喀什综合保税区和喀什机场航空口岸联动发展。结合喀什临空经济区、综合保税区和经济开发区相邻的实际,向地方党委、政府提出"三区联动、政策叠加、优势互补、整体推进"的发展思路。在喀什综合保税区设立"喀什海关一站式业务大厅",共设置28个窗口,可办理8大类48项海关业务,实现"数据多跑路,企业少跑腿"。积极助力打造对外开放新平台,推动喀什国际机场航空口

岸设立全国首批、新疆首个进境水果、肉类、冰鲜水产品、食用水生动物综合性指定监管场地，进一步丰富口岸功能。

发挥属地海关优势，确保进出口货物快速通关。强化区域内属地海关与各口岸海关的协作配合，推动实现非报关业务无纸化，构建"金关二期+智慧物流管理系统"监管体系，运用智能卡口、光学识别技术，实现正常货物放行"秒通关"。采用"7×24 小时"预约通关作业模式和"当日通关、当日验放、当日办结"高效服务措施，积极做好滞留货物疏港工作，确保货物随到随验、随验随放。发挥先入区后报关、先出区后报关、自报自缴等改革措施叠加优势，进一步压缩货物整体通关时长。

激发外贸潜力，加快新业态发展。支持喀什综合保税区内企业推动已投产加工项目做大做强，不断拓宽产品门类，助力打造新能源电池生产全产业链。2月26日，保障南疆首票跨境电子商务（以下简称"跨境电商"）货物顺利出口，助推跨境电商业务在南疆落地。11月26日，保障中国喀什—乌兹别克斯坦塔什干首列跨境电商班列成功开行，实现跨境电商直购出口（9610）、跨境电商B2B（企业与企业之间）直接出口（9710）、跨境电商出口海外仓（9810）、网购保税（1210）模式全覆盖。

（二）支持霍尔果斯经济开发区发展。

推动中欧班列高质量发展。将海关检查嵌入铁路作业，实现铁路换装、企业申报、海关验放同步进行、无缝衔接，完成全国首票出口转关班列自动核销测试业务，促进进出境铁路运输工具管理系统和舱单管理系统上线运行，推动"铁路快通""准轨换宽轨"业务改革，特别是高效验放全国首列入境"铁路快通"班列和首趟"准轨换宽轨"班列，疫情期间通过"云服务"方式实现海关、铁路、企业三方业务线上办理，积极应对疫情影响。全年监管经霍尔果斯口岸进出境中欧班列突破6,000列，创历史新高，位列全国首位。

支持中哈霍尔果斯国际边境合作中心发展。持续做好合作中心规范经营，起草合作中心中方区域监管办法，上报总署进行立法程序审核。完成中哈联网监管平台"三智"合作项目申报工作，将商品溯源体系建设纳入联网监管平台业务需求，跟进地方政府、银行等部门加快相关系统开发建设。推动地方政府将合作中心"空中陆桥"项目纳入中国—哈萨克斯坦部级协调会议议题，密切与哈萨克斯坦边境海关的沟通联系，不断优化通关监管流程，首创"钢结构货柜吊装"模式，5月15日，合作中心"空中陆桥"物流通道正式运营，打通中哈国际物流新通道。推动跨境电商"9610""1210""9810"多种模式在合作中心落地。支持地方政府在合作中心建设集特色餐饮、文艺演出、休闲娱乐等为一体的城市综合体，在免税购物基础上，打造跨境旅游新名片。

积极助力霍尔果斯综合保税区建设和联动发展。指导地方政府完成霍尔果斯综合保税区软硬件整改升级，协助开展视频监控、卡口办公设施、查验平台、围网及巡逻道等配套监管设施维护改造。9月29日，霍尔果斯综合保税区顺利通过验收。帮助地方政府对照综合保税区绩效指标评估标准逐项逐条细化措施，建立定期督查评估机制，着力提升霍尔果斯综合保税区绩效考核指标，助力中长期发展。统筹霍尔果斯公路口岸、铁路口岸和综合保税区业务联动发展，指导综合保税区内饲料加工企业承接铁路口岸进口粮食落地加工业务，压缩进口饲料加工货物通关时长。加强与总署相关部门沟通，对综合保税区二线出口验核证件货物进行系统联调联试，理顺综合保税区二线至铁路口岸一线出口货物通关流程，解决了铁路口岸出口整车许可证核销问题。

三、助力推动商贸物流中心建设

2021年，乌鲁木齐海关统筹疫情防控和经济社会发展，统筹发展和安全，持续强化监管、优化服务，严防境外疫情输入，保障外贸产业链、供应链安全稳定，深化与周边国家边境海关合作，积极协助自治区政府推进商贸物流中心建设。

保障国际物流通道畅通。根据总署关于统筹做好口岸疫情防控和通关便利化工作措施清单相关要求，细化"强化监管严防境外疫情输入""保障外贸产业链供应链畅通运转"等方面工作措施。按照"一口岸一方案"原则，根据口岸疫情防控要求及时调整海关监管通关方案，推广"甩挂运输""集装箱吊装""界桥交接"等人员"零接触"通关新模式，稳妥有序推动新疆公路口岸扩大货物运输规模。深入落实总署支持中欧班列发展的10项措施，结合关区实际制定12项具体举措，保障中欧班列高效畅通。2021年，关区监管进出口货运量6,221.2万吨，同比增长3.3%；监管中欧班列12,210列，同比增长21.5%，监管班列数量稳居全国首位。

▲2021年3月14日，霍尔果斯海关关员在霍尔果斯公路口岸监管"甩挂运输"作业。（摄影：张玖一）

积极助力物流枢纽网络建设。乌鲁木齐海关全力支持乌鲁木齐陆港型国家物流枢纽建设，支持霍尔果斯陆上边境口岸型国家物流枢纽纳入"十四五"首批国家物流枢纽建设名单，协助完成国家发展改革委课题评审和申报答辩，提前参与霍尔果斯智能物流港规划，助力物流枢纽转型升级。

提升信息化建设水平。积极支持配合做好国际贸易"单一窗口"建设，探索

"单一窗口"与周边国家互联互通，建设面向与中亚、欧洲国家的跨境数据交换中心，提升国际贸易便利化水平。大力支持"三智"建设，创新运用大数据、云计算、人工智能等科技手段，推进技术、业务、数据融合共享，着力打造"三智"建设的"新疆样板"。全面推广应用新一代通关管理系统，做好海关出入境特殊物品卫生检疫审批与分析系统试点运行工作，有力推动海关执法标准化、留痕迹、可追溯，提升监管有效性。

持续完善边境海关国际合作机制。根据总署工作部署，乌鲁木齐海关积极配合、稳步推进中哈"关铁通"项目。加强与丝绸之路经济带沿线国家（地区）的检验检疫技术交流研讨，开展实验室检测技术培训，建立动植物疫病疫情跨境监测机制。与乌兹别克斯坦、吉尔吉斯斯坦共享有害生物监测成果，组织开展面向中亚国家的业务交流培训，进一步密切规则标准层面的互认合作。组织开展中哈食品安全技术法规与标准信息平台可行性调研，获得自治区立项。作为重要职能部门，保障和参加自治区政府举办的中哈、中吉、中塔口岸疫情防控视频会议9场，组织开展边境海关会谈会晤32次。

四、助力口岸经济带建设不断深入推进

2021年，乌鲁木齐海关根据新疆经济社会发展需求，结合各口岸区位优势和发展特点，积极支持口岸经济带建设，助力各类产业承接开放平台高质量发展，不断丰富口岸功能，把沿边地区区位优势、资源优势转化为发展优势，推进"通道经济"向"口岸经济"转型升级。

持续优化口岸营商环境。按照总署统一部署，推进"两步申报""两段准入"等业务改革落地，加大关税保证保险、汇总征税、自报自缴等便利措施推广力度。深化简政放权，优化审批流程，积极争取进口食品检疫审批权限下放，新增921项终审权限，审批时间压缩70%以上。推进"关银一KEY通"项目覆盖全疆，企业实现就近办理电子口岸制卡业务，项目推广进度与数量均居各直属海关前列。推进海关信用体系建设，完善企业信用管理，加快推进与周边国家AEO（经认证的经营者）互认，实现新疆外贸综合服务企业AEO认证"零突破"。建立走访重点企业联系机制，加大政策宣传力度，推动企业信用管理改革工作落地，通过"线上+线下"方式开展政策宣讲，重点解读高级认证企业、常规企业享惠措施，确保改革平稳推进，让外贸企业对海关优惠政策和便利措施应享尽享、早知早享。

促进特色产业发展。研究制定促进新疆纺织服装等劳动密集型产业开放发展的工作措施，支持培育中东部纺织服装加工贸易产业转移的产业示范基地，促进新疆纺织服装产业发展。加强对国外贸易限制措施、技术性贸易措施等相关信息的跟踪

收集，强化海关预警信息服务。推进农副产品优进优出，充分发挥对哈萨克斯坦、塔吉克斯坦、吉尔吉斯斯坦农副产品快速通关"绿色通道"作用，"点对点"帮扶农产品进出口企业建立自检自控体系、规避技贸措施风险，进一步丰富乌兹别克斯坦、哈萨克斯坦输华准入商品种类，扩大农产品进出口贸易规模。积极推进出口食品生产企业和出口食品原料种养殖基地备案工作。

推动新疆综合保税区稳中求进。支持喀什综合保税区进境粮食、种苗、肉类、水果、冰鲜水产品和食用水生动物等指定监管设施及隔离检疫场所集中建设项目；支持乌鲁木齐综合保税区进一步复制推广自贸试验区"一保多用""选择性征收关税""区港联动"等措施，引进维修、研发、融资租赁等业务在区内落地；支持霍尔果斯综合保税区加工企业制成品进入合作中心展示展销，逐步打造合作中心与综合保税区"前店后厂、前店后仓"互为支撑的产业链条；支持阿拉山口综合保税区加快推进"区港联动"系统上线运行，探索"指定监管场地+综合保税区"模式。

鼓励发展跨境电商。积极推动建立跨境电商海外仓，推广运用"跨境电商+中欧班列"模式，持续优化作业流程，实施"7×24小时"预约通关。复制推广重庆等省市先进经验，支持乌鲁木齐综合保税区运行"1210"模式，打造乌鲁木齐综合保税区"保税展示+寄送到家"的跨境电商新业态，各类模式均实现落地运行；助推喀什、阿拉山口、霍尔果斯申建跨境电商综合试验区，实现跨境电商业务量大幅增长。支持和指导塔城巴克图国际邮件交换站建设及验收工作。

打造边民互市发展平台。协助自治区商务厅、兵团商务局研究制订《边民互市进口商品落地加工方案》；完成吉木乃口岸边民互市区验收，以信息化和场所化管理模式逐步取代在进出境通道验放的粗放型管理模式；推动吉木乃口岸、伊尔克什坦口岸、塔什库尔干县等地积极做好边民互市业务恢复运行前的各项准备，针对疫情防控期间边民互市业务停滞的情况，主动联系地方政府和企业，重点开展业务研究、政策宣讲、便利措施制定等工作；全面抓好塔城边民互市贸易进口商品落地加工试点工作，加快边境商品加工基地建设，进一步做好口岸落地加工产业园建设和首批落地加工试点县市业务考核相关工作；加快推进霍尔果斯口岸新边民互市建设。

（撰稿人：张　耀　欧阳斌　赵　睿）

乌鲁木齐海关践行"三智"合作理念开创边境海关国际合作新局面

2021年2月9日,习近平主席主持中国—中东欧国家领导人峰会并发表主旨讲话,提出要探索开展"智慧海关、智能边境、智享联通"(以下简称"三智")合作试点、深化海关贸易安全和通关便利化合作、加快中东欧国家农食产品输华准入进程等。"三智"合作理念是凝聚各国海关共识,共同应对全球性挑战的重要指引,是促进国内国际双循环、加快构建新发展格局的重要举措,是推动共建"一带一路"高质量发展的重要抓手,是提升海关制度创新和治理能力、建设社会主义现代化海关的重要路径。

乌鲁木齐海关以习近平外交思想为指引,按照总署工作要求,深入践行"三智"合作理念,依托边境海关国际合作优势,全力服务中国特色大国外交,构建大外事工作格局,助力丝绸之路经济带核心区高质量发展。2021年,坚持以"智慧海关"建设为基础,以"智能边境"建设为衔接,以实现"智享联通"为目的,推动提升"智能高效、设施完备、服务配套"的口岸核心承载能力,联动打造"政策叠加、资源整合、功能互补"的边境发展模式,创新制订"机制健全、模式领先、便捷稳定"的跨境合作方案,助力新疆更高水平对外开放。

一、提高政治站位,牢牢把握边境海关国际合作根本方向

习近平外交思想是习近平新时代中国特色社会主义思想的重要组成部分,是马克思主义基本原理同中国特色大国外交实践相结合的重大理论成果,是新时代我国对外工作的根本遵循和行动指南。

乌鲁木齐海关持续深入学习习近平总书记关于"三智"合作等重要指示精神,确保做到原原本本学、联系实际学。结合关区实际,深入学习《海关总署贯彻落实习近平主席在中国—中东欧国家领导人峰会上的重要讲话精神方案》《海关总署关于加快"三智"建设 服务"一带一路"高质量发展的意见》等内容,主动作为、积极探索,强化"三智"合作与"一带一

路"建设相互契合,切实将"三智"合作理念落实到海关业务工作中。

二、坚持内外协调,在推动"三智"建设中注重强化"三个联通"

新疆与周边8个国家接壤,有20个对外开放口岸,是丝绸之路经济带核心区,是国家向西开放的"桥头堡"和"大通道",在与周边国家深化"三智"合作上有着得天独厚的区位优势、政策优势、外事合作基础优势。2021年,乌鲁木齐海关紧密结合关区工作实际,充分发挥各类综合优势,围绕服务丝绸之路经济带核心区建设,采取一系列措施推进"三智"建设取得积极成效。

以重点项目促"硬联通"。一是根据总署关于"三智"建设部署,制发《乌鲁木齐海关推动落实"三智"合作理念 深化边境海关国际合作2021年工作方案》,明确时间表和路线图,将推进"三智"工作纳入"第一议题"分析研究部署,统筹推进"三智"先行先试项目取得务实成效。二是积极申报"中哈贸易安全与便利智能监管合作项目",并确定农副产品快速通关"绿色通道"、中哈霍尔果斯国际边境合作中心联网监管平台、中亚生物安全通道3项重点内容,顺利通过总署评审并入选8个署级落地示范项目。三是实行"一个项目、一套方案、一名领导、一个专班、一抓到底"的"五个一"工作机制,制发推进"三智"署级项目业务组实施方案,确保既定工作有力推进、落地砸实。

以加强宣传促"软联通"。一是利用与周边国家边境海关负责人年度会谈等机会,加强"三智"合作理念宣介;配合总署筹备制作"三智"示范项目宣介视频和稿件,在全国海关"三智"国际合作工作会议等场合取得良好反响。二是梳理汇总关区12个"三智"合作先行先试项目,组织开展"加强海关'三智'合作服务丝绸之路经济带核心区高质量发展策略研究"专项课题,研究成果在乌鲁木齐海关关级课题评审中获得第一名,并被评为年度优秀课题;组织开展"三智"专题研讨和主题征文,征集论文74篇,评选出10篇优秀论文,有力凝聚共研"三智"、同促发展的良好氛围。三是梳理总结关区开展"三智"工作的经验和成效,编写《年年有实招 招招见实效 乌鲁木齐海关推动"三智"工作》专题稿件,在《中国国门时报》头版头条和《新疆日报》刊发,受到总署国际合作司(港澳台办公室)充分肯定。

以推动合作促"心联通"。一是深入推进中亚生物安全通道等23个方面重点工作,年度内有20项工作得到有效推进并取得积极成果,依托中亚生物安全合作信息管理平台,畅通当前疫情信息共享渠道,促进中亚实验室检测中心标准互认。二是推进口岸通关便利化合作,全面服务"一带一路"建设。深入践行"三智"合作理念，巩固拓展与哈萨克斯坦、吉尔吉斯斯坦、塔吉克斯坦等中亚国家的"三国五线"农副产品快速通关"绿色通道"运行成效，加强口岸通关软硬件系统设施建设，不断提升跨境安全和跨境贸易便利化水平。积极开展国际合作交流，促进农产品进口贸易发展，不断增进共建国家的民生福祉。

三、坚持目标引领，在推动"三智"建设中做到"三个结合"

新疆边境线长达5,700多千米，社情区情复杂，乌鲁木齐海关完整准确贯彻新时代党的治疆方略，牢牢扭住社会稳定和长治久安总目标，履行口岸反恐维稳重要职责，加强正面监管，筑牢口岸安全防线。

以合作聚合力，夯实"智慧海关"建设基础。着力提升智能化监管水平，组织开发"精准防控智慧监管"指挥系统，深化集中审像、智能审图系统应用，通过对业务现场人员、设备物资、业务运行数据、专家队伍4种资源的整合利用，形成基础数据库和标准化数据库，通过预警值设定、专项分析研判、联动处置整改以及技术应用等手段，在乌鲁木齐海关二级监控指挥中心对各现场的作业情况和资源配置情况进行监控预警和调度指挥，实现对监管风险精准防控，推动建立全疆口岸安全风险防控体系。

以智能强效能，提升"智能边境"建设成效。强化与总署相关司局沟通对接，推进铁路H986智能审图算法上线运行，成为全国首个试点海关。为提升智能审图精准化水平，稳步实现降低误报率、提高检出率的目标，针对性启用智能审图高风险违禁品算法模块，并在实际运行中不断升级调整，铁路H986智能审图有效率大幅提高，智能监管水平得到明显提升。

以互联促互通，拓展"智享联通"建设路径。中欧班列等铁路运输方式在国际新冠肺炎疫情蔓延的形势下发挥了积极作用，经新疆口岸进出境班列数量稳步增长，铁路运量逆势上扬。2月份，根据总署工作安排，乌鲁木齐海关提前做好"关铁通"项目实施准备工作，组织开展对内业务培训和对外政策解读，主动加大对地方政府、铁路部门和班列运营平台企业的宣传力度，确保项目顺利实施，开启中欧班列"读秒放行"新时代，不断提升中欧班列通关便利化水平。

四、坚持立足实际，在边境海关国际合作中发挥"三个优势"

充分发挥地缘区位优势。地缘区位的毗邻性是开展边境海关国际合作的便利条件。乌鲁木齐海关坚持"无事常联系，有事勤商量"，与周边国家边境海关开展会谈会晤、签署会谈纪要，及时办理周边国家大使馆和海关来函，强化与地方外事管理部门沟通，协调办理疫情防控物资进出口手续，高效沟通解决口岸通关等问题。

经过不懈努力,乌鲁木齐海关对外联系日趋紧密,合作关系不断巩固,理解互信进一步加深。2021年组织开展会谈会晤30次,协助总署为保障国家领导人与周边国家元首举行视频会议提供参阅材料,协助总署顺利召开中国—哈萨克斯坦口岸和海关合作分委会视频会议。加强与周边国家驻华大使馆海关机构的联系沟通,积极做好货物滞留、防疫物资通关等协调工作。

▲2021年9月8日,中国—吉尔吉斯斯坦边境海关负责人2021年度会谈以视频方式举行。(摄影:贾佳)

充分发挥语言文化优势。语言文化的相近性是促进边境海关国际合作的先天基础。新疆与中亚国家民族相近、语言相通、文化相同。乌鲁木齐海关关员来自维吾尔、汉、哈萨克、塔吉克、蒙古、柯尔克孜、乌孜别克等20个民族,少数民族干部约占四成。高度重视少数民族干部在外事工作中的作用,指定多名少数民族同志承担外事联络官、联络员等职责,推动关区深化外事合作。

充分发挥经济互补优势。经济结构的互补性是推进边境海关国际合作的持续动力。中亚国家与我国经济互补性强,新疆是我国加强与中亚国家经贸往来的重要通道。乌鲁木齐海关在边境海关合作中坚持互惠互利、平等互助原则,积极寻求海关合作与促进地方经济发展的结合点,与周边国家边境海关相互通报本方政策调整变化情况,及时向地方政府部门通报合作中获取的积极成果,为新疆产业发展、企业生产经营提供参考。

五、坚持互利共赢,在边境海关国际合作中突出"三个重点"

落实新疆优质农产品"走出去"战略。乌鲁木齐海关加强与"一带一路"沿线国家(地区)动植物检疫合作,优化检疫准入和企业注册登记程序,促进新疆农产品进出口贸易健康发展。积极开展主要贸易国家(地区)食品和农产品安全管理体系、法规标准跟踪研究,协助总署加快推进周边国家优质食品和农产品进口准入进程,扩大"一带一路"沿线国家(地区)优质农产品进口。积极做好企业技术指导服务工作,加强技术性贸易措施(以下简称"技贸措施")研究、WTO/TBT-SPS措施预警和通报评议等工作,帮助新疆农产品出口企业应对国外技术壁垒,助力产品扩大出口;发挥中欧班列和西部陆海新通道作用,提升新疆特色农产品国际竞争力。

深化能源资源监管合作。针对新疆与周边国家边境口岸客运尚未恢复的现状,乌鲁木齐海关密切与周边国家边境海关的交流联系，及时沟通重点项目运行情况，确保合作项目顺利推进。克服新冠肺炎疫情影响，积极助力能源资源产品安全进口，进一步加强进口能源安全监管和顺畅通关。通过邮件等"不见面"形式，与哈方海关开展进境管输天然气月度计量数据交接工作，确保疫情期间管输天然气顺利入境，保障国家能源资源大通道畅通。

强化口岸疫情防控合作。根据自治区边境口岸新冠肺炎疫情联防联控机制安排，自治区政府不定期在乌鲁木齐海关主会场通过视频方式分别与哈萨克斯坦、塔吉克斯坦、吉尔吉斯斯坦三国举行会议，沟通疫情防控和口岸通关情况。乌鲁木齐海关充分发挥边境海关国际合作优势，2021年共保障9场视频会议顺利举行。同时，乌鲁木齐海关统筹做好口岸检疫防控、疫情监测和风险监控，严防重大动植物疫病疫情传入，筑牢口岸检疫屏障。

（撰稿人：安建霜　何　锦　赵　柠）

乌鲁木齐海关打击走私重点专项工作

2021年,在总署党委的坚强领导下,乌鲁木齐海关坚决贯彻习近平总书记关于打私工作的重要指示批示精神,全面落实党中央、国务院决策部署,深入践行总体国家安全观,聚焦"中央关注、社会关切、群众关心"的突出走私问题,始终保持打击走私高压态势,扎实开展"国门利剑""蓝天""护卫"等联合专项行动,在习近平总书记关注并批示的打击洋垃圾、象牙等濒危动植物、"水客"走私等重点领域,破获多起大案要案,实现"打团伙、破大案、零感染、保安全"目标,全力维护国门安全和进出口贸易正常秩序。

一、深入开展"蓝天2021"专项行动,坚决禁止洋垃圾走私

我国全面禁止固体废物进口后,原先以倒卖许可证等方式开展洋垃圾走私的违法活动从源头上得以消除,但废矿渣、废油脂、皮革废料等伪瞒报走私风险仍然存在。新疆每年进口大量矿产资源类产品,严防废矿渣走私是乌鲁木齐海关的一项重要任务。

2021年,乌鲁木齐海关按照总署关于打击洋垃圾走私的统一部署,持续深入开展"蓝天2021"联合专项行动。缉私局、商品检验处、口岸监管处、企业管理和稽查处、风险防控分局等部门强化协作配合,对废矿渣、废油脂、皮革废料等重点商品开展联合梳理、分析研判,强化监测预警和重点企业专项稽查,精准掌握关区洋垃圾走私违法态势、特点和风险,严厉打击货运渠道伪瞒报和夹藏走私行为,并做好非法入境固体废物退运和处置工作,严防洋垃圾走私发生"口岸漂移",坚决将洋垃圾拒于国门之外。

经过长期经营线索,乌鲁木齐海关发现新疆一家外贸公司涉嫌将固体废物伪报为烧结铁矿走私进口。缉私局、风险防控分局等部门紧密配合,立即对该公司申报进口的货物实施精准布控,经取样送检,鉴定结果显示相关货物为固体废物。乌鲁木齐海关迅速成立专案组,经过2个多月核查,发现该企业存在少报多进等违规行为,并锁定主要犯罪嫌疑人,摸清主要犯

罪事实，在涉案企业现场查发2,000余吨洋垃圾，扩大了案件规模。12月2日，在总署缉私局的统一领导下，在天津海关缉私局、青岛市公安局的大力支持下，出动50名警力组成8个行动组，在山东省青岛市以及新疆乌鲁木齐市、阿拉山口市、博乐市等地抓获犯罪嫌疑人5名，查获涉案走私固体废物4,000余吨，并依法查扣了相关证据。

该案是2021年全国陆路口岸查获数量最大的一起固体废物走私案件，被总署缉私局列为一级挂牌管理案件。

二、扎实开展"护卫2021"专项行动，严防濒危物种走私

在全国海关连续多年严厉打击高压态势下，濒危动植物及其制品走私违法活动呈下降态势。但与此同时，新疆周边国家野生动植物资源丰富，依然旺盛的市场需求和丰厚的利润致使走私活动屡禁不止、屡打不绝，濒危物种跨境走私犯罪风险不容忽视。

2021年，乌鲁木齐海关扎实开展"护卫"专项行动，密切与公安、林业、边防等部门的执法协作和信息共享，紧盯人身、车辆、国际邮包夹藏夹带等走私方式，重点关注象牙、羚羊角、穿山甲鳞片等传统走私热点和濒危植物、珍稀动物宠物等新兴走私热点，坚持多渠道同步全面打击，坚决维护国家生态环境安全。年初，根据获取的线索，乌鲁木齐海关高度重视，在缉私局立即成立专案组。经过近2个月侦查，一个由国际列车司机参与的走私链条浮出水面。专案组严密监控、耐心守候、等待时机，于3月13日清晨走私分子交接货物时成功收网，查获利用火车机头夹藏走私入境的高鼻羚羊角1,260根，抓获犯罪嫌疑人6名。在乌鲁木齐海关党委领导下，专案组连续作战，深挖扩线，联合伊犁州公安局、铁路公安局、合肥海关缉私局、安徽省亳州市公安局等单位，在新疆霍城县、安徽省亳州市等地抓获犯罪嫌疑人数名，查获高鼻羚羊角1,270根。

该案是近年来乌鲁木齐海关破获的查获数量最多的一起走私珍贵动物制品案，累计查获高鼻羚羊角2,530根，案值2.02亿元，对濒危动物走私犯罪形成有力震慑。该案得到总署和自治区领导批示肯定，被总署缉私局列为一级挂牌管理案件。

三、持续开展打击治理"水客"联合行动，坚决维护口岸进出口贸易秩序

2021年，乌鲁木齐海关坚决贯彻落实习近平总书记关于打击"水客"走私的重要批示精神，学习借鉴珠澳、深港等口岸打击治理"水客"走私的经验做法，严厉打击中哈霍尔果斯国际边境合作中心（以下简称"合作中心"）"水客"走私违法行为。加强与地方相关执法单位联系配合，健全集中专项整治和常态化打击机制，做好行政案件、刑事案件衔接，坚持

"打头挖根、破网除链",探索建立分析研判模型,推导团伙活动范围和运作模式,实现"打团伙、摧网络、断链条",严防"水客"走私反弹回潮。

据线索反映,自2019年开始,某物流公司向海关申报大批化妆品从合作中心通过"分流集运"的方式入境,并由其他物流企业发运至广东、福建等地。乌鲁木齐海关缉私局运用大数据分析研判,在快速确定重点人员的同时,立体还原"人、货、资金"流向,发现多条走私洋酒、化妆品、奶粉、香烟等高价值高税率商品的线索。乌鲁木齐海关缉私局与汕头海关缉私局成立联合工作组,共同经营和侦查走私线索。经过长达一年半的摸排经营,摸清了走私活动的脉络流程,对走私团伙的组织架构、骨干成员进行精准画像。4月19日,在总署缉私局统一指挥和广东分署缉私局积极协调下,天津等17个直属海关全力配合,出动200余名警力,组成44个行动组,联合汕头、大连海关缉私局等派出的28个行动组,会同新疆伊犁州及广东省汕头市、汕尾市、揭阳市等地公安机关,开展了"剿猎2021-1"打击"水客"走私收网行动。在新疆、广东、辽宁等10余省(区、市)先后抓获72名犯罪嫌疑人,打掉走私链条上16个幕后操控团伙,查扣一批重要书证、物证和电子证据。

▲2021年4月19日,乌鲁木齐海关联合开展"剿猎2021-1"打击"水客"走私收网行动。(摄影:娜地曼·亚力坤)

该系列案件时间跨度长,案值和涉税数额巨大;涉案人员众多,涉及地区多,社会影响大;涉案人员关系、物流走向及资金流向错综复杂,调查取证范围之广、工作量之大、难度之高均前所未有,全国多个直属海关投入大量人力、财力和物力。面对诸多困难,乌鲁木齐海关党委加强统筹协调,指导缉私局协调相关业务专家支援办案,抽调相关处室和隶属海关业务骨干协助开展商品归类、税款计核等工作,圆满完成办案任务。

2021年,乌鲁木齐海关刑事立案侦办"水客"走私案件12起,案值8.1亿元(该"水客"走私系列案件时间跨度为2020—2022年,案值为总体数据);2起案件被总署缉私局列为一级挂牌管理案件。通过持续打击整治,有力遏制了"水客"走私势头,为优化外贸营商环境、促进新疆外贸持续健康发展作出了积极贡献。

四、严厉打击重点涉税商品走私，坚决维护国家税收安全

随着我国加快构建国内国际双循环发展格局，一些重点涉税商品的国内供给难以满足消费升级的需要，诱发涉税走私活动持续活跃。同时，自治区党委依法科学精准做好疫情防控工作，各口岸的陆续恢复通关和人流物流的畅通往来成为必然，重点涉税商品走私风险也随之增大。

2021年，乌鲁木齐海关全面总结近年来在打击涉税商品走私方面的经验做法，加强战术战法提炼，优化打击策略，强化情报经营和大数据应用，坚决做到"露头就打"。联合公安、银行等部门严打与涉税走私相关联的洗钱犯罪，实现"打财断血"；加大对货运渠道低报价格走私、跨境电商渠道"三单造假"走私和冒用边民互市政策走私的打击力度，严防走私活动跨渠道"漂移"。

2019年7月起，乌鲁木齐海关缉私局联合关税、风险防控等业务部门，对新疆进口的俄罗斯产玉石开展了长达2年的市场调研、联合分析、风险布控和长线情报经营，发现多条低报价格走私线索。经与自治区公安厅等部门密切合作，锁定主要涉案人员，摸清了货主、通关、洗钱等相关团伙及成员。2021年7月17日，在总署缉私局统一部署和天津海关缉私局协调下，乌鲁木齐海关会同郑州、满洲里、杭州、北京、西安、长春、石家庄、呼和浩特、拉萨等地公安和海关缉私部门，出动264名警力，分为49个行动小组，在10省（区、市）、15地同步开展"2021A"打击玉石走私专项行动，抓获主要犯罪嫌疑人43名，查获一批涉案证据。"2021A"打击玉石走私系列案件，创关区破获涉税走私案值的历史新高。

2021年，乌鲁木齐海关共刑事立案侦办重点涉税商品走私案件12起，涉案案值10.92亿元（"2021A"打击玉石走私系列案件后续扩案侦查，案值统计时间跨度为2021—2022年），其中10起个案被总署缉私局、最高人民检察院、最高人民法院列为联合督办案件，2起案件被总署缉私局分别列为一级、二级挂牌管理案件。

（撰稿人：张博文　杨莉莉）

乌鲁木齐海关倾心倾力做好新时代"访惠聚"驻村工作

习近平总书记强调，新疆稳定工作是关系全国大局的一项工作。为完整准确贯彻新时代党的治疆方略，实现新疆社会稳定和长治久安总目标，自治区党委于2014年启动部署"访民情、惠民生、聚民心"（以下简称"访惠聚"）驻村工作。"访惠聚"驻村工作是应对新疆特殊区情社情的非常之举、果敢之举、战略之举、创新之举，具有鲜明的实践特色和时代特征。

一、乌鲁木齐海关持续深入开展"访惠聚"驻村工作

2014年以来，乌鲁木齐海关党委高度重视"访惠聚"驻村工作，始终将该工作作为一项重要政治任务，坚持"队员当代表、单位作后盾、一把手负总责"原则，充分发挥政治优势、组织优势、人才优势，全力推进"访惠聚"驻村工作取得显著成效。

（一）驻村帮扶成效明显。

乌鲁木齐海关党委认真落实自治区党委工作部署，紧盯"访惠聚"驻村工作各项任务目标，精心选派356名驻村干部和单派第一书记深入全疆7个地州、38个村（社区）开展工作，在维护社会稳定、推进脱贫攻坚、做好群众工作、建强基层党组织上综合发力，推进所驻村（社区）长治久安取得新成效，基层组织焕发新气象，文明乡风展现新面貌，群众工作实现新提升，干部锻炼彰显新作为，各族群众获得感、幸福感、安全感不断增强。15个工作队被评为自治区"访惠聚"驻村工作"先进工作队"，80名驻村干部被评为自治区"访惠聚"驻村工作"先进工作者"，2名第一书记荣获自治区"脱贫攻坚贡献奖"，乌鲁木齐海关连续4年被评为自治区"访惠聚"优秀组织单位。

（二）脱贫攻坚任务圆满完成。

乌鲁木齐海关党委始终把定点扶贫作为重大政治任务牢牢扛在肩上，加强组织领导，层层压实责任，全力以赴打赢脱贫攻坚战。多次召开党委（党组）会、专题会、形势分析及工作督查例会等研究部署脱贫攻坚工作，党委班子成员带队开展专

项调研28次。把地方所需与海关所能结合起来，在人力调配、政策支持、产业发展、技术指导等方面全力支持扶贫工作。累计投入5,820余万元帮扶资金，实施惠民桥、高原奶牛场、日光温室大棚、种养殖合作社等50个扶贫项目，帮助18个贫困村、2,787户的11,993名贫困人口顺利脱贫退出；贫困人口收入水平显著提高，由进驻时的7,428元增至2020年的12,367元，"两不愁三保障"目标全部实现。

（三）民族团结进步工作成效显著。

自2016年11月自治区党委启动"民族团结一家亲"结对认亲活动以来，乌鲁木齐海关坚持常态化开展"民族团结一家亲"和民族团结联谊活动。截至2021年年底，累计组织结亲和走访住户活动3,600余人次，开展各类联谊活动4,000余次，捐款捐物40余万元，帮助群众办实事好事2,000余件。各族干部群众"三个离不开"思想、"五个认同"观念进一步增强，进一步铸牢中华民族共同体意识，推动形成了你来我往、融情相处的和谐局面。2017—2021年，3次获评自治区"民族团结一家亲"和民族团结联谊活动先进集体，5个集体和9名个人获评全国、自治区民族团结进步模范集体和个人，11人次获自治区"民族团结一家亲"和民族团结联谊活动先进个人。

二、圆满完成2021年"访惠聚"驻村工作各项任务

2021年，乌鲁木齐海关共派出9个驻村工作队，派出驻村干部和驻村第一书记52人，分布在南疆、北疆的19个村（社区）。其中，乌鲁木齐海关机关派驻工作队5个、驻村干部26人；驻喀什地区塔什库尔干塔吉克自治县（以下简称"塔县"）工作队2个、驻村干部10人，驻阿克苏地区拜城县工作队3个、驻村干部16人；关区隶属海关派驻工作队4个、驻村干部16人：喀什区域海关派驻塔县工作队2个、驻村干部8人，伊犁区域海关派驻霍尔果斯市卡拉苏街道（社区）工作队1个、驻村干部5人，阿克苏海关派驻阿瓦提县工作队1个、驻村干部3人；派出第一书记10人：塔县瓦恰乡4人，和田地区墨玉县奎牙镇6人。此外，乌鲁木齐海关定点帮扶村2个：塔县瓦尔希迭村，阿克苏地区拜城县喀依库拉克村。主要开展了3个方面工作：

（一）开展党史学习教育，推进基层组织建设。

一是提高政治站位，强化责任担当。乌鲁木齐海关党委以开展党史学习教育为契机，将"访惠聚"驻村工作与年度重点工作同部署、同落实、同检查、同考核。2021年，积极申请专项资金697.06万元，作为乡村振兴配套资金保障。召开新时代"访惠聚"驻村工作会议，组织先进集体、优秀驻村干部代表交流经验，召开4次视频调度会听取驻村工作汇报。进一步压实派出单位部门责任，推动形成各负其责、积极参与、关心关爱的工作格局。年内，

总署和乌鲁木齐海关党委班子成员13人次到驻村点调研，走访困难家庭，了解产业发展、稳岗就业、生产生活等情况，督查指导驻村工作队、第一书记履职情况。二是坚持党建引领，建强基层组织。规范村党组织建设，健全村民议事机制和为民服务保障机制。各党支部与帮扶村党支部开展"一联双促"共建活动，驻村工作队与村"两委"开展"1+N"结对帮扶，帮助基层干部提高工作能力和水平。全年讲授专题党课94次，组织党员集中学习、专题研讨培训450余场，新发展党员83名，帮带培养村后备干部81名。驻瓦尔希迭村工作队党支部、驻夏拉夫迭村党支部获评"自治区优秀基层党组织"，交通村党支部获评"和田地区先进基层党组织"；6名驻村干部获县乡级以上"优秀共产党员"称号。三是强化为民服务，筑牢群众根基。坚持把开展党史教育与新时代驻村工作结合起来，驻村第一书记依托"三会一课"、主题党日、专题党课、早晚工作例会等，开展"传党音、聚民心"阵地宣传活动，营造"工作队带头讲、村党员干部带头学、村民主动学"的良好氛围。全年解决群众就学、就医、就业、生产等方面困难诉求540余件；捐赠生活物资、农用物资等1.97万件（份），价值160余万元。光明村被评为"自治区便民服务先进集体"；喀依库拉克村第一书记荆卫东、英买力村第一书记周栋彬入选"访惠聚五个100第一书记风采"；色日克塔什村工作队员艾力亚尔·艾斯开尔入选"自治区访惠聚五个100群众能手"。

（二）聚焦重点任务落实，助力乡村振兴。

一是聚焦总目标，保持社会大局持续稳定。始终警钟长鸣、警惕常在，完善应急处突机制，做好重点群体的分析研判和关心关爱，加大矛盾纠纷排查调处力度，做到早发现、早干预、早化解，英买力村被评为自治区"维稳双联户先进集体"。常态化做好疫情防控，坚持属地管理原则，全面落实防控宣传、核酸检测、疫苗接种等措施，发放口罩、酒精、一次性手套等防控物资1.1万件。严格驻村干部日常管理，坚持请休假报备审批及返乌核酸检测制度。认真落实安全生产工作要求，开展安全隐患集中整治活动，印发火灾、消防、逃生自救等宣传手册8,650余本（份），排查消除隐患370余个，组织应急演练、防火、防盗、防煤气中毒等知识和技能培训近700场次，受众1.5万人次。二是巩固脱贫成果，推动乡村振兴。制定《乌鲁木齐海关2021年乡村振兴工作实施方案》，投入103万元开展日光温室大棚、民俗旅游服务等5个乡村振兴项目及党建阵地建设、道路设施改造等4个"为民办实事好事"项目。充分运用"红橙黄绿"分级监测预警机制，进一步完善基础数据库，对返贫风险未消除的115户、503人制定"一人一策、一户一办法"工作台账，全面落实教育医疗、就业帮扶、公益性岗位等13类巩固提升措施，有效防止返贫。培育壮大特色优势产业，着力发展核桃、西梅、大果沙棘等林果业，实施青稞、雪菊、高原牦牛、小龙虾、油鸡等种养业提升行动，探索发展"党支部领办合作社"新模式，19个帮扶（社区）村共组建农牧民合作社21家，入社入股群众369户，2021年盈利264余万元，分红132.3万元，帮助791人实现就近就地创业就业。稳步开展农村人居环境整治提升行动，协调2,429万元资金用于"三区分离"、"厕所革命"、生活污水和垃圾处理、道路建设及绿化，进一步改善村容村貌。兰干村被评为自治区"人居环境示范村"，瓦尔希迭村、库孜滚村、夏布孜喀拉村被评为塔什库尔干县"乡村振兴示范村"。三是拓宽帮扶渠道，帮扶农民增收。落实《自治区乡村振兴战略规划（2018—2022）》，围绕助力新疆特色农产品扩大出口、促进农产品多元化进口等工作，制定10个方面、25项具体举措。指导各地出口特色馕350余万个，扩大干果、水果出口量，助力解决1,800人就业。推动消费扶贫，采购特色农产品142万元。拨付专项经费为瓦尔希迭村申请注册"关民情·高原雪菊"商标，制作包装礼盒和宣传材料，并通过微信、网络直播等"线上+线下"销售方式，助力产品远销北京、广州等地。动员干部职工自购和社会帮购脱贫村销售特色农副产品雪菊和青稞25吨、尼雅黑鸡400余只，惠及脱贫户270余户。对接中粮集团捐助价值50万元的米面油等生活用品。四是加强民族团结，铸牢中华民族共同体意识。强化宣传教育，大力培育和践行社会主义核心价值观，长期坚持、持续深化"民族团结一家亲"和民族团结联谊活动。全年开展结亲走访12批、65人次，218名干部均通过"网上结亲"形式与结对亲戚开展互动交流。

▲2021年7月6日，乌鲁木齐海关向"访惠聚"和精准脱贫结对村捐助价值47万元的米面油和饲草料。（摄影：姚姣姣）

（三）强化制度建设，提升工作质效。

一是完善工作保障机制。制定《乌鲁木齐海关"访惠聚"驻村干部管理办法》，按照个人报名和组织推荐结合的办法，因村选人、重点匹配，发挥选派力量的最大效能。年内对25名驻村干部进行调整轮换，新一轮驻村干部中，处级及以上人员15名，科级干部35名，中青年干部占比59.6%。坚持"先进后出、压茬交接"的原则，对新调整的驻村干部开展专题培训，做好新老队员传帮带工作，确保驻村工作的连续性、稳定性。二是关心驻村干部队伍。进一步落实减负和关心关爱措施，常态化开展谈心谈话，及时掌握和解决驻村干部困难诉求，年内解决驻村干部的生活困难14件，节日期间看望慰问驻村干部及家属160人次，定期安排健康体检。将"访惠聚"驻村作为锻炼、考察和培养干部的重要动作。提拔有驻村和扶贫工作经历的处级领导干部8名、科级干部4名，职级晋升调整29人，充分调动驻村干部干事创业热情。三是强化典型培树宣传。用好各类宣传渠道，加大驻村工作中优秀典型的挖掘和宣传力度，在《中国青年报》《中国国门时报》等刊发稿件10余篇；制作《在党旗指引下》专题宣传片在人民网发布，展示巩固拓展脱贫攻坚成果与乡村振兴相衔接工作成果；在"新疆访惠聚""最后一公里""金钥匙杂志"等微信公众号刊发新媒体宣传稿件20余篇，在人民网、中国乡村振兴网刊发专题报道。1人获评自治区"民族团结一家亲"优秀信息员。

（撰稿人：鲁引庆）

第三篇

党的建设

党建工作

【概况】2021年，乌鲁木齐海关认真落实全国海关工作会议、全面从严治党工作会议和全国海关政治部主任会议部署要求，坚持"做实党建出战斗力、做强党建出竞争力、做细党建出凝聚力"的理念，不断推动党建工作高质量发展。坚持"机关带系统"，以加强党的政治建设为统领，以庆祝中国共产党成立100周年、开展党史学习教育为重点，进一步提升党建工作质量，深化党风廉政建设，持续加强准军事化纪律部队建设，有声有色开展群团工作，提高乡村振兴和"访惠聚"驻村工作水平，政治工作引领保障作用得到不断强化。

【庆祝中国共产党成立100周年】2021年，乌鲁木齐海关广泛开展庆祝中国共产党成立100周年活动，制订《乌鲁木齐海关突出"永远跟党走"主题深化"我们的节日"活动方案》。把握重要时间节点，发挥爱国主义教育基地作用，组织关区2,700余人次开展"党旗映天山"系列主题党日活动，利用驻地红色资源开展体验式教学，厚植爱党爱国情感。聚焦"永远跟党走"，组织开展庆祝中国共产党成立100周年"红色故事会"暨合唱比赛，对关区各单位选送的29个红色节目进行线上评审，确定喀什海关、阿拉山口海关、伊宁海关等13个单位的优秀节目在关区开展"线上+线下"直播。同时，积极参加自治区直属机关工委组织的"百年风华天山颂歌"庆祝建党100周年红色故事演讲比赛，后勤管理中心选送的参赛节目《永不磨灭的丰碑》获得一等奖。开展庆祝中国共产党成立100周年书画摄影作品征集活动，向自治区直属机关工委选送10幅作品，其中1幅被评为优秀作品。

【开展党史学习教育】2021年，乌鲁木齐海关成立党史学习教育领导小组，制发党史学习教育工作方案。党委理论学习中心组开展党史学习教育专题研讨8次，编印研读材料8期；组织处级干部参加各类党史学习教育专题培训班858人次，关区2,225人次参加"海关e课堂边关课堂"专题培训，1,115人次参加全国海关党史知识竞赛。邀请上海市委党校、浙江大学、自治区党委党校专家等组建宣讲团，通过线上网络直播课，开展"送教上边关"。开展"我身边的榜样"故事演绎活动，对关区5个先进典型事迹进行展演。参加2021年海关文化建设西北协作区党史知识竞赛，获得三等奖。制定关区"我为群众办实事"实践活动4类清单台账，全部完成"问题清零"。组织开展"我为群众办实事"成果展，展示关区47个重点民生项目，并制作专题画册。开展关区"我为群众办实事"十佳项目评选活动，3个项目入选总署"我为群众办实事"百佳项目（见表3-1）。

▲2021年5月25日，监察室、数据分中心党支部开展"重温党史明初心　献礼青春恰百年"主题党日活动。（摄影：程杉）

表3-1　乌鲁木齐海关"我为群众办实事"实践活动项目评选一览表

项目类型	项目名称	申报部门
总署"我为群众办实事"百佳项目	精准施策助推新疆农业开放型经济提质增效	法规和综合业务处
	服务国家"一带一路"建设　助力中欧班列换挡提速	口岸监管处
	优化换防式交流项目为群众解难题办实事	人事处
乌鲁木齐海关"我为群众办实事"十佳项目	"三个聚焦"助力基层提升基础建设规范化水平	督查内审处
	"智慧餐厅"开启职工用餐新"食尚"	后勤管理中心
	"关银一KEY通"助力新疆外贸企业便捷通关	数据分中心
	抢抓机遇聚力攻坚　全力打造南疆对外开放"新高地"	喀什海关
	爱心接力十一载　捐资助学今圆梦	都拉塔海关
	全力促进中欧班列提质增效　畅通国际物流陆路运输"黄金通道"	霍尔果斯海关
	以"空中陆桥"物流通道建设为抓手　挖掘常态化疫情防控下口岸区域经济发展新动能	霍尔果斯国际边境合作中心海关
	"三个服务"助力白鲑鱼籽远销海外	阿拉山口海关
	持续抓好边境病媒生物监测工作严防疫情叠加	阿勒泰海关
	优化服务助推新疆驼奶产品出口	哈密海关

【宣传思想和意识形态工作】 2021年，乌鲁木齐海关持续强化政治理论武装，制定理论学习中心组学习计划，组织开展集中学习15次。制定关区加强意识形态工作实施方案、工作要点，把意识形态工作纳入党委重要议事日程及评价考核体系。制发乌鲁木齐海关精神文明创建实施方案和三年规划。推报科技处、喀什海关缉私分局获评区直机关工委"让党中央放心、让人民群众满意的模范机关"先进单位。成立"海之馨"心理健康志愿服务小组，为干部职工提供心理咨询、压力疏导、心理危机干预等服务，提升干部职工身心健康意识。开辟"百年党史天天读""党史知识每周测""青年理论大学习"专栏，打造"指尖移动学习课堂"。聚焦20个主题制作26块宣传展板，在政务网首页搭建"党史学习教育"专栏，"疆海飞扬"微信平台发布新媒体宣传稿件711篇，"金钥匙杂志"微信平台采用105篇，总署政工办网站刊用各类稿件241篇。在中国海关传媒中心《金钥匙杂志》2021年度"双十佳"评选活动中，乌鲁木齐海关被评为"十佳组织单位"，《去口岸的路》被评为"十佳传统媒体作品"，《MV-逐梦边关》被评为"十佳新媒体作品"。

【基层党组织建设】 2021年，乌鲁木齐海关紧密结合关区工作实际，不断推动基层党建工作高质量发展。年内制（修）订党建工作制度8项，完善《乌鲁木齐海关机关党委议事规则》《乌鲁木齐海关机关纪委议事规则》，修订印发党费收缴使用和管理办法等，切实保障基层党组织活动规范开展。组织标准化"三会一课"和"一支部一品牌"现场展演，在9个基层党组织开展"书记项目"试点，评出"四强"（A类）党支部75个。坚持"抓两头、带中间"，完善党委委员基层支部联系点制度，探索建立机关党委委员对口帮扶"相对后进"支部制度。配齐和调整党支部书记23名、党支部委员45名，选派31名党支部书记参加区直机关工委组织的能力素质提升培训班，3名党务干部参加中央党校党务专题培训班。推行"党旗映天山"主题党日制度，明确活动清单23项。组织开展"书记讲堂"活动，评选出35部讲党课优秀作品，5部作品入选自治区直属机关工委"百强党课作品"。1名支部书记微党课视频被总署政工办评为优秀作品。6个党建品牌被评为全国海关党建示范品牌、培育品牌（见表3-2），4个集体、5名个人分别获得自治区"两优一先"荣誉表彰。组织开展党建品牌展示，进一步发挥优秀党建品牌的辐射和示范带动作用，推动基层党支部真正实现从"建起来"向"强起来"跨越。

表3-2 2021年度乌鲁木齐海关党建品牌创建一览表

品牌类型	品牌名称	申报党组织
复核认定的全国海关党建示范品牌	艰苦奋斗坚强堡垒	红其拉甫海关党总支
	红色风向标	阿拉山口海关办公室党支部
	丝路之旅	霍尔果斯海关查检四科党支部
新增的全国海关党建示范品牌	扬帆"企"航	乌昌海关稽核查科党支部
复核认定的全国海关党建培育品牌	五度党建 监管先锋	口岸监管处党支部
	锐眼	阿勒泰海关监管科党支部
乌鲁木齐海关2021年度党建示范品牌	冰山上的堡垒	红其拉甫海关监管科党支部
	欧亚先锋	霍尔果斯海关监管三科党支部
	心·动力	乌鲁木齐海关办公室（党委办公室）党支部
乌鲁木齐海关2021年度党建培育品牌	丹心筑盾 清风护航	动植物检疫处党支部
	新新之火	科技处党支部
	忠雁先锋	乌昌海关办公室（党委办公室）党支部
	工匠后勤"五心"领航	后勤管理中心党支部
	慧眼尖兵	阿拉山口海关监管一科党支部

【党风廉政建设】2021年，乌鲁木齐海关聚焦落实全面从严治党主体责任，狠抓党风廉政建设和反腐败工作，组织召开关区述责述廉述党建会议，重点听取各单位、各部门"一把手"的履责情况报告，督促"一把手"履行好第一责任人责任。集中开展为期2个月的警示教育活动，召开警示教育大会，通报7起违法违纪案例和4起问责案例。抓好党风廉政经常性教育，常态化实施"每周一提醒、每月一学习、季度一警示、半年一分析、年度一报告"的"五个一"教育措施，相关人员主动向组织说明问题。推动各级党组织深化运用监督执纪"第一种形态"，每半年通报运用情况，使抓早抓小、红脸出汗成为常态。

【准军事化纪律部队建设】2021年，乌鲁木齐海关结合实际强化准军事化纪律部队建设，组织开展"内务规范强化月"活动，关领导带队开展内务督察，狠抓问题整改，打牢打实准军事化纪律部队建设根基。全年开展现场督察、视频检查8次，立行立改问题36个，实现总署视频抽查全年"零差错"。扎实开展准军集训、队列会操，评选"优秀队列"，持续提振队伍精气神。组织开展岗位练兵和技能比武，苦练内功、提升能力。发挥政务服务"好差评"系统监督效能，年内共办理政务服务事项158件，企业好评率100%。

【文化润关工程】2021年，乌鲁木齐

海关将扎实推进"文化润关"工程作为一项重要工作。根据工作实际场景排练话剧、小品等文化节目在关区范围内演出。与乌鲁木齐市人民电影院签订红色专题电影合作协议，组织干部职工观看红色电影8部。召开关区"七一"表彰大会，颁发"光荣在党50年"纪念章，表彰2020—2021年度在各项工作中做出突出成绩的52个先进集体和40名优秀个人。推动"两红"党性教育基地网上VR展厅在总署网站上线。在各隶属关建立完善党员活动室、荣誉室等50余个，建成以"党旗映天山"为主题的党员之家，切实让干部职工在"观、听、思、践、悟"中振奋精神。

▲2021年3月4日，红其拉甫海关党员干部看望"时代楷模"拉齐尼·巴依卡同志家人。（摄影：刘晓梅）

【申创自治区爱国主义教育基地】红其拉甫海关水布浪沟旧址地处海拔4,700米的红其拉甫口岸边防前哨，是红其拉甫海关1969年建关后海关干部职工的工作生活场所。水布浪沟意为"要命的水沟"，1972年，红其拉甫海关第一任关长刘敬华带着7名关员来到这里，在荒郊野岭艰苦创业。1969—1993年，一代代边关人扎根水布浪沟，时刻秉持"缺氧不缺精神""苦干不苦熬，苦中有作为"的爱国情怀，坚守为国戍边、促进发展的历史使命，热爱祖国、守卫边关、艰苦奋斗，创造了"特别能吃苦、特别能忍耐、特别能战斗、特别能奉献"的"四特"精神。水布浪沟旧址是乌鲁木齐海关首个由总署批准的"海关特色教学基地党性课堂"，自建成以来已有1.5万余人参观学习、接受教育，为弘扬艰苦奋斗精神、加强边境管控、国防教育和新疆民族团结教育提供了现实素材，取得良好效果。2021年3月，乌鲁木齐海关向自治区相关部门申创水布浪沟爱国主义教育基地，2021年8月获得批复，成为乌鲁木齐海关首个自治区级爱国主义教育基地。

【群团工作】2021年，乌鲁木齐海关推进群团组织规范化建设，完善关区工会组织架构，规范成立20个基层工会和27个机关工会小组，实现经费审查委员会、女职工委员会全覆盖。修订2项工会工作制度，组织工会干部培训70人次，争取自治区总工会项目补助资金用于保障一线重点工作。慰问劳动模范、一线职工、驻村干部及家属1,743人次，经摸底调研推进解决53名职工家庭困难。与自治区总工会联合举办岗位练兵和技能比武竞赛。推报口岸监管处获评自治区劳模和工匠人才创新工作室,申报404个职工创新成果进入自治区创新项目库。推报4个集体、1名个人获得7项工会及共青团系统荣誉。组建乌鲁木齐海关团工委,在关区成立青年理论学习小组。重大节日节点组织开展群众性文化活动,干部职工归属感、获得感、幸福感进一步增强。

【乡村振兴和"访惠聚"驻村工作】 2021年,乌鲁木齐海关以党史学习教育为契机,建强基层组织,制订《乌鲁木齐海关2021年乡村振兴工作实施方案》,稳步推进"访惠聚"驻村工作。关区各支部与帮扶村党支部开展"一联双促"共建活动,驻村工作队与村"两委"班子、各支力量开展"1+N"结对帮扶,帮助基层干部提高能力素质,年内所驻村的4个党支部被自治区授予先进基层党组织荣誉。坚定不移为民办实事,会同村各支力量管百家事、解百家难。年内累计解决群众各类困难540余件,捐赠生产、生活物资价值160余万元。投入103万元用于民俗旅游、建设温室大棚、特色产品有机认证等5个乡村振兴项目及党建阵地建设、道路亮化改造等4个"为民办实事好事"项目。强化中华民族共同体意识宣传教育,培育和践行社会主义核心价值观,深化"民族团结一家亲"和民族团结联谊活动,工作成效得到自治区党委肯定。

(撰稿人:于 静 张翼鹏 赵志强 麻卫亮 穆清勇)

巡视巡察

【概况】2021年,乌鲁木齐海关准确把握政治巡察工作定位,紧扣"三个聚焦",坚持问题导向,围绕总署巡视巡察工作要点,强化组织领导,履行"统筹协调、指导督导、服务保障"职责,推进巡视整改和政治巡察工作。根据总署党委关于巡视巡察上下联动有关要求,加强巡察机构建设,在保持现有机构不变的基础上,调整乌鲁木齐海关党委巡察工作办公室(以下简称"巡察办")办公系统授权,并设置单独收发文权限、明确经费保障、独立开展考核和表彰奖励。自2021年6月23日起,巡察办作为党委工作部门和政治部组成部门,独立实体运行开展工作,并成立巡察办党支部。坚持"打铁必须自身硬"的原则,加强巡察干部队伍建设,全面提升巡察干部履职能力和水平。

【巡视整改】2021年,乌鲁木齐海关党委坚决扛起巡视整改主体责任,按照方案推进落实,狠抓巡视问题整改"后半篇文章"。在前期工作基础上,重点督办历史遗留问题的整改,完成对28辆车和229万元保证金的清退工作,对32辆临时过境滞留小汽车依法依规进行销毁,对2辆滞留口岸长达8年的外籍车辆分别进行销毁和拍卖。截至12月8日,总署党委第九巡视组反馈的50个问题全部完成整改。为检验整改成效,在乌鲁木齐海关政务网站发布巡视整改情况通报,主动接受全体干部职工监督。

【巡察监督】2021年,乌鲁木齐海关修订《乌鲁木齐海关党委巡察工作实施细则》,制定《乌鲁木齐海关党委关于巡视巡察问题整改上下联动的实施办法》。年内组建由46名巡察干部组成的8个巡察组,对11个隶属海关、10个机关部门、2个事业单位开展5轮常规巡察,五年全覆盖任务完成率91%。年内巡察发现问题502个,完成整改493个,整改完成率98%。坚持问题导向,加大政治监督力度,落实管党治党政治责任。强化巡察整改成果运用,修订各类制度机制50项;发布巡察发现共性问题通报2次,指出10个方面、25个问题,各单位对照问题举一反三,自查自纠,做到"未巡先改";结合巡察反馈问题运用监督执纪"四种形态"处理46人次。提升巡察监督效能,建立巡察与人事、政工、纪检监察、督察内审等部门的协调配合工作机制。建立"巡审联动"监督模式。

【巡察队伍建设】 2021年，乌鲁木齐海关加强巡察干部培养与使用，不断优化巡察队伍结构，着力打造一支高素质专业化巡察队伍。强化巡察队伍管理，组建由28名组长、副组长和44名成员组成的巡察队伍库，共涉及11个不同专业岗位。3月26日，举办巡察业务和巡察档案规范化培训班，关区巡视巡察干部、隶属海关和机关部门分管领导、巡察档案专责人员及各派驻纪检组全体成员共计121人参加培训。组织78名巡视巡察干部参加总署党委巡视工作办公室（以下简称"巡视办"）举办的专题学习网上培训班。开展巡前培训5次，组织巡察组观看总署巡察工作培训课件，进一步提升巡察队伍整体能力素质。参加总署巡视办"提高巡察发现问题能力"课题研究，1篇论文获得三等奖，5篇获得优秀奖。搭建培养干部平台，由后备干部担任各巡察组组长、副组长，以巡察工作培养锻炼干部。年内选派4名干部参加总署巡视工作，选派1名干部参加总署巡视办集中工作。

【自主开发建设"巡察信息化应用"平台】 2021年，乌鲁木齐海关按照总署关于加强巡视巡察信息化建设要求，按照"实用、管用、好用、节约"的建设原则，强化大数据运用，推进巡察档案数字化管理。9月启动"巡察信息化应用"平台建设工作，于12月上线测试。主要设置"工作台、巡察在线管理、整改工作管理、成果运用管理、数据管理、队伍建设、系统管理"7个模块，按照"同台运行、分级处置"原则，初步实现31项功能。加强流程管控和岗位控制，根据巡察工作领导小组、巡察办、巡察组、被巡察单位等不同岗位授予不同操作权限。进行线上运行测试2次，收集相关意见建议，及时进行调整，以"信息技术手段+常规巡察"方法全面提升巡察规范化水平和工作质效。

【完善巡视巡察档案】 2021年，乌鲁木齐海关突出"实、严、效"要求，高效推进巡视巡察档案管理工作。坚持档案收集与巡视整改同步，针对巡视整改档案，以整改流程为脉络，按照组织领导卷、会议纪要卷、问题整改卷、监督检查卷4个类别分类归档，收集整理巡视整改档案102册，确保巡视整改成效有理可依、有据可循。统一巡察档案分类标准、移交标准、管理标准，把好巡察档案培训关、交接关、保管关，对46名专责人员进行培训，按照年度、组别、轮次、单位建立基础卷、谈话了解卷、问题底稿卷、情况反馈卷、问题线索移交卷、专题民主生活会卷、问题整改卷7类档案，整理2019年以来巡察档案153册。建立巡视巡察档案单证资料室并制定管理规定，指定专人负责，完善借阅登记审批手续。

（撰稿人：唐明明）

纪检监察

【概况】2021年，乌鲁木齐海关按照全国海关全面从严治党会议、全国海关纪检监察工作会议部署，紧扣高质量发展主题，聚焦监督执纪问责职责定位，加大对全面从严治党主体责任和制度执行的监督力度，突出对"一把手"和领导班子的监督，积极探索智慧监督模式。提高"不敢腐、不能腐、不想腐"一体推进水平，在更宽领域巩固深化"组地关"协作配合机制成果，提升派驻监督工作质效。开展"现场监管与外勤执法权力寻租"专项整治工作，大力纠治"四风"问题和违反中央八项规定精神问题，保持惩治腐败高压态势，精准追责问责。完善纪检队伍流动机制，充实纪检监察队伍力量，统筹纪检干部参与巡察、纪律审查、党史学习教育巡回指导。

【监督检查】2021年，乌鲁木齐海关围绕习近平总书记重要指示批示和党中央重大决策部署，强化政治监督，制定党委纪检组政治监督清单。开展"2020年民主生活会""安全生产""打击新冠病毒疫苗非法出境""强化海关系统疫情安全防护""事业单位所属企业脱钩"等13项专项监督，对监督发现的问题制定整改措施。建立安全生产、疫情防控、厉行节约反对浪费常态化监督检查机制。做实做细日常监督，落实疫情防控"四不两直"要求，赴19个隶属海关单位开展实地检查。建立监察与巡察、督审双向通报和问题反馈协同机制，加强对巡视、巡察、审计等问题整改情况的监督。紧盯重点领域和关键岗位，组织开展危化品进出口监管、基层党组织纪检委员履职、机要保密工作、公务车辆交通安全、外出执法廉政风险和外部监督等监督检查21项，发现问题64个，提出意见建议19条。加强派驻纪检组日常管理，优化考核评价机制，建立各派驻纪检组月度、季度报告工作制度，乌鲁木齐海关党委上下半年各听取一次派驻纪检组工作汇报。9个派驻纪检组全年制发监督意见建议书240份，发现和纠治问题647个。

【执纪问责】2021年，乌鲁木齐海关严厉查处违纪违法问题，给予党纪政纪处分10人次。修订《乌鲁木齐海关党纪政纪处分工作实施细则》《乌鲁木齐海关党委纪检组严肃查处诬告陷害和检举控告澄清工作办法》。持之以恒正风肃纪，节日期间开展纠治"四风"监督检查。组织贯彻落实中央八项规定精神专项监督2轮，发现和纠治问题11个。对违反中央八项规定精神相关责任人给予党纪政纪处分。精准规范实施问责，制定《乌鲁木齐海关问责工作实施细则（试行）》。全年问责隶属海关班子成员2人、科级干部1人、基层党组织1个。运用监督执纪"四种形态"处理498人次，其中"第一种形态"占总数的97.8%。

【"现场监管与外勤执法权力寻租"专项整治】2021年，按照总署统一安排，乌鲁木齐海关研究制订开展"现场监管与外勤执法权力寻租"专项整治（以下简称"专项整治"）工作实施方案，细化分解为4个方面、15项具体工作任务；建立乌鲁木齐海关、隶属海关两级领导机制，成立监督核查组、业务排查组。开展"个人违规事项"申报、撰写心得体会，调阅、排查领导干部个人事项报告、酒驾醉驾、赌博集资及亲友从业情况，组织逐一谈话等。选取105家企业作为集中调研对象，征集对专项整治工作的建议29条。梳理2012年以来问题线索，统筹人事、督察内审、政工、巡察、12360热线等信息资源，全面筛查问题。根据总署第七检查组反馈的3个方面、11项问题，研究制订专项整治整改工作方案和3张整改（防控）清单，提出整改措施169条，建立长效机制45项。

（撰稿人：罗　现）

干部队伍管理

【概况】 2021年，乌鲁木齐海关深入落实新时代党的组织路线，坚持严管与厚爱并重、激励与约束并举，全面落实海关"十四五"队伍建设规划，围绕中心工作任务，主动作为、大胆探索、积极创新，规范人事制度，夯实人事基础，优化队伍结构。建立三级联学联建机制，开设"人事微课堂"，搭建交流平台，畅通互学互促沟通渠道。强化科技手段应用，用好数据共享平台，开发工资系统，采取系统初核、人工复核的双保险模式，推进人事工作更加便捷高效，不断提高干部人事工作科学化、规范化水平。

【机构编制管理】 2021年，乌鲁木齐海关按照"机关部门提质增效、隶属海关协同优化"的工作思路，推动关区机构改革相关工作。为加强和规范关区督查工作，提升关区事业单位财务管理精细化、规范化管理水平，在办公室（党委办公室）新设督查科，在财务处新设事业财务科。为解决部分隶属海关科级机构职责交叉重叠等问题，对喀什、乌昌、霍尔果斯、霍尔果斯国际边境合作中心、伊宁、阿拉山口、塔城7个隶属海关的45个内设机构的处（科）室职责、人员编制进行了优化调整。为加强事业单位日常监督管理，对乌鲁木齐海关党委第一派驻纪检组、党委第二派驻纪检组负责监督的单位进行了调整。

【干部人事管理】 2021年，乌鲁木齐海关坚持重实干重实绩重担当，健全"选育管用"全链条机制，编制关区"十四五"人才发展规划，推动边关干部队伍良性循环和可持续发展。完善人事管理制度，制定《领导班子和领导干部综合分析研判办法（试行）》。制（修）订《干部调动管理办法》《职级公务员管理实施细则》等11项规章制度，优化调整职级晋升工作口径，健全人事工作的"四梁八柱"。开展干部调研，通过"背对背"网上民意调研、"点对点"书面调研、"面对面"实地调研等方式，梳理形成6类"干部清单"，做好人才储备。优化班子考核方式，跟进总署党委重大决策部署，科学设置6个类型被考核单位的112条个性化指标，将政治机关建设、新冠肺炎疫情防控、"国门利剑"专项行动、安全生产等重点工作作为专项考核项目一并实施。

【干部队伍建设】2021年，乌鲁木齐海关针对机构改革后队伍结构、任职经历的新情况、新特点，组建3个调研组，调研分析近年来换防式交流工作成效和干部职工意见，进一步明确换防式交流工作要求，更加突出干部培养和兼顾解决困难的导向。年内开展换防式交流87人，分为年轻干部培养、执法一线科长多岗位历练、丰富边关经历、蹲点帮扶、子女中高考、隶属海关小循环、解决个人困难、换防式交流到期8类情形，人员规模为近年来最多，且干部队伍思想稳定，干部职工认可度高。精准盘活使用干部，结合关区队伍结构和职数空缺率高的实际，制定工作表现、边关年限、驻村经历等变量要素，用好用活职级政策及遴选政策，强化激励作用。年内晋升调研员职级113人，选任处级领导干部41名、科级领导干部106名，遴选29人到乌鲁木齐海关机关和在乌单位工作。组织2次公务员招录，首次运用"结构化小组"的面试方式招录公务员66人。

【队伍监督管理】2021年，乌鲁木齐海关坚持问题导向，聚焦新疆区情社情，突出强化政治表现甄别，落实选任严把政治关10项具体措施，优化干部"政治情况报告"制度，对发现的苗头性、倾向性、敏感性问题及时作出风险预判和处理。狠抓"一把手"监督，落实责任、考核两个体系建设，做好选人用人检查及"一报告两评议"工作，各隶属单位形成队伍建设中长远期规划。发挥党委全面监督、纪检组专责监督、各条线职能监督、基层党组织日常监督作用，构成上下贯通、协同高效的监督体系，深化干部不担当、不作为问题整治，常态化开展"裸官"、企业社团兼任职清理等专项监督。领导干部报告个人有关事项如实报告率逐年提升。

▲2021年3月30日，乌鲁木齐海关开展新提任领导干部宪法宣誓仪式。（摄影：李健宁）

【正向激励关爱】2021年，乌鲁木齐海关做实做细综合保障，用好总署党委支持艰苦地区边关22条措施，落实新疆公务员津补贴调整、职级公务员津补贴标准调整等工作，用足用好地方相关政策支持。用心用情解决干部职工诉求困难，及时了解家庭和个人困难，推动解决22名子女入学入托诉求。强化一线人员关心关爱，贯彻落实《海关总署关于建立保护关心爱护疫情防控一线人员长效机制的工作措施》，并细化分解60条具体举措，明确临时性工作补助发放范围。科学统筹奖励表彰，突出基层和实绩导向，年内对15个集体和2名个人记三等功（记功），对24个集体和46名个人记嘉奖；下放奖励权限，隶属海关自行授予集体嘉奖27个，个人嘉奖48人。

【事业单位改革】2021年，乌鲁木齐海关推动事业单位岗位设置、聘用制度落地，研究制定岗位设置管理实施细则，在未来5年可持续发展动态测算基础上，高效、有序、循环使用现有岗位职数，解决事业单位晋升难、晋升慢等历史遗留问题，稳定事业单位干部队伍。组织事业单位工作人员统一签订岗位聘用合同。稳慎推动绩效工资改革，合理确定基础和奖励绩效比例关系、考核指标及激励机制，研究制定所属事业单位绩效工资实施方案及绩效工资分配办法，报请总署审核通过。采取"云考试"模式完成事业单位招聘24人，充实事业单位人力资源。维护职工合法劳动权益和经济权益，妥善完成事业单位所属企业179名脱钩人员安置工作。

（撰稿人：李　恺）

教育培训

【概况】 2021年,乌鲁木齐海关认真落实总署关于干部教育培训的工作要求,聚焦开展党史学习教育、深入学习贯彻党的十九届五中及六中全会精神、贯彻落实"十四五"海关发展规划等重点任务,制定培训计划,强化政治、业务、执法"三训练"。年内共举办线上培训48期,8,553人次参训,线下培训10期,230人次参训;选派61人次参加总署集中调训13期,组织参加总署网络培训班44期,9,444人次参训。关区干部职工完成学时学分考核,习近平新时代中国特色社会主义思想、政治能力、业务能力、执法能力四个学习模块学分完成率为100%。

【学习宣传贯彻党的十九届五中、六中全会精神】 2021年,乌鲁木齐海关利用党委理论学习中心组学习、专题培训班、专家宣讲报告、"三会一课"等多种载体,综合运用"线下集中+视频直播""重点学习+研讨交流""集体学习+个人自学"等多种方式,认真学习宣传贯彻党的十九届五中、六中全会精神。3月31日至4月4日,举办处级干部学习贯彻党的十九届五中全会精神暨党史学习教育专题培训班;11月12日,召开党委理论学习中心组(扩大)会议第一时间学习传达党的十九届六中全会精神;12月3日至12月9日,举办党委理论学习中心组(扩大)学习暨党的十九届六中全会精神专题学习班。邀请上海市委党校、浙江大学、自治区党委党校等专家学者围绕党的十九届六中全会精神解读、新疆意识形态领域安全、新时期新阶段区域经济行稳致远等课程进行授课,不断提升关区党员干部运用系统观念从全局和战略高度准确把握海关工作的能力和水平。

【干部培训】 2021年,乌鲁木齐海关坚持把习近平新时代中国特色社会主义思想学习作为干部教育培训的首课主课必修课,邀请专家开展6场次专题辅导。开展党的十九届五中全会精神暨党史学习教育专题培训,组织关区353名处级干部参加集中调训,4,579人次参加网上专题班学习。在钉钉平台开设"微课堂"专栏,组织执法一线科长"微课堂"评比,组建关区宣讲人才库并开展宣讲活动。加强领导干部能力素质培养，实施"一把手"政治能力提升计划，举办关区各单位主要负责人、新提任处科级、衔级晋升等处科级领导干部专题培训班14期，2,839人次参训。加强专业能力培训，强化新冠肺炎疫情防控、国门生物安全、新制定规章制度培训，举办业务培训班和大讲堂49期，7,308人次参训。开展岗位资质线上练兵测试146次，4.81万人次参考；开展12场次岗位资质考试，1,431人次参考，711人次获得相应资质。组织76名新录用人员通过"线上+线下"的方式开展初任培训，连线"两红"基地、霍尔果斯铁路现场开展实践教学，10名学员获得全国海关初任培训表彰。

【教育管理】2021年，乌鲁木齐海关建制度、强规范、夯基础，不断提升教育管理工作质效。强化兼职教师动态管理，开展兼职教师选聘考核工作，将关区普法讲师团、事业单位专家纳入兼职教师队伍，年内兼职教师队伍增加到112人，其中5人入选总署兼职教师。录制课程课件55个，10个优秀课程入选总署课程库。推动"关校"合作，加强与上海海关学院、浙江大学、自治区党委党校、石河子大学、新疆大学的沟通协调，为关区开展党性教育、业务能力培训提供师资保障。制定培训班安全管理、学员培训封闭管理等制度规定，强化教学保密安全管理和监督，将疫情防控、消防安全演练作为培训第一课，强化培训期间食品安全、消防安全、交通安全。

（撰稿人：刘晓璐）

第四篇

业务建设

业务改革与服务发展

【概况】2021年,乌鲁木齐海关深化业务改革、加强统筹协调、做好通关服务,促进新疆外向型经济高质量发展。持续推进"两步申报"(第一步概要申报、第二步完整申报)、"两段准入"[指海关以进口货物准予提离口岸海关监管作业场所(场地)为界,分段实施"是否允许货物入境"和"是否允许货物进入国内市场销售或使用"两类准入监管(分别简称"第一段监管"和"第二段监管")的监管作业方式]改革,确保海关业务改革"问题清零"。梳理海关口岸新冠肺炎疫情防控职责,厘清口岸海关与地方政府疫情防控责任,落实疫苗等重要防疫物资审核要求,严防非法疫苗出境。着力优化口岸营商环境,持续巩固压缩整体通关时间成效。制定新形势下进一步加强口岸监管、持续深入打击洋垃圾走私工作任务分解表,推进打击洋垃圾走私工作。制定落实第八次全国对口支援新疆工作会议精神举措,上报总署获得总署党委委员、副署长邹志武批示,并取得总署各司局支持。落实国家区域发展战略和自治区"一港、两区、五大中心、口岸经济带"规划,制发《乌鲁木齐海关关于贯彻落实〈关于进一步推进霍尔果斯高质量发展的指导意见〉的实施措施》,出台促进塔城重点开发开放试验区高质量建设10项举措,以及支持新疆"三农"工作10个方面、25项举措。加大知识产权保护力度,加强技贸措施工作,落实海关技术规范制(修)订工作。

【业务领域改革】2021年,乌鲁木齐海关加大海关业务改革推进落实力度,主动承担总署深化完善"两步申报"专项工作,全面推广实施"两步申报"模式。加大进口保税货物、汇总征税业务"两步申报"推广力度,年内受理"两步申报"报关单3,775份。参与总署"推进业务协调联动专项工作组",推进"两段准入"公路/铁路信息化监管功能上线,稳步推进"两段准入"改革。推动落实业务改革问题收集反馈工作,拓展问题收集来源,组建业务领域专家队伍,提升业务改革问题报送质量,报送改革问题联系单49份,其中涉及业务改革问题40份。依托总署确定的基层海关和企业业务问题和建议收集工作点，启动点对点帮扶机制，第一时间建立"问题清零"工作群，成立"支持八钢发展专项工作组"，动态跟踪企业进口计划。年内赴企业实地调研12次，征集问题建议24条，现场解决20条、后续跟进解决4条。

【口岸开放与发展】2021年，乌鲁木齐海关实施更高水平跨境贸易便利化措施，促进外贸稳定健康发展，落实国家"十四五"口岸发展规划确定的目标任务。进一步服务口岸扩大开放，为《自治区"十四五"口岸建设规划（2021—2025）》《新疆沿边口岸经济带发展规划（2021—2035）》提供意见建议。完成喀什国际机场基础设施扩能改造，支持喀什—卡拉奇国际货运包机业务运行。推动完成伊宁国际机场口岸对外开放自治区预验收工作。积极推动乌鲁木齐铁路口岸申建国家一类口岸、吐鲁番机场临时开放。加强口岸基础设施建设，提升新疆陆路边境口岸基础设施建设水平和公共服务保障能力，指导完善口岸封闭式检查场地、危化品专用仓储场地、冬季检疫消毒处理场所等基本功能设施建设。升级改造道路交通设施，提升口岸交通物流条件。

统筹提升口岸新冠肺炎疫情防控和通关过货能力，多次组织召开协调会，积极参与总署、自治区政府边境口岸一线实地调研活动和相关问题协商，在全面做好疫情防控工作的基础上，落实国务院领导同志指示批示精神，积极献言献策，全力配合解决口岸货运通关积压问题。优化新疆铁路进境货物及运输工具疫情防控措施，推动解决铁路口岸拥堵问题；在公路口岸综合运用"甩挂运输""集装箱吊装""界桥交接"等非接触式作业模式，因地制宜、分类施策，确保公路口岸进出口货物通关顺畅。

【优化口岸营商环境】2021年，乌鲁木齐海关认真贯彻党中央、国务院决策部署和总署工作安排，积极推进"放管服"（简政放权、放管结合、优化服务）改革，优化口岸营商环境，促进跨境贸易便利化。制定《乌鲁木齐海关关于贯彻落实全国深化"放管服"改革优化营商环境电视电话会议精神的实施措施》《乌鲁木齐海关关于贯彻落实全国深化"放管服"改革着力培育和激发市场主体活力电视电话会议精神实施意见的落实措施》《乌鲁木齐海关深化"证照分离"改革进一步激发市场主体发展活力细化措施》《乌鲁木齐海关贯彻落实〈关于进一步深化跨境贸易便利化改革优化口岸营商环境的通知〉措施》《乌鲁木齐海关复制推广借鉴优化口岸营商环境促进跨境贸易便利化改革举措工作计划》等，并持续推进落实。深化行政审批制度改革，规范行政审批"一个窗口"建设，明确各级机构办理事项范围，实现行政审批"一网通办"。落实总署深化"证照分离"改革各项措施，动态调整乌鲁木齐海关门户网站行政审批服务事项目录和服务指南。取消"报关企业注册登记"和"进出口商品检验鉴定业务的检验许可"2项海关行政审批事项。全面实施口岸区域"口岸卫生许可证（涉及公共场所）核发"告知承诺改革，对于符合条件的当场作出许可决定。推动"口岸卫生许可证（涉及食品、饮用水）核发""从事进出境检疫处理业务的单位认定""海关监管货物仓储审批""出境动植物及其产品、其他检疫物的生产、加工、存放单位注册登记"等10项优化审批服务改革落地。年内办理行政审批479项。

【国际贸易"单一窗口"建设】2021年，乌鲁木齐海关积极参与国际贸易"单一窗口"建设，与自治区政府外事办公室（以下简称"自治区外事办"）建立联系协调机制。协调开展"单一窗口"标准版出口退税"金三版"系统、原产地证书签发等功能的推广应用，年内联合自治区外事办开展5次新增功能培训。配合自治区外事办加强"单一窗口"安全管理，积极发挥数据交换二级节点作用，处置系统拥堵、业务中断等突发情况，保障数据传输通道通畅，全年未出现不安全情事。推广"关银一KEY通"项目实现全疆各地（州、市）全覆盖。提高"单一窗口"客户服务质量，提升窗口服务质效。推进12345与12360热线归并工作，全年接听12360、95198等热线近14万个，办理热点问题及业务咨询392个。新疆"单一窗口"客户服务质量评分为100分。

【通关运行管理】2021年，乌鲁木齐海关运用"进出口报关单运行监控系统"，加强对关区各业务现场报关单的运行监控，分析研究各业务现场进出口整体通关时间，提高业务运行管理水平。聚焦重点领域和关键环节，通过数据分析实现业务运行事前、事中、事后的实时监控和对业务现场的有效预警。密切关注新冠肺炎疫情管控措施对进出口货物通关时效的影响，加强沟通协调，及时采取有力措施，在疫情防控常态化背景下保障口岸通关顺畅。巩固压缩整体通关时间成效，加强海关改革政策宣传，在充分尊重企业意愿的前提下，不断优化申报方式，鼓励企业运用"两步申报""提前申报"方式进行申报，实行"7×24小时"预约通关制度，提高通关效率。2021年，新疆口岸进口、出口货物整体通关时间分别为30.28小时、0.37小时，较2017年12月分别压缩66.52%、85.98%，比全国同期分别快6.36小时、1.37小时。

【技术性贸易措施和交涉应对】2021年，乌鲁木齐海关强化技术性贸易措施应对工作，调查了解技贸措施对企业的影响情况并指导做好交涉应对。对关区82家样本企业进行问卷调查，主动了解企业遇到的技贸措施问题并提出解决措施，向总署报送常规调查、专项调查报告及典型案例，促进外贸健康发展。密切关注新疆企业主要出口贸易伙伴和"一带一路"沿线国家（地区）因新冠肺炎疫情对中国实施技贸措施情况，以食品、农产品贸易管制措施和建设性措施为重点，动态加强信息收集、分析和研判。收集整理周边国家及相关贸易国家（地区）编制的法律法规和技术标准，与中国相关法律法规和技术标准进行比对，应对各类贸易措施对扩大动植物及其产品进出口所产生的影响。在乌鲁木齐海关门户网站、政务网站设置"技术性贸易措施动态"专栏，发布动态信息394条。积极开展分析研究，结合关区出口商品特点和口岸实际情况，及时研究存在的问题并报送总署和自治区政府，相关报告和信息被采纳20余次；征集技贸措施交涉应对案例52例，总署采用2例。邀请专家开展技贸措施"线上"专题培训，向总署推荐技贸措施业务骨干16名；积极争取在新疆建立具有产业特色的技贸措施研究评议基地，得到总署批复支持。

【知识产权海关保护】2021年，乌鲁木齐海关开展知识产权海关保护"龙腾行动2021"和"蓝网行动"。加强知识产权保护工作风险分析，按季度开展联合研判，提高精准布控水平。加强与自治区市场监督管理、公安和"双打"办的联系配合，完善协作配合机制，推动信息共享、联合打击、协同执法，向公安机关通报2起知识产权案件。强化宣传和业务培训，不定期组织开展执法督导检查，规范关区知识产权海关保护工作。主动走访关区具有知识产权保护需求、在国际市场被侵权或存在被侵权风险的企业，开展政策宣传8次，协助3家企业申请知识产权海关保护备案。在各级新闻媒体和新媒体平台发布102篇宣传稿件，广泛宣传知识产权海关保护相关法律法规及查获侵权货物成果，提高全社会对打击侵权工作的关注度和参与度，营造良好法治营商环境。年内，共查获侵权案件147起、查获侵权货物27.80万件、总案值333.85万元，同比分别增长141%、209.7%、185.8%。

▲2021年8月27日，霍尔果斯海关查获由铁路运输方式出口的侵权眼镜8,000副。（摄影：文恩龙）

（撰稿人：古丽拜尔·木沙　李玉婷
　　　　　张　耀　荣　瑛　阎俐臻）

法治建设

【概况】2021年,乌鲁木齐海关学习贯彻落实习近平法治思想,准确把握《法治中国建设规划(2020—2025年)》《法治社会建设实施纲要(2020—2025年)》《法治政府建设实施纲要(2021—2025年)》对推进全面依法治国的具体要求,按照总署统一部署,扎实推进法治海关建设,在制度建设、规范执法、全面普法、法治人才培养方面取得新成效,为建设社会主义现代化新海关提供了有力法治保障。年内,霍尔果斯海关被评为"2016—2020年全国普法先进单位""自治区普法工作先进单位",阿勒泰海关、喀什海关综合业务处被评为"2016—2020年自治区普法工作先进单位",石河子海关被评为"2016—2020年兵团普法工作先进集体",魏萍被评为"2016—2020年全国普法工作先进个人",吴振东获"全国海关优秀公职律师"荣誉。

【法规管理和技术规范】2021年,乌鲁木齐海关持续完善依法行政制度体系,开展制度强基工程。常态化开展制度清理审定工作,共清理文件397件,其中保留有效269件、修订39件、调出制度文件目录71件、废止18件。开展涉及行政处罚法、外商投资法的行政规范性文件清理,审定失效6件、继续有效2件。加强制度制定合法性审查,制(修)订《乌鲁木齐海关制度制定工作评审组工作规则》《乌鲁木齐海关业务制度管理办法》,对16项业务制度进行合法性审查,对14项制度评审提出修改意见45条。发挥政务网"制度管理"专栏和"电子制度汇编"专栏查询作用。主动参与海关规章立法和地方立法,对11部海关规章提出修改建议144条,对24项海关立法后评估项目提出44条评估意见,参与地方立法研讨5次。加强海关技术规范管理,17个技术规范制(修)订项目获总署批准,其中主办9项、参与8项;2个地方标准制(修)订项目获自治区批准;1篇特定技术规范解读被总署采纳;7人参与总署技术规范专业委员会工作。

【依法行政和复议应诉】2021年,乌鲁木齐海关持续推进依法行政,开展行政执法"三项制度"(行政执法公示制度、行政执法全过程记录制度、重大执法决定法制审核制度）专项检查，强化"三项制度"执行。规范案件审理委员会工作流程，动态监测行政执法人员海关执法证件使用。坚持法治监督常态化，开展2021年度综合执法检查，查找和梳理关区行政执法活动中存在的问题。持续跟进2020年度综合执法检查153个问题的整改落实，整改率100%。发挥行政复议化解行政争议主渠道作用，践行新时代"枫桥经验"。全年办理行政复议案件3起，终止2起，撤销1起，行政复议答复1起。高度重视行政复议诉讼反哺作用，开展典型案例"以案释法"培训2次，规范行政告知、送达、证据调查3类执法行为。

【法治队伍建设】2021年，乌鲁木齐海关高度重视法治宣传队伍建设，结合关区法治专业人才情况，成立关区普法讲师团，并加强规范化管理，制定《乌鲁木齐海关普法讲师团管理实施细则》。加强海关公职律师队伍建设，进一步规范公职律师管理和考核工作。截至2021年年底，关区共有公职律师11人（年内新增4人），公职律师覆盖率18%。

【法治服务和法治宣传】2021年，乌鲁木齐海关进一步做好法治服务保障，选好用好外聘法律顾问，发挥法制部门主体作用、公职律师基础作用和外聘法律顾问支撑作用，组织法规专家、公职律师、外聘法律顾问对国有企事业单位改制、民事合同纠纷等23件法律事务提出法律意见。对破产债权申报、进口固体废物属性复检、打击治理"水客"走私等提供法律支持。审核各类民事合同286份，办理对外出证事宜5件。落实"谁执法谁普法"普法责任制，细化15项措施、39项责任清单，由"谁执法谁普法"向"谁管理谁普法""谁服务谁普法"延伸。开展宪法宣誓等法治实践活动15次。围绕推进乡村振兴和落实新疆工作总目标，将普法宣传融入"我为群众办实事"实践活动，前往43家企业、19个"访惠聚"驻村工作点开展法治宣讲62次，入户宣讲220次。联合卫生健康、市场监督管理、科技协会等部门单位开展新冠肺炎疫情防控、国门生物安全、知识产权海关保护等法律法规宣传。聚焦工作重点，开展数据安全法、生物安全法、固体废物污染环境防治法、国家安全法、反恐怖主义法等法律法规宣传活动。加大媒体宣传力度，在《新疆日报》《中国国门时报》刊发普法宣传稿件30余篇。创新普法内容和形式，组织开展法律

▲2021年4月26日，和田海关开展世界知识产权日宣传活动。（摄影：游敏）

法规学习研讨、"线上"联学等活动4次。挖掘海关普法品牌内涵,完善霍尔果斯海关"全国法治宣传教育基地"阵地硬件建设,推动海关普法向外辐射,营造良好法治氛围。

(撰稿人:吴振东)

风险管理

【概况】2002年9月，乌鲁木齐海关成立风险管理委员会，2005年设立风险管理处协调关区风险管理工作，2017年成立乌鲁木齐海关风险防控中心，2019年1月更名为乌鲁木齐海关风险防控分局。2020年1月，乌鲁木齐海关作为全国首批试点，推动"两轮驱动"（推动实现科学随机抽查对安全风险防控整体面上的驱动、提升精准布控对安全风险防控关键点上的驱动）风险业务改革。

2021年，乌鲁木齐海关坚持总体国家安全观，围绕落实全国海关风险管理工作要点，着力推动风险管理工作向全领域覆盖、全链条延伸，关区人工分析布控查获率稳步提高，高质量查获率显著提升，打击固体废物、非法出版物及信息载体、濒危动植物及其制品走私等风险管理专项工作取得新成效。

【风险信息情报和风险预警】2021年，乌鲁木齐海关贯彻落实第八次全国对口支援新疆工作会议精神，发挥信息情报先导作用，申请设立乌鲁木齐海关风险情报工作站。充分发挥风险联络员作用，拓宽业务现场内、外部信息收集渠道，广泛收集风险信息、案件数据、重点企业或人员、趋势性情报、监管规定、业务知识、图片影像等信息情报资料。收集新冠肺炎疫情专项信息，报送新疆周边及重点国家（地区）新冠肺炎疫情输华风险分析报告，得到自治区领导批示肯定。风险管理部门加强与业务职能处室联系沟通，赴现场海关和企业开展实地调研，形成风险分析报告，及时做好风险预警工作。

【风险分析处置】2021年，乌鲁木齐海关发挥风险防控"上下协同、主动出击、资源共享、贴近一线"的特点，强化联合研判，加强风险分析和处置，统筹风险规则指令管理，加强贸易渠道和非贸渠道风险整体防控，提升风险布控有效性。

货运渠道。持续深化"两轮驱动"风险业务改革，紧紧围绕"全面嵌入、集约高效、精准靶向、纵深联动"的风险管理工作要求，研究制定提高关区风险管理人工分析布控质量相关措施，调整优化布控规则，科学匹配检查作业要求，规范查获结果录入。结合打击走私、知识产权保护等工作，开展以供应链为单元的风险分析和反物流货物风险布控，查获进口固体废物5起（共计1,300余吨，根据线索扩案到4,000余吨），濒危动植物及其制品13起，侵犯知识产权147起，受到总署相关司局通报表扬；查获假冒伪劣香烟1,769箱8.8万条，移交地方相关部门刑事立案4起。

邮递渠道。制订邮递渠道"清邮行动"方案，对高风险邮件来源国、物品品名、收寄人员和地址进行监控分析，针对涉及枪弹毒、濒危动植物及其制品、禁限类印刷品及音像制品等高风险邮件实施预定式布控、联合查验。邮递渠道主要查获国家管制类精神药品、淫秽物品、涉政治类有害物品、涉嫌侵权物品等。

跨境电商渠道。积极推进"断链刨根"专项行动，围绕跨境电商虚假交易风险，对关区进口跨境电商企业开展专项分析。健全跨境电商风险防控协同机制，强化邮件、跨境电商、一般贸易货物等渠道一体分析、联动处置。年内，跨境电商出口查获案件主要涉及申报品名不符；进口查获案件主要涉及含濒危、国家管制成分的保健品、过期奶粉等。

后续风险管理。组织召开业务风险联合研判44次，通过人工风险分析和布控查验移交缉私案件线索，人工分析刑事立案超过风险分析移交立案历年总和。提炼涉税风险参数，对参数成效实施常态化评估，形成参数定制、应用、评估和修正良性循环，提升布控的科学性和合理性。按规定移交出口骗退税风险线索，布控查发多起涉嫌出口骗退税违规情事。

【大数据应用】2021年，乌鲁木齐海关推动建设以正面防控清单、黑名单、影子商品库、高风险对象库、资料库为主要内容的"两单三库"风险管理机制，为开展精准布控提供数据支撑。加强云擎系统应用，做好海关风险管理子系统（HF2020）全面应用工作。协助总署风险管理司在乌鲁木齐市举办海关大数据应用暨送教上门专题培训班。开发大数据应用模型66个，其中贸易渠道49个、邮递渠道8个、跨境电商渠道7个、旅检渠道2个，提升风险管理科技化水平。

【口岸风险联合防控】2021年，乌鲁木齐海关持续深化口岸安全风险联合防控工作，与成员单位建立信息共享、联合研判、数据交换、情报共享机制，助力精准防控。全年走访自治区商务厅、生态环境厅、公安厅等单位25次，交换相关数据1,546条；按要求移交缉私线索，组织召开专题会议，整理共享有关资料，同时向总署风险管理司报送相关信息。

(撰稿人：索金玲　王　泉　郑廷彰　马小龙)

税收征管

【概况】2021年,乌鲁木齐海关持续深化改革提升税收征管成效,自报自缴率、电子支付率排名分别列全国海关第2位、第17位。积极推进属地纳税人管理工作,提高精准服务水平。推进行邮税征管应用系统"财关库银"全面上线应用。深化海关税款担保改革,创新税收担保模式,实现"企业集团财务公司担保"零突破。做好税收条线风险防控,探索建立关税与稽查、风险防控、缉私等部门协作机制。认真落实国家"十四五"进口税收优惠政策,积极参与应对中美经贸摩擦,支持丝绸之路经济带核心区建设,积极建言献策,持续推动国内外市场更好联通、促进外贸稳中提质,增强企业获得感。落实国务院关于加快做好《区域全面经济伙伴关系协定》(RCEP)生效实施有关工作的部署,做好RCEP原产地规则和关税减让生效实施准备。

【税收征管】2021年,乌鲁木齐海关认真落实各项减税降费措施,加强面向行业企业的调研,科学研判外贸形势和税收走势,做到依法科学征管,为中央财政收入增收和"六稳""六保"做出积极贡献。全年征收税款127.38亿元,同比下降1.58%;天然气返税26.39亿元,同比增长33.62%;税款实际入库100.99亿元,同比下降7.91%。其中,入库关税3.03亿元,同比下降41.34%;入库进口环节税97.96亿元,同比下降6.26%。全年共审核办理征免税通知书35份,同比下降92.81%;审核减免税总额672.12万元,同比下降92.22%。征收行邮物品税2,249票、征税68.85万元。

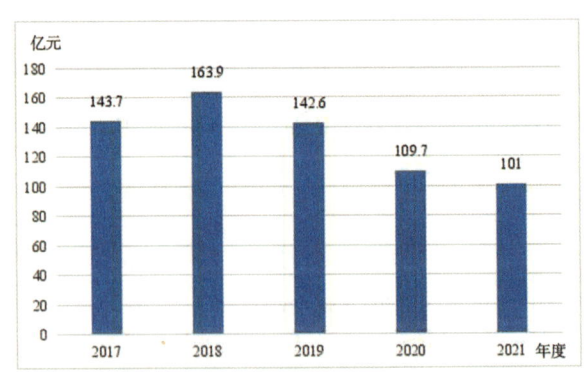

▲2017—2021年乌鲁木齐海关税收入库情况图

【综合治税】2021年,乌鲁木齐海关统筹做好税款"增"与"减"两篇文章,以质"增"量,深化综合治税。加强税收进度监控分析，既关注大税源征管，涵养税源、扩大税基，更聚焦高风险排查，防范税款流失。强化征管指标监督考核，开展税收征管领域业务自查，落实整改薄弱环节，有效提升税收征管质量。落实"内强本领、建强队伍、外优服务、确保进度"的税收工作培训目标，统筹业务培训和岗位练兵，开设8期"税管课堂"，培训隶属海关税收征管岗位650余人次，实现规范执法操作、防范税收风险、促进考核指标提升的良性循环。全年处置验估指令230条、处置及时率100%，验估有效率97.52%；办理归类专业认定8份、预裁定13份。

【税收风险防控】2021年，乌鲁木齐海关落实总署风险排查处置指令，加强风险研判，坚持问题导向，改进和完善涉税稽查指令和线索移交缉私协同机制，重点加强指令、线索排查效能的评估和反馈，打击偷逃税违法行为，筑牢税收安全防线。严防破产重整企业产生涉税风险，指导完成乌鲁木齐航空有限责任公司破产重组清算及债权申报。分析提炼报送税收风险信息及参数建议207条，涉及大宗矿产品、木材、玉石、化工产品等，对关区重点商品开展价格监控核查，要求相关企业完成磋商估价补税；主动参与后续风险研判分析，税收风险信息互通44次，通过缉私、稽查等工作实现补税金额大幅增长。

【原产地管理】2021年，乌鲁木齐海关聚焦优惠贸易协定实施和原产地证书签发，围绕"创效、创优、创新"工作法，持续加强对原产地签证管理办法和各种原产地规则等法律法规和优惠政策的宣传力度，成立关区RCEP专班，积极研究宣传国务院关于加快做好RCEP生效实施有关工作的部署，做好RCEP原产地规则和关税减让生效实施准备。同时，推广原产地证书自助打印，帮助企业快速申办原产地证书，助力新疆外贸企业开拓国际市场。全年签发14种原产地证书5,538份，预计可帮助企业在境外享受关税优惠近1.13亿元。

（撰稿人：马迪娜　艾合太木古丽·艾海提　杜　萱）

卫生检疫

【概况】2021年，乌鲁木齐海关围绕全国海关卫生检疫工作会议精神，将新冠肺炎疫情防控作为重中之重，始终坚持"外防输入、内防反弹"总策略和"动态清零"总方针，科学精准、严格规范执行防控措施，确定"六抓""十到位"工作要求，毫不松懈抓好疫情防控工作，坚决把好"外防输入"国门关口。认真贯彻落实总体国家安全观，完善口岸国门生物安全体系，坚决筑牢口岸检疫防线。夯实卫生检疫工作基础，提升队伍能力，开展卫生检疫资质考试，276人取得国境口岸卫生监督员资质，271人取得卫生检疫员资质，11人取得卫生检疫医师资质。采用视频连线、送教上门、跟班学习等方式，开展卫生检疫专业技能和知识培训20余次，培训人员4,100余人次，组织开展应急处置演练30余次。

【检疫管理】2021年，乌鲁木齐海关深入研究口岸公共卫生核心能力建设规范要求，结合新疆各口岸特点和实际，推动完善"政府主导、企业主责、海关主管、部门联动"工作机制，强化应急处置沟通机制，持续巩固关区口岸公共卫生核心能力建设成果，维护口岸公共卫生安全。梳理修订《乌鲁木齐海关口岸应对突发公共卫生事件处置预案》，细化突发公共卫生实际风险评估、处置信息公开、后续管理、行动保障及培训演练工作要求，加强与地方政府及卫生健康、疾病预防控制等部门联系沟通和联防联控，及时调整应急处置专业组，进一步完善关区突发公共卫生事件应急管理体系。根据关区卫生检疫业务特点，建立组长单位负责制，成立卫生检疫、卫生监督和核心能力建设专家工作组，提炼并推广乌鲁木齐海关工作经验，不断提升业务能力。通过健全口岸卫生检疫联防联控机制，持续推动各级政府健全医疗卫生专业人才培养机制，提高口岸公共卫生风险处置能力。

【卫生监督】2021年，乌鲁木齐海关进一步完善口岸卫生监督体系，制定《乌鲁木齐海关2021年国境口岸卫生监督工作计划》，各口岸海关规范开展卫生监督工作。细化落实卫生监督"双随机、一公开"规定，推进卫生许可"证照分离"改革措施落地落实。制订《2021年乌鲁木齐海关国境口岸食品安全抽检实施方案》，完成食品安全抽检检测工作任务，抽样并送实验室检测559份样品，现场抽样快速检测215份样品，检出不合格产品4批次，要求责任单位采取停制停售、更换设备等措施进行整改。大力推进乌鲁木齐地窝堡国际机场创建国际卫生机场工作，成立以主要负责同志为组长的领导小组，加强沟通交流，推动相关部门将创建国际卫生机场设施建设要求纳入乌鲁木齐机场四期改扩建工程，持续推进创建工作。

【病媒和疾病监测】2021年，根据《国境口岸病媒生物监测规定》《边境病媒生物专项监测工作方案（试行）》要求，关区各口岸海关认真开展鼠类及其寄生物（蚤、蜱、螨）、蚊类、游离蜱、蠓蠛的边境病媒生物专项监测工作。年内开展病媒生物监测348次，开展病原体检测1,975次，捕获哺乳动物3目8科19属26种733只，采集鼠类寄生物蚤类941只、蜱9只、螨62只，捕获蚊虫2属5种469只，捕获游离蜱1属1种3只，捕获蠓蠛1属2种2,302只。积极参与总署"一带一路"重点口岸病媒生物专项监测，重点针对中蒙边境口岸开展监测工作。

▲2021年5月29日，哈密海关关员在中国—蒙古国边境地区开展病媒生物监测工作。（摄影：聂淼）

坚持"多病共防"，密切监测全球各类重大烈性、重点关注、新发突发传染病疫情形势，及时组织风险研判，做好公共卫生风险应对。落实总署卫生检疫司全球传染病疫情监测任务，积极参与全球传染病疫情和陆上邻国疫情信息监测，制发《中亚五国新冠肺炎疫情风险研判报告》331期、《陆上邻国风险评估报告》15期。持续做好出入境人员健康服务和监测体检工作，开展国家安全教育日、全国疟疾日、世界艾滋病日等宣传活动。

（撰稿人：阿克来木·卡得尔）

动植物检疫

【概况】 2021年,乌鲁木齐海关落实总体国家安全观,贯彻全国海关动植物检疫工作会议精神,持续加强国门生物安全建设,深化海关检疫业务改革创新,筑牢国门安全防线。持续加强国门生物安全风险防控和治理体系建设,织牢织密国门生物安全风险监测预警网络,强化系统治理和全链条防控,完善快速应急响应机制。积极参加"三智"合作先行先试项目和智慧动植检工作,深化中亚生物安全通道建设研究。扎实开展动植物检疫防控能力示范口岸创建工作,喀什、阿拉山口等7个隶属海关通过"动植物检疫防控能力提升示范口岸"考核。组织开展动植物检疫业务视频培训12次,举办能力提升岗位练兵和技能比武竞赛,审核推荐14人次取得动植物检疫签证官资质。举办"共筑国门生物安全屏障 共建和谐稳定大美新疆"科普展,举办国门生物安全"天山论道"讲坛4期、动物检疫讲座10场次,征集书画作品7幅、推送宣传动画新闻等8篇,宣传受众近5,000人次。

【进出境动物检疫】 2021年,乌鲁木齐海关持续强化境外非洲猪瘟、非洲马瘟、高致病性禽流感等重大动物疫情防控,重点关注中亚生物安全通道建设和进口种用动物的隔离检疫工作。在查获的高鼻羚羊角中检出一类动物疫情,按要求做好检疫处置,严防动物疫病疫情扩散。指导完成进口种猪等隔离检疫工作,做好进口遗传物质检疫监管,支持新疆畜牧业高质量发展。开展10次职能监控分析会,利用海关内部控制与监督子系统(HLS2017)等查发问题77个,纠正业务偏差163次,补证225份,完善管理制度4个,规范12个示范创建项目工作流程,发布政策解读12条,在乌昌海关建立SPS(实施卫生和植物卫生措施协定)服务点,有效推动关区动植物检疫工作法治化、制度化、标准化。

【保障法国种猪安全引入】 2021年6月,北京一家外贸公司获批进口法国种猪1,900头,使用单位为新疆两家种猪繁育公司。8月27日,997头杜洛克、长白、大白种猪自乌鲁木齐地窝堡国际机场入境,经口岸查验合格后,运抵进境种猪隔离检疫场，在乌鲁木齐海关和地方联防联控机制的严格管控下，顺利完成隔离检疫工作，916头健康种猪于11月1日解除隔离，乌昌海关出具相关证书，并对检疫合格的种猪予以放行。

【在截获高鼻羚羊角中检出一类动物疫病】乌鲁木齐海关对查获的2,530根高鼻羚羊角进行风险研判后，现场采取样品235份，开展口蹄疫、炭疽、小反刍兽疫、羊痘、牛结节疹5种疫病实验室检测。经乌鲁木齐海关技术中心检测，检出口蹄疫病毒核酸（亚洲Ⅰ型）阳性5份、口蹄疫病毒核酸（A型）阳性28份、小反刍兽疫核病毒核酸阳性5份，阳性占比14.07%。其中口蹄疫亚洲Ⅰ型已于2018年农业部发布第2635号公告中正式退出免疫。

【承办中哈马属动物疫病检测技术培训会】11月29日至30日，中国—哈萨克斯坦马属动物疫病实验室检测技术培训会在乌鲁木齐和哈尔滨同时召开，会议主题为"智享联通，推动标准互联、技术共享"。会议由总署主办、乌鲁木齐海关承办，乌鲁木齐海关、中国农业科学院哈尔滨兽医研究所、"一带一路"动物疫病防治联合中心、世界动物卫生组织（OIE）和亚洲开发银行联合举办。哈尔滨兽医研究所、英国威布里奇动物和植物卫生局、青岛海关技术中心、乌鲁木齐海关技术中心相关专家分别讲解马传染病实验室诊断技术。哈萨克斯坦国家和地方兽医实验室、哈萨克斯坦赛福林农业技术大学派代表参加了视频培训。参训的哈方同行对培训内容予以高度评价，双方还就关注问题进行了交流。

【承办口蹄疫无疫官方认可技术交流会】按照总署外事培训计划，乌鲁木齐海关于11月25日至26日承办了"口蹄疫无疫官方认可技术交流会"，党委委员、副关长兰胜斌参加开幕式并致欢迎辞，介绍了中国在SPS协定框架下实施进出境动物检疫措施研究取得的成就、国际动物疫病区域化管理对CAREC（中亚区域经济合作组织）成员开展对华贸易的促进作用，建议与会国家坚持"共商、共建、共享"原则，不断提升贸易高质量发展水平。总署国际检验检疫标准与技术法规研究中心、OIE总部、OIE口蹄疫参考实验室、哈萨克斯坦农业部兽医控制和监督委员会、南京海关、乌鲁木齐海关相关人员围绕中国对境外口蹄疫无疫认可、OIE口蹄疫无疫官方认可、输华动物及其产品的进口要求及检疫准入程序等内容进行了交流发言。

【进出境植物检疫】2021年，乌鲁木齐海关加强检疫性实蝇、番茄褐色皱果病毒、梨火疫等重大植物疫情疫病监测，重点关注进境粮食、木材、种子苗木等传带动植物疫情和外来入侵物种风险较高的货物。强化贸易渠道检疫监管，提高植物疫病疫情防控的精准性和有效性。全年在1,205批进境植物及其产品中检出有害生物，检出率为5.44%，检出批次同比下降

27.33%；截获进境有害生物133种、13,331种次，同比分别下降30.72%、29.61%，其中截获检疫性有害生物12种、154种次，同比分别下降25%、4.35%，主要为齿小蠹属（非中国种）、小花牛舌草、单柱菟丝子等。强化非贸渠道检疫监管，充分利用机检、工作犬、智能审图等手段，加强对进境寄递物及旅客、运输工具服务人员、进境边民携带行李物品的查验。开展国门生物安全监测，设置实蝇监测点230个，监测到我国关注的检疫性实蝇3种、检疫性杂草6种。强化外来入侵物种口岸防控，重点开展"国门绿盾2021"等专项行动，截获外来入侵物种69种次。调运进口优质种苗60.32吨，涉及4大类、248个品种，种植面积约6.73万亩。合理优化调整系统抽批取样规则，检出未批准转基因成分70批次、霉菌总数超标4批次，实施退运及销毁30批次。强化境外源头管理，联合乌兹别克斯坦和吉尔吉斯斯坦共享境外有害生物监测成果，远程视频检查乌兹别克斯坦输华甜瓜及石榴果园和包装厂9家、哈萨克斯坦输华饲用大麦粉及麦麸颗粒企业10家。

【开展国际植物检疫线上交流培训】9月29日至30日，乌鲁木齐海关通过视频会议方式，面向乌兹别克斯坦开展国际植物检疫技术交流培训。中方专家围绕植物检疫风险分析与评估、国门生物安全监测、实验室研究及鉴别、田间监测检疫技术以及输华水果注册登记等主题进行授课，并现场解答乌方参训人员提问。乌兹别克斯坦国家植物检疫和保护总署及其各地区隶属部门、植物病虫害及杂草防治管理总局、中央植物检疫实验室、植物检疫内外监管局及各地区分支部门、植物检疫和保护各地区分局、植物检疫风险分析与评估局、植物检疫和保护科研所、乌兹别克斯坦驻中国大使馆等相关部门的植物检疫专家、官员、实验室技术及研究人员近600人参加活动。

（撰稿人：郭　玺　黄　涛）

▲2021年8月4日，阿勒泰海关关员开展沙棘绕实蝇监测和防治工作。（摄影：马超军）

进出口食品安全监管

【概况】2021年，乌鲁木齐海关贯彻落实食品安全"四个最严"要求，毫不松懈抓好进口冷链食品新冠肺炎疫情防控，稳步推进进口食品"国门守护"行动。强化进口食品全链条监管，严格进口前准入、进口时检验检疫、进口后续监管，组织开展出口食品境外官方通报核查。深入企业了解困难诉求，服务新疆进出口食品化妆品企业发展。强化沟通合作，深入分析新疆周边国家输华食品贸易状况、合格评定情况及冷链食品疫情防控情况，构建食品安全国际共治局面，促进"一带一路"沿线国家（地区）优质资源性食品扩大进口。践行"三智"合作理念，凝聚国内外合作研究资源，以优化营商环境、服务外贸为导向，推动2项食品类科研项目分别获得总署、自治区立项。完成"丝绸之路沿线国家酒类流通管理及推广研修班"等3个国际研修班的进口酒类海关监管主题研讨与培训授课。

【进口食品检验检疫】2021年，乌鲁木齐海关以进口冷链食品新冠肺炎疫情防控为重点，强化进口食品检验检疫工作，成立关区严防新冠病毒通过进口冷链食品输入风险应对工作专班，制订工作方案，组织开展视频培训，强化数据上报、信息搜集、风险研判等工作，坚持进口冷链食品数据日报制度。完善阳性案例应急处置预案，开展演练与观摩。紧盯关键环节、工作结合部，通过"四不两直"及视频检查方式加强业务督导，进一步规范抽采样、人员防护、消毒处理等工作。依托地方联防联控机制密切与相关部门的联系配合。

深入开展进口食品"国门守护"行动，检出不合格进口食品21批，不合格率为1.14%，均作退运或销毁处理。执行进口食品监督抽检与风险监测计划，抽检进口油籽类、干制水果、食用植物原油、蔬菜类罐头、坚果和籽类等进口食品364批，完成检验项次4,355个。对19批进口干果、坚果、婴幼儿奶粉、口红、面膜实施风险监测，完成检验监测项目221个。

【促进优质食品扩大进口】2021年，乌鲁木齐海关完成19家境外猪肉、牛肉、蜂蜜等食品生产加工存放企业注册评审，配合总署开展食品准入前风险评估，拟制、审核哈萨克斯坦豌豆、兵豆检验检疫议定书2份，推动乌兹别克斯坦输华沙枣干、李子干2种食品获得输华准入。积极争取进口食品检疫审批权限下放，新增921项动植物源性食品检疫审批终审权限，办理4批次检疫审批，植物源性、动物源性食品检疫审批平均用时同比分别缩短85%、76%。在风险评估基础上，优化调整哈萨克斯坦输华葵花籽检疫监管模式。开展新疆进口冰鲜水产品"附条件提离"监管模式探索研究。

【出口食品检验检疫】2021年，乌鲁木齐海关加强出口食品检验监管，修订《出口食品检验检疫工作指引》等6项制度，认真开展出口食品境外官方通报核查，积极应对新疆出口蔬菜被通报检出番茄褐色皱果病毒情事，监督企业整改到位。加强出口食品监督抽检与风险监测计划，开展质量问题产品专项整治和区域集中整治，推动关区出口食品质量提升。抽检出口食品230批、完成检验项次808个，检出不合格2批，作不准出口处理。采取强化技贸措施培训、持续开展政策调研、推动企业认证、促进贸易便利化、发挥关企合作优势、推动跨部门协作6项措施，帮助新疆出口番茄酱企业应对各种不利因素，解决现实困难，推动新疆番茄酱出口贸易持续健康高质量发展。开展进口食品安全口岸行、食品安全进校园、食品安全在线访谈等食品安全宣传周、质量月系列活动及讲座122场次，参加人数5,000余人次。

▲2021年9月15日，伊宁海关关员在出口食品企业开展监督抽样。（摄影：曾侠）

【加强进出口食品安全信息和风险预警工作】2021年，乌鲁木齐海关开展有关国家（地区）食品安全管理体系及准入研究，收集亚美尼亚、吉尔吉斯斯坦、土库曼斯坦、塔吉克斯坦、格鲁吉亚5国食品安全法律、技术法规38部，编写亚美尼亚、吉尔吉斯斯坦食品安全管理体系研究报告2份。收集马来西亚、菲律宾、泰国、新加坡、越南5国预包装食品标签技术法规，为下一步开展东盟国家食品标签技贸措施研究做好准备。

（撰稿人：王　瑶）

商品检验

【概况】2021年，乌鲁木齐海关持续优化进出口商品检验模式，完善进出口商品质量安全风险预警和快速反应体系，加强进出口危化品、大宗矿产品、防疫物资等重点敏感商品检验监管，严把商品质量安全关。通过采取压紧压实责任、优化检验模式、持续开展培训、加强监督检查等措施，严密危化品检验监管。对进口铁矿实施100%固体废物现场排查，防止固体废物"借道"再生金属原料进口，探索便携式固体废物快速排查仪在业务现场的使用，坚决防止洋垃圾入境，维护生态安全。做好进口高风险非冷链集装箱货物外包装检出阳性情况处置和信息通报，精准迅速落实疫情防控要求。加强出口化肥、进口煤炭等大宗商品检验监管，深化"先放后检""依企业申请"改革，在维护产业链供应链安全稳定、促进外贸稳增长方面有效发挥海关职能作用。

【进口商品检验】2021年，在总署进出口商品质量安全风险监测计划框架下，乌鲁木齐海关结合关区实际，重点针对进出口消费品、儿童用品、家用电器等商品质量安全项目，完成2021年法定检验商品以外进出口商品抽查检验及风险监测100批次。发挥乌昌海关国家级质量安全风险监测点的作用，向总署商品检验司报送3篇专项分析报告，为优化商品检验工作模式提供数据支持。推进在霍尔果斯国际边境合作中心海关设立国家级进出口消费品质量安全风险信息监测点，以点带面推进风险监测工作。牵头完成"国家能源安全新战略背景下跨境管输能源分析研究"署级课题研究工作。充分利用科研院所、高等院校等资源，加强政策研究，围绕"新疆地区进口矿产资源"等专题形成5篇调研分析报告，为进出口商品质量安全风险预警和处置提供有力支撑。全年检验监管进口天然气2,842.53万吨，货值84.99亿美元；检验监管进口矿产品695.17万吨，货值28.77万美元；检验监管进口原油1,007.82万吨，货值45.74亿美元，扣杂8,335.24吨。

【出口商品检验】2021年，乌鲁木齐

海关多措并举助力新疆商品扩大出口。严选二手车出口企业，从源头把控出口二手车质量，助推出口二手车199辆。深入研究美国对兵团SDN制裁具体内容，在严格落实海关监管要求的基础上，针对企业面临的出口产品受阻难题，提出合规化工作措施和建议。开展美国制裁兵团和影响新疆棉花、多晶硅制品出口的专项分析，研判国外政策对新疆经济和社会发展的影响，积极研提解决措施，有效帮助兵团及新疆重点企业应对风险。加强新疆周边国家法规标准信息收集、翻译、研究，建立周边国家法规标准资料库，开展欧亚经济联盟机电产品市场准入研究。利用中哈边境海关负责人会谈，就哈萨克斯坦实施标签管理进行对接，深入了解其监管措施和实施时间，为新疆产品出口提供有力支持。

【禁止固体废物入境】2021年，乌鲁木齐海关保持禁止洋垃圾入境高压态势，严格落实进境矿产品100%固体废物排查要求，建立快速筛查机制，关区属性鉴别货物批次同比下降67.35%、鉴别平均时长同比压缩71.4%，查获批次同比增长400%。加强与风控、缉私部门的联合研判，确定关区高风险商品及企业，提升监管针对性和精准性。推广"一次评估、关区通用"模式，通过叠加大型集装箱/车辆检查设备（H986）对进口固体废物实施100%过机查验、引入固体废物多模探测仪远程指导等技术手段，完善早期预警、实时监测、远程鉴定、快速检测等技术的研发应用，形成"境外风险预判+口岸精准布控+现场快速排查"的工作体系，口岸技术执法能力进一步提升。

【进出口危险品及其包装检验监管】2021年，乌鲁木齐海关聚焦危险品及其包装检验监管领域，建立危险品监管全链条责任机制，细化完善工作制度8项，收集技术标准270余份，形成涵盖"总体要求+特殊规定+现场操作+人员防护+应急处置"的制度体系。开展进口原油、天然气、液化石油气等专项风险分析，提出4条建议被总署采纳。通过优化监管模式，关区危险品通关效率压缩50%以上。定期汇总进出口危险品检验数据和典型案例，组织开展业务培训，解读法律法规标准要点。危险品及其包装不合格查发率较2020年提高33.3%，危险化学品监管能力全面提升。

▲2021年11月27日，库尔勒海关严格落实监管要求，保障辖区化工产品安全出口。（摄影：孙歆）

【"万人争先"线上练兵】2021年，乌鲁木齐海关加强商品检验业务条线队伍建设，积极组织参加全国海关商检领域进出口危险品及其包装检验监管"万人争先"线上练兵。组建706人的练兵队伍，收集汇总教材300余份，提炼知识点1,000余条，编写试题4,000余道，制作教学课件16个，覆盖危险品及其包装检验监管全链条，其中5个课件被总署采纳。对关区42名骨干进行集中攻坚培训，举办岗位尖兵、业务普及、强化冲刺线上测试124期，参与率100%，平均成绩90分以上。历时2个多月努力，乌鲁木齐海关在全国42个海关中荣获"团体八强"称号，4名关员进入全国海关"百强"名单，危险品检验队伍能力有效提升。

【重点产品专项调研】2021年，按照总署相关工作部署，为促进构建国内国际双循环发展格局，保障产业链供应链安全稳定，乌鲁木齐海关成立专班开展集中工作，制订方案明确目标，确定调研计划细化分工，积极开展重点产品专项调研工作。派员前往自治区商务厅、工业和信息化厅、农牧业机械管理局等部门了解相关情况，赴新疆钵施然智能农机股份有限公司、新疆生产建设兵团棉麻公司、铁建重工新疆公司、石河子天佐种子农机有限公司等企业进行调研，广泛收集国内和国际棉花采摘机市场相关资料，通过对进出口业务、产品工艺流程、产业技术状况、产业链发展等资料的调研汇总，分析我国棉花采摘机产业现状以及与国际先进水平之间的差距，找出制约我国棉花采摘机产业发展的因素，积极研提国产棉花采摘机补短板的相关建议，为促进国内农机转型升级提供有力支持。形成的重点产品专项调研报告通过总署评审，得到党和国家领导人批示肯定。

【推进大宗商品检验监管改革】2021年，乌鲁木齐海关深入推进"放管服"改革，对进口铁矿、锰矿、锌矿及其精矿、铅矿及其精矿、铬矿及其精矿、原油6类商品实施"先放后检"改革，货物经海关现场检验合格后可直接提离；对全部进口大宗资源性商品不再强制实施数量重量鉴定，改为企业根据需要自愿申请。监管方式调整后，相关货物通关时效显著提升，实施"先放后检"模式后，新疆口岸进口矿产品整体通关时间压缩至4至5小时，部分公路口岸最快可在2小时内验放，可为企业平均节约相关费用每天每车240元。通过出具进口原油、矿石等产品的重量、品质证书协助企业成功对外索赔，仅原油进口就为企业挽回损失400.17万美元。

【支持特色优势产业发展】2021年，乌鲁木齐海关开展新疆主要贸易伙伴劳动密集型产业发展状况研究，制定措施促进新疆纺织服装等劳动密集型产业开放发展。主动加大政策宣讲力度，组织系统内外专家在阿克苏、阿拉山口、喀什等地开展宣讲8场次，就海关优惠政策、周边国家市场准入要求等内容进行讲解，惠及83

家企业、180余人，指导企业科学规划发展方向，有效应对国外相关措施。加强新疆纺织服装、机电等特色优势产业专题研究，相关报告获得自治区党委、政府领导批示9篇次。全年纺织服装出口额同比增长59.00%；出口危险品种类明显增长，贸易国家（地区）增至100多个。

（撰稿人：陈　重　赵家莉）

口岸监管

【概况】2021年，乌鲁木齐海关落实总体国家安全观，贯彻全国海关口岸监管工作会议精神，筑牢国门安全防线，深化关区口岸监管制度建设，强化监管优化服务。按照"一口岸一方案"原则，动态调整各口岸通关政策，实现新冠肺炎疫情防控和口岸畅通双目标。持续推进安全生产专项整治三年行动，开展关区安全风险隐患排查和整改落实，健全安全生产长效机制。围绕建党100周年等重要节点，落实重大活动期间业务监控和运行保障值班制度。持续深化改革攻坚，统筹开展新业务新业态，关区跨境电商由单一的B2C（企业面向消费者）出口向B2C、B2B出口共同发展转变。全力保障全国首票"铁路快通"业务在新疆成功落地。全年经由新疆口岸进出境中欧班列12,210列，同比增长21.5%，占全国八成以上。配合总署完成中哈"关铁通"项目试运行准备工作。作为总署试点单位，在全国首批推行5个隶属海关三级监控指挥中心实体化运行，在总署指挥中心摄像点位在线率考核中保持"优秀"等次，口岸监管水平显著提升。

【运输工具监管】2021年，乌鲁木齐海关结合新冠肺炎疫情防控要求，加强口岸进境运输工具、集装箱消毒通道建设，组建工作专班，科学规范实施进境运输工具、集装箱预防性消毒，经消毒效果评价合格的运输工具、集装箱，准予进入口岸出口货物查验监管场地，装运货物后"甩挂"出境，提高货物出口转运效率。启动口岸新冠肺炎疫情防控专项评估机制，依照有关工作方案和技术规范，对各口岸自行制定的疫情防控措施进行再评估，停止不必要的重复检测和预防性消毒，进一步优化细化口岸封闭管理措施。充分利用与铁路部门的联系沟通机制，及时协调解决遇到的问题，形成工作合力，实施入境班列铁路换装作业与企业申报、海关查检手续同步进行，海关监管与铁路业务实现无缝衔接，积极协助铁路部门保障"准轨换宽轨"列车高效通关。抓好进境航空器终末消毒监督落实。

【推行"铁路快通"新模式】2021年，乌鲁木齐海关立足总署推出的"铁路进出境快速通关业务模式"（以下简称

"铁路快通"),有效提高境内段铁路进出口货物转关运输通行效率和便利化水平,降低企业运营成本。在助推铁路口岸国境站提质扩容,增强物流高质量发展内生动力,帮助进出境铁路列车负责人结合口岸通畅程度、线路忙闲状态、列车运力余量,提前做好运输资源安排调配等方面成效显著。

实施"铁路快通"模式后,企业无须办理转关手续,亦无须赴口岸地海关办理舱单归并、分票等业务,有助于企业节省运营成本。海关与铁路部门通过交互境内外物流数据,共享关键作业环节信息,实现对海关监管力量、铁路运输资源的提前合理调度分配,提升口岸通行能力和货物换装效率。据统计,"铁路快通"模式下,单列班列口岸通关作业平均耗时减少2至3小时,节省成本近1万元。9月10日,全国首列"铁路快通"出境中欧班列在乌鲁木齐国际陆港区首发,全国首列"铁路快通"进境中欧班列在霍尔果斯铁路口岸进境。

▲2021年9月10日,全国首列出境"铁路快通"中欧班列从乌鲁木齐国际陆港区驶出。(摄影:靳小龙)

【货物监管查验】2021年,乌鲁木齐海关在做好新冠肺炎疫情防控的前提下,根据不同运输方式特点采取区别化通关模式,最大化畅通口岸货运通道,结合全疆口岸实际,综合运用"甩挂运输""集装箱吊装""界桥交接"和"无陪同"查验等监管方式,畅通内外双循环、保障跨境运输便利化,指导各口岸灵活运用多种"无接触"物流模式,稳慎推动公路口岸恢复国际货物运输。在喀什海关探索开展货物检查复查复验工作。落实总署支持中欧班列发展10项措施,细化制定乌鲁木齐海关12项举措,全面整合优化监管环节,建立健全与班列始发、沿线海关合作机制,提高铁路口岸通行效率。成立货运包机监管专班,结合空运口岸及货物监管实际,科学制订航空器与货物监管方案,推行"互联网+预约通关"模式,征集了解企业通关诉求,进一步理顺空运货物仓储、规范货物件重、出口货物各作业环节顺畅衔接,指导优化监管作业场所布局避免货物积压,保障货运航班通行顺畅。

【快件邮件和行李物品监管】2021年,乌鲁木齐海关落实《海关总署关于深入推进进出境邮递物品监管改革的通知》,持续推进进出境邮递物品监管改革和邮检作业场地建设。加强与中国邮政集团公司新疆分公司联系沟通,多次实地调研,提出具体建设意见建议。6月,乌鲁木齐新建邮检作业场地正式开展出境邮件监管业务。根据总署统一部署,会同重庆、杭州、郑州、广州海关研究制定《中欧班列进出境邮件海关监管操作规范》口岸监管内容。充分发挥CT机、X光机等科技监管设备作用，对图像判断为印刷品的邮件100%布控及开拆验视，加大对来自重点国家和地区邮件的检查力度。将风险管理机制引入实际监管，将各类印刷品和音像制品列为高风险物品，加强关区现场与风险防控部门的协同配合，提升邮递物品申报准确性和重点邮递物品查验精准性，认真开展"清源""固边""新风"等专项行动和寄递渠道"扫黄打非"工作。全年监管进出境邮递物品103.52万件，同比下降88.08%，其中出境邮递物101.12万件、进境邮递物2.4万件；累计监管印刷品、音像制品8,370件，查获违禁印刷品、音像制品及存储介质503件。

受新冠肺炎疫情影响，2021年乌鲁木齐海关未开展行李物品监管业务。

【跨境电商】2021年，乌鲁木齐海关根据总署关于进一步促进跨境电商健康有序发展相关要求，助力跨境电商规模化提升、品质化发展，推动构建"传统贸易+跨境电商"一体发展新格局。针对疫情防控对口岸过货能力的影响，在中哈霍尔果斯国际边境合作中心（以下简称"合作中心"）创新推出"空中陆桥"物流运输模式。跨境包裹运至霍尔果斯综合保税区集中申报，经海关查验后，装箱转运至合作中心中方区域，由集装箱专用液压抓钩起吊，运至哈方区域，装载到接货车辆后发往欧洲。全过程实现点对点、人对车、不见面、零接触，降低了疫情对中欧洲际物流运输的影响。积极推进全国首趟"乌鲁木齐—布达佩斯跨境电商中欧班列"在乌鲁木齐综合保税区始发。借鉴前期海关试点"9710""9810"经验，将跨境电商B2C监管的创新经验推广到B2B出口监管领域，发挥新疆地缘优势，推进关区跨境电商B2B出口业务成为出口贸易新的增长点。推动新疆跨境电商业务由单一的"9610"出口逐步拓展至实现"1210""9610""9710""9810"等多种模式全落地。全年跨境电商进出口贸易额20.7亿元，同比增长152.4%。

▲2021年8月11日，乌昌海关关员对即将出区的跨境电商货物进行现场监管。（摄影：杨逸萌）

【监管作业场所（场地）管理】2021年，乌鲁木齐海关制定完善《乌鲁木齐海关监管作业场所管理工作规范》，全面开展场所场地的优化整合、达标验核工作。认真做好关区监管作业场所（场地）审批验核、监管作业场所年审等基础性工作，开展场所巡查"双随机、一公开"工作，以定期检查通报的方式加强场所场地管理的监控评估。以海关监管现场安全作业为重点，建立健全安全生产风险隐患排查和突出问题自查自纠长效机制。鉴于乌鲁木齐海关辖区的指定监管场地主要集中在阿拉山口、霍尔果斯、吉木乃口岸，分布较为不均，且进境指定监管场地建设条件不一、设施设备配备水平差异较大，存在安全生产风险隐患，乌鲁木齐海关在全关区扎实推进海关监管作业场所安全生产专项整治三年行动，完成指定监管场地核查整改，进一步规范指定监管场地管理。

截至2021年年底，乌鲁木齐海关辖区运营的海关监管作业场所73个，进境指定监管场地23个，其中进境粮食指定监管场地7个、进境水果指定监管场地5个、进境种苗指定监管场地1个、进境肉类指定监管场地7个、进境冰鲜水产品指定监管场地3个。

【智能审图】2021年，乌鲁木齐海关按照总署工作部署，开展智能审图全面推广应用，智能审图系统覆盖配备H986设备的货运查验现场，配备CT设备的邮件、跨境电商、旅检监管现场，实现全覆盖，运用科技手段提高机检查验效能，防范执法和廉政风险。截至年底，乌鲁木齐海关H986业务领域运行智能审图设备22台，其中公路口岸19台、铁路口岸3台；CT业务领域运行智能审图设备28台，其中邮件渠道2台、旅检渠道25台（航空口岸旅检4台、公路口岸旅检21台）、跨境电商渠道1台。全年H986智能审图量59.74万幅，同比增长27.65%，其中铁路口岸55.43万幅、公路口岸4.31万幅，同比分别增长31.78%、降低8.99%。智能审图有效拦截商品30种，其中，运用H986设备有效拦截7种、运用CT设备有效拦截23种。

【海关口岸监管环节反恐】2021年，乌鲁木齐海关积极应对复杂形势和严峻挑战，严格落实总署、自治区党委各项重点工作，完善与口岸其他执法部门间协作联动机制，坚决打击核生化爆、枪支弹药及热兵器非法进出境，严密防范疫病疫情从口岸传入传出，圆满完成重大活动和敏感节点口岸安全保障，巩固关区边境管控工作良好局面，确保新疆社会大局持续稳定。严格落实"三个100%"机检查验工作要求，持续强化正面监管、实际监管和检验检疫，持续加强意识形态把关，严防政治性有害出版物从口岸向境内渗透。以练为战、以战促训，加强关区涉恐突发事件应急处置演练，制定应急演练脚本，组织各隶属海关开展各类涉恐突发事件应急处置演练32次，关区反恐防范能力得到有效提升。全力保障节假日及重点敏感时期专人值守，完成总署应急演练等工作任务。

（撰稿人：卫　路　王晓彤　杨　萌
　　　　努尔艾力·阿布都克力木
　　　　武佳熠　赵　强）

统计分析

【概况】2021年,乌鲁木齐海关按照全国海关统计分析工作会议和加强统计工作专题会议精神,认真落实总署党委"反应要快、思路要广、分析要深"的要求,研究确定"提高政治站位、提升工作质效、促进团结奋进、促进共同发展"的工作思路,组建分析研究骨干专班,通过搭台子、压担子,强化业务数据、贸易数据、宏观数据融合分析,开展短线对策研究和长线跟踪研究,构建"一关一品、一人一专"的研究分析格局。不断强化分析研究职能,提升数据分析水平,完善业务数据管理,推动关区海关统计和分析研究工作高质量发展。

【统计调查】2021年,乌鲁木齐海关广泛调研了解外贸企业现状和需求,密切联系企业获取第一手资料,做好海关专项统计调查调研工作。每月完成中国外贸出口先导指数调查问卷数据的收集、初步审核和确认,确保调查问卷数据的及时性和完整性。每月撰写月度出口先导指数分析报告,参加总署中国出口先导指数调查数据整理和报告撰写专项工作,受到通报表扬。按照总署统计分析司安排,开展中国外贸出口先导指数调查、2020年进口货物使用去向统计调查等调研工作,完成2020年及2021年上半年跨境电商统计试点调查、征求统计调查工作相关意见、2021年海关统计月报地区统计口径核对等调查工作,提出2条意见建议被总署肯定并采纳。收集报送关区调研成果,11篇调研报告获得总署采用。组织关区近200人次参加海关统计制度方法、进口货物使用去向统计调查、国际服务贸易统计制度、海关统计调查工作等培训。

【贸易统计】乌鲁木齐海关每月对结关的进出口货物报关单数据进行收集、检控、审核、更正、上报和核查等,报送贸易统计更正文件和上报文件,完成年审、半年审、日常数据审核、参数维护等工作。注重加强对贸易统计检控参数的研究和维护,努力创新优化报关单数据审核工作机制,改进数据监控措施,提高查发问题能力。实时、高质量完成数据审核工作,加强数据审核出现的问题沟通和处理解决。参与2020年贸易统计数据年审线上集中审核工作，完成全国贸易统计数据交叉审核任务。2021年，按时报送贸易统计上报文件12期、更正文件12期，维护H2010TSD系统各种货币对美元折算率12次，下载总署更正、反馈文件12期。全年共审核进出口报关单数据记录134万余条，采取抽调专人集中审核和隶属海关集中专项自审相结合的方式审核2020年海关贸易统计数据。对关区2020年122万条海关贸易统计数据进行了全方位、多维度的筛查和审核，审查发现归类、数量、贸易方式、国别、价格、经营单位代码等问题数据2,000余条。

【业务统计】2021年，乌鲁木齐海关审核、报送业务统计数据12次，处理数据核查任务3次，自主核查发现问题提交说明1次。组织开展业务统计数据自查和集中审核工作。2020年业务统计年审工作共计自查复核业务统计数据141,850条，重点审核手工填报数据下发核查数据181条，核实错误并修改数据156条。报送业务统计研究分析报告6篇，向总署统计分析司报送18篇业务统计工作交流、7篇业务统计监督信息、2篇监测预警简报。参与南京海关牵头组织的二季度业务统计月度审核，完成7个海关的业务统计数据审核，发现问题25条。

【统计数据运用和管理】2021年，乌鲁木齐海关坚持"日监控、旬分析、月审核、季通报、年评估"数据质量监控工作机制。审核进出口报关单数据记录134万余条，修改贸易统计数据2,365条，保证统计数据的准确性。树牢底线思维，明晰业务数据使用部门单位对业务数据安全的责任与义务，按要求严格落实内部合规与对外审批制度，建立日常监督和检查机制，做到权责明晰、运行顺畅、管理到位。开展业务数据安全检查及"回头看"，重点关注对内外提供海关数据、报关单证档案管理及单证销毁审批流程等，实地核查人员授权范围、数据调取专用场所，研判数据存储风险。做到应用系统用户授权清理工作常态化、系统授权最小化、数据安全长效化，全年数据安全实现"零事故"。开展《中华人民共和国数据安全法》学习宣传贯彻工作，得到总署党委委员、副署长邹志武批示肯定。

【统计新闻宣传和服务】2021年，乌鲁木齐海关认真做好外贸数据发布工作。以乌鲁木齐海关新闻发布会为平台，发布新疆外贸运行情况和主要特点，提高统计数据发布的权威性和影响力。利用"乌鲁木齐海关发布"微信平台刊发《图说新疆外贸》7期。及时做好政务公开工作，定期在乌鲁木齐海关门户网站发布统计数据、图表、统计分析等，社会公众访问量2万余次。加强新疆外贸进出口和特色产品情况分析，报送海关工作专报32篇，获得自治区党委、政府领导批示15篇次。为政府、企业、机关和基层单位和部门提供数据查询服务190余次。

【统计监测和分析研究】2021年，乌

鲁木齐海关集中汇编并组织学习习近平总书记关于统计工作的重要指示批示精神，按照总署党委对分析研究工作的要求，把准"数据+研究"职能定位，研究制定加强统计和分析研究工作的意见，夯实关区海关统计分析研究工作基础，提升统计分析研究工作质效，服务各级领导宏观决策。加强疫情常态化下外贸、大宗商品、中欧班列运行情况监测分析，统计分析研究工作取得突破性进展。撰写的特定商品进出口情况、"一带一路"沿线国家（地区）贸易、边民互市发展、中欧班列发展等研究报告被总署《海关统计分析与研究》等采用刊发，参与总署专项研究获《进出口监测预警速报》采用，9篇《学习快报》被总署采用，编发各类监测分析报告101篇，获得总署和自治区领导批示肯定，建言献策水平进一步提升。

（撰稿人：祁　红）

企业管理和稽查

【概况】2021年，乌鲁木齐海关结合实际，根据全国海关企业管理和稽查工作要点、海关自贸区和特殊区域发展工作要点，提升企业管理、稽查核查、信用管理、属地查检和保税监管等工作质效。做好出口食品生产企业的对外推荐注册工作，简化优化出口食品生产企业及出口食品原料种植、养殖场等食品特定资质备案管理。加强和规范信用培育工作，构建新型关企合作关系。持续开展打击洋垃圾入境专项稽查行动，加大对特许权使用费、加工贸易等传统领域专项稽查力度。推进核查业务改革和进出口货物属地查检工作。优化保税监管模式，推进综合保税区高质量发展，推动开展跨境电商网购保税新业态，压紧压实地方政府主体责任，开展综合保税区发展绩效评估工作。支持加工贸易企业开拓国内市场，落实好放宽加工贸易内销申报纳税办理时限等政策；加强保税监管场所管理，做好相关行政审批工作；复制推广自贸试验区改革试点经验，不断提升对制度创新成果的吸收能力。

【企业管理】2021年，乌鲁木齐海关严格落实总署新公布的《海关报关单位备案管理规定》，高效规范办理外贸企业注册登记工作。年内新注册企业1,272家，截至年底，全疆在海关注册备案企业共计14,277家。其中，进出口收发货人13,645家，报关企业576家，其他类型企业56家。持续强化重点企业的信用培育工作，组织开展对疆内重点行业领域的龙头企业、与"一带一路"沿线国家（地区）有贸易往来企业的信用管理政策宣讲和信用培育工作，利用大数据实施精准画像并结合信用评估情况确定AEO重点培育孵化企业，采取"一对一"上门辅导，以及视频连线、电话咨询、微信群、钉钉平台等多种"线上"形式，帮助企业准确掌握认证标准设置意义，制定"量体裁衣"的认证计划和建议，通过组成关区联合认证组开展实地认证，全年辅助5家企业顺利通过海关AEO认证（见表4-1）。全年向上调整信用等级20家、向下调整信用等级12家。截至年底，新疆共有海关AEO企业31家，失信企业41家。

表4-1　乌鲁木齐海关区高级认证企业名单（截至2021年年底）

序号	企业名称	注册海关
1	新疆八钢国际贸易股份有限公司	乌昌海关
2	新疆中泰化学股份有限公司	乌昌海关
3	新疆万达有限公司	乌昌海关
4	新疆阿拉山口捷安物流有限公司	阿拉山口海关
5	新疆天业对外贸易有限责任公司	石河子海关
6	吐鲁番溢达纺织有限公司	乌昌海关
7	新疆溢达纺织有限公司	乌昌海关
8	昌吉溢达纺织有限公司	乌昌海关
9	新疆口岸工贸国际货运代理有限公司	阿拉山口海关
10	阿拉山口三宝进出口有限责任公司	阿拉山口海关
11	阿拉山口新思国际货运代理有限公司	阿拉山口海关
12	阿拉山口博报国际货运代理有限公司	阿拉山口海关
13	塔什库尔干县中巴友谊商贸有限公司	喀什海关
14	新疆昆仑对外经济贸易有限责任公司	石河子海关
15	新疆众和股份有限公司	乌昌海关
16	新疆中泰进出口贸易有限公司	乌昌海关
17	新疆隆博实业股份有限公司	乌昌海关
18	新疆美克化工股份有限公司	库尔勒海关
19	新疆西部钻探对外经济贸易有限公司	乌昌海关
20	新疆金脉国际物流有限公司	乌昌海关
21	新疆金风科技股份有限公司	乌昌海关
22	新疆三宝实业集团有限公司	乌昌海关
23	新疆丰华神州汽车配件股份有限公司	乌昌海关
24	阿拉山口中石油国际事业有限公司	阿拉山口海关
25	霍尔果斯中石油国际事业有限公司	伊宁海关
26	特变电工股份有限公司	乌昌海关
27	乌鲁木齐丰泰瑞天商贸有限公司	乌昌海关
28	新疆阜丰生物科技有限公司	乌昌海关
29	哈密惠通贸易发展有限公司	哈密海关
30	新疆派特罗尔能源服务股份有限公司	库尔勒海关
31	石河子开发区天佐种子机械有限责任公司	石河子海关

【对外推荐注册】 2021年，乌鲁木齐海关制发《乌鲁木齐海关促进出口食品生产企业对外推荐注册工作指导意见》，举办2期特定资质企业备案视频培训。完成9家出口食品生产企业对外推荐注册，其中，对欧盟推荐注册1家水产品企业、对沙特阿拉伯推荐注册蜂蜜企业1家、对我国香港地区推荐1家冷冻/冰鲜禽肉企业，均通过国外（地区）官方注册；对乌兹别克斯坦推荐注册5家企业，对俄罗斯推荐注册水产品企业1家，待国外官方发布。完成出口食品生产企业备案99家、出口食品原料种养殖基地备案28家、进口食品化妆品进口商备案83家。截至年底，乌鲁木齐海关累计备案出口食品生产企业435家，出口食品原料种养殖基地39家（包括2家供港澳蔬菜种植基地、1家供港澳冰鲜/冷冻禽肉养殖基地），进口食品化妆品进口商备案1,644家。

【稽查工作】 2021年，乌鲁木齐海关落实国家全面禁止进口固体废物政策，开展打击洋垃圾入境专项稽查工作，对关区近三年进口固体废物风险较大的12家企业实施稽核查作业，取得新突破。根据总署2021年第二轮进口再生金属专项稽查工作要求，对关区1家进口再生金属企业开展稽查并查发。根据总署打击跨境电商进口走私"断链刨根"专项整治行动工作部署，对3家跨境电商企业开展稽查行动。共办结稽查作业93起，其中专项稽查59起、常规稽查34起。

【落实稽查改革】 2021年11月，总署推进稽查工作全面改革。乌鲁木齐海关全面贯彻稽查改革部署，深入贯彻"查发问题"为主导的稽查理念。成立稽查业务改革推进工作专班，制订《乌鲁木齐海关关于贯彻落实全国海关稽查改革工作的实施方案》。取消常规稽查，优化稽查作业模式，统筹关区优势资源，建立跨隶属关、跨条线的"战区制"运行模式。稽查改革成效显著，受到总署表扬。

【核查工作】 2021年，乌鲁木齐海关深化核查分类改革，对风险类和管理类两种不同性质的指令实施差异化流转方式和作业流程。制定全年"定期管理类"核查任务160家，办结核查作业249起。核查作业按时办结率和随机选取执法人员选取率均为100%，其中，与自治区市场监督管理部门开展联合抽查作业，完成"双随机、一公开"部门联合抽查作业51家。

【属地查检】 2021年，乌鲁木齐海关强化正面监管，从关区实际出发，加强各职能业务管理部门的协同配合，坚持管住检验检疫风险较高、对国计民生影响较大的货物，坚持管住进出口量大的生产型企业以及企业信用较低的贸易型企业，坚持管住涉及安全、卫生、环保和健康等关键指令的执行。为落实总署推进进出口货物属地查检工作的指导意见，结合实际制订《乌鲁木齐海关关于推进进出口货物属地查检工作指导方案（试行）》，积极稳步推进进出口货物属地查检工作，确保业务平稳运行。12月，关区属地查检出口业务统一实施"随机选取执法人员"小程序，全面实现属地查检出口、进口业务员随机选取执法人员。

【保税监管】2021年，乌鲁木齐海关在"强监管、优服务、促协同"上下功夫，持续提升保税监管效能。采取视频监控、核查库存、实地查看等方式，对关区12个保税场所及所存货物进行监督指导，从政策层面指导企业申建保税仓库和出口监管仓库、保税物流中心等场所，及时跟进新疆昆仑绿源公用型保税仓库、阿拉尔中泰纺织公用型保税仓库建设情况及新疆中禾锦华能源保税仓库申建情况。截至年底，关区正式运营保税监管场所12个，其中保税仓库9个、出口监管仓库2个、保税物流中心（B型）1个。加大企业走访调研力度，深入了解加工贸易发展瓶颈，积极宣讲相关政策，提升加工贸易监管与服务水平。新疆全年加工贸易进出口值3.41亿元，同比增长37.5%。其中，进口1.90亿元、出口1.51亿元，同比分别增长34.05%、42.1%。

【特殊监管区域管理】2021年，乌鲁木齐海关研究制定了《乌鲁木齐海关贯彻落实全国海关自贸区和特殊区域发展工作会议精神措施》，内容包括4个方面、15项具体举措。结合新疆各综合保税区区位优势、产业结构、业务特点，制定出台《乌鲁木齐海关进一步支持综合保税区高质量发展"一区一策"指导意见》，制定针对性帮扶措施32项，年内落地实施26项，精准助力新疆综合保税区高质量发展。促进关区海关特殊监管区域转型升级，指导霍尔果斯综合保税区规划建设，牵头组成联合验收组完成霍尔果斯综合保税区验收工作。积极推进综合保税区绩效评估，向自治区人民政府报送《乌鲁木齐海关关于新疆综合保税区2020年度绩效评估结果的分析报告》，得到自治区领导批示肯定。通过视频会议方式约谈排名在C类的喀什、霍尔果斯综合保税区管委会，并就如何促进综合保税区高质量发展建言献策。2021年，新疆4个综合保税区进出口贸易额159.39亿元，同比增长18.72%。其中，进口66.96亿元，同比下降18.15%；出口92.43亿元，同比增长76.19%（见表4-2）。

表4-2 2021年新疆综合保税区进出口情况统计表

综合保税区	进出口值（亿元）	同比（%）	进口值（亿元）	同比（%）	出口值（亿元）	同比（%）
总计	159.39	18.72	66.96	-18.15	92.43	76.19
乌鲁木齐综合保税区	18.78	-53.8	1.35	-65.5	17.43	-52.6
阿拉山口综合保税区	66.83	-12.5	60.78	-11	6.05	-25.4
喀什综合保税区	37.13	436.9	4.57	38.1	32.56	802.1
霍尔果斯综合保税区	36.65	276.8	0.26	-95.6	36.39	805.3

【复制推广自贸试验区改革试点经验】 乌鲁木齐海关历来高度重视自贸试验区改革试点经验复制推广工作，加强组织领导，加大实施力度，对照"国务院前六批自贸试验区改革试点经验复制推广情况表"及"总署25项自贸试验区海关监管创新制度复制推广情况表"明细，不断协调解决复制推广工作中的重点难点问题。截至年底，乌鲁木齐海关共复制推广自贸试验区海关监管创新制度34项。

（撰稿人：刁万芳　古丽亚·扎坎
　　　　周　岩　赵　雅　韩美灵
　　慕桂贤）

查缉走私

【概况】1999年5月26日，乌鲁木齐海关缉私局（以下简称"缉私局"）成立。2019年10月，中央明确海关缉私部门和海关缉私工作受公安部和总署双重领导、以公安部领导为主，实行垂直管理，业务工作由海关领导，与地方各级公安机关建立警务协作机制，职责和经费保障渠道不变。

2021年，乌鲁木齐海关坚决贯彻落实习近平总书记关于打私工作的重要指示批示精神，聚焦新疆工作总目标，针对"中央关注、社会关切、群众关心"的突出走私问题，推动"国门利剑2021""蓝天2021"等联合打私专项行动取得新进展。全年立案侦办走私犯罪案件31起、案值18.53亿元、涉税3.84亿元，同比分别增长19.23%、1.59倍、1.46倍；立案调查行政案件378起、案值2.97亿元，同比分别下降42.99%、52.67%，涉税179.3万元，同比增长7.94%。

乌鲁木齐海关缉私局持续加强基层党建和缉私队伍建设，教育整顿工作在全国缉私系统排名第三，得到中央第十六督导组和总署缉私局党组充分肯定。在2021年自治区直属机关党组（党委）书记抓党建述职评议会上作交流发言，2个基层党组织分别被评为全国缉私部门基层党建品牌示范点和培育点，9个基层党组织和46名党员受到表彰，12名缉私警察入选"全国海关缉私警务兼职教官"，3个集体和11名缉私警察荣获三等功以上表彰奖励。

【打击非涉税走私】2021年，乌鲁木齐海关严厉打击洋垃圾、象牙等濒危物种走私，组织开展打击洋垃圾走私"蓝天"专项行动，各部门密切配合，持续深化风险联合研判，破获的"9·10洋垃圾走私案"是2021年全国陆路口岸查获数量最大的固体废物走私案件，现场查获走私固体废物4,000余吨，被总署缉私局列为一级挂牌督办案件，有效维护了生态安全和人民群众身体健康。扎实推进打击象牙等濒危物种走私"护卫"专项行动和"清风行动"，破获"3·13"走私珍贵动物制品案，追缴查获高鼻羚羊角2,530根，案值超2亿元，被总署缉私局列为一级挂牌督办案件，强化了自治区边境口岸维稳安保、疫情防控的薄弱环节，得到自治区党委主要领导批示肯定。

【打击涉税走私】2021年，乌鲁木齐海关着力构建打击治理"水客"走私长效机制，在总署缉私局统一指挥下，会同汕头海关缉私局，与广东、辽宁等10余省地直属海关、缉私部门和地方公安机关，同步开展"剿猎2021-1"打击"水客"走私收网行动，抓获犯罪嫌疑人72人、打掉全链条犯罪团伙16个，案值8.10亿元、涉税2.01亿元，其中2起案件纳入总署缉私局一级挂牌管理，有效规范了中哈霍尔果斯国际边境合作中心贸易秩序。成功破获"2021A"玉石走私系列案件，案值10.92亿元、涉税2.18亿元，打掉走私犯罪团伙18个，其中2起案件分别被总署缉私局列为一级、二级挂牌管理案件，10起个案被列为最高人民法院、最高人民检察院和总署缉私局三方联合督办案件（见表4-3）。该系列案件的成功侦破，对重点涉税商品走私实现了精准有效打击，整顿和规范了新疆乃至全国进口玉石行业贸易秩序。持续开展打击虚开骗税违法犯罪两年专项行动取得新成效，1个基层单位、4名关警员被评为成绩突出集体和个人，受到国家税务总局、公安部、总署、中国人民银行四部委联合通报表扬。

表4-3　2021年乌鲁木齐海关挂牌管理案件一览表

专案/专项行动	案件名称	督办情况	办理结果
"3·13"走私珍贵动物制品案	—	总署缉私局一级挂牌管理	追缴查获高鼻羚羊角2,530根，案值超2亿元
"剿猎2021-1"打击"水客"走私专项行动	孙某等人走私名酒案	总署缉私局一级挂牌管理	抓获犯罪嫌疑人72人，打掉全链条犯罪团伙16个，案值8.10亿元、涉税2.01亿元
	全某森等人走私普通货物案	总署缉私局一级挂牌管理	
	"2·02"沈某等人走私普通货物案	总署缉私局二级挂牌管理	
"2021A"玉石走私系列案件	—	最高人民法院、最高人民检察院和总署缉私局三方联合督办	案值10.92亿元、涉税2.18亿元，打掉走私犯罪团伙18个
	徐某等人走私玉石案	总署缉私局一级挂牌管理	
	兰某等人走私玉石案	总署缉私局二级挂牌管理	
"9·10洋垃圾走私案"	某国际贸易有限公司涉嫌走私固体废物进境案	总署缉私局一级挂牌管理	查获走私固体废物4,000余吨

【智慧缉私及刑事科学技术】 2021年，乌鲁木齐海关充分发挥智慧缉私"指挥中心、情报中心、办案中心、案管中心"在打私实战中的重要作用。更加突出情报先导作用，运用大数据和信息化技术，加强对海关业务、地方公安、缉私情报"三方"数据资源的汇总分析，情报获取和线索经营能力大幅提升。年内缉私情报自侦案件13起，占刑事案件总数的45%。向其他直属海关缉私部门和地方公安机关移交线索16条，成案率94%，创历年新高。专案侦办模式更加成熟，针对走私犯罪团伙化、专业化、智能化的发展趋势，探索建立重特大案件"集团化布兵围击+扁平化指挥协调+滚动式追踪打击"专案侦办模式，打击理念、方式、能力实现提档升级。年内，刑事案件案值和涉税额比立案时同比分别增长2.7倍和2.3倍。协同作战机制更加完善，推动自治区公安厅制发《建立完善打击走私协同作战体系的意见》，进一步强化与地方公安部门的协作配合，为成功破获多起重特大案件提供有力的技术和警力支撑。打私工作成果和专业能力得到总署和自治区领导肯定。

【刑事法制建设】 2021年，乌鲁木齐海关根据总署缉私局工作要求，结合实际修订《乌鲁木齐海关缉私局刑事案件统一审核、统一出口工作机制实施方案》。推进"办案中心"规范化建设，为6个办案区统一增配虹膜、声纹、血样采集设备，充分发挥案管中心"体检"作用，加强执法办案全流程监督管理；完善"法制提前介入"工作模式，加强法制审核把关和业务指导。协调联系乌鲁木齐铁路运输检察分院，将案件侦办中需要提请批准逮捕、提起公诉的走私废物案件、走私珍贵动物及其制品案件，由移送至库尔勒、哈密、乌鲁木齐铁路运输检察院调整为集中移送至乌鲁木齐铁路运输检察分院审查批准、审查决定，节约了办案时效和办案成本；通过总署缉私局联系最高人民法院、最高人民检察院，对"2021A"玉石走私专案申请总署缉私局、最高人民检察院侦查监督厅、最高人民检察院公诉厅、最高人民法院刑五庭重大走私刑事案件挂牌督办。开展"讲法律、讲政策、讲案例"普法宣传和"法治大讲堂"系列培训，营造浓厚法治氛围。

【行政处罚】 2021年，乌鲁木齐海关深入开展行政案件专项清理工作，对2020年7月10日之前立案的行政案件进行逐项（案）清理，确保无行政积案。各隶属海关和缉私分局加强协调沟通，解决了关区缉私案件移交管辖争议的问题。针对"出口货物监管方式申报为边境小额是否影响国家出口退税管理"有关问题，缉私局联合关税处与自治区税务稽查局召开业务座谈会，了解出口退税管理相关法律法规，对上述问题形成统一意见。针对执法疑难问题提出处理意见和建议6次，解决行政案件专项清理工作中遇到的困难和问题，保证案件办理高效运转。全年审结走私、违规及其他行政案件309起，审结涉检案件35起。

【反走私综合治理】2021年，乌鲁木齐海关牵头召开自治区打击走私综合治理工作会议，协调推动自治区政府将自治区打击走私办公室（以下简称"自治区打私办"）职能由乌鲁木齐海关调整至自治区政府办公厅，及时调整完善打私办成员单位，推动全疆各地州（市）打私办实体化运作。推动构建"打、防、管、控"多方联动、多元共治的社会治理体系，加强与国家安全、税务、烟草等部门的联系配合，进一步拓宽信息来源；协调商务、市场监督管理等部门联合开展打击冻肉走私专项行动，推动自治区出台《走私冻品处置管理办法》；深化侦、检一体化司法合作机制，在专案办理期间多次邀请检法机关提前介入，沟通解决执法疑难问题，确保案件顺利侦办移诉。广泛开展反走私宣传，综合运用传统媒体和新媒体平台，在省部级以上媒体刊播新闻稿件56条。根据自治区打私办要求，缉私局设立并运营"新疆反走私"官方微博，发布反走私动态600余条，阅读量40余万次，有效提升打私工作的社会影响力。

（撰稿人：杨　艳）

外事管理和国际合作

【概况】2021年,乌鲁木齐海关深入落实习近平外交思想,坚持"以我为主,遵守规则,积极参与"的外事工作原则,按照总署工作要求,积极与周边国家边境海关开展务实合作,并成为我国参与上海合作组织和中亚区域经济体合作的主要直属海关。特别是深入落实习近平总书记在中国—中东欧国家领导人峰会上提出的"深化海关贸易安全和通关便利化合作,开展'智慧海关、智能边境、智享联通'合作试点"(以下简称"三智"合作)的重大倡议,将外事工作和海关国际合作作为服务新疆开放型经济高质量发展的抓手。积极应对新冠肺炎疫情影响,认真组织开展边境海关会谈会晤以及相关外事活动,主动融入国家发展战略,在不断完善海关国际合作布局和外事工作格局中,体现乌鲁木齐海关的责任担当。

【"中哈贸易安全与便利智能监管合作项目"申报】2021年,乌鲁木齐海关深入践行"三智"理念,紧密结合新疆特殊的区位优势、资源优势、政策优势,统筹申报"中哈贸易安全与便利智能监管合作项目",通过总署评审并成为8个署级落地示范项目之一。制发《乌鲁木齐海关推进"三智"署级项目业务组实施方案》,成立工作专班,明确时间节点,全力推进署级项目既定任务落实。制发《乌鲁木齐海关推动落实"三智"合作理念深化边境海关国际合作2021年工作方案》,研究确立13个关级"三智"项目,明确深入推进中哈"关铁通"、中亚生物安全通道等23个方面重点工作,截至年底,有20项工作得到有效推进并取得积极成果。配合总署完成"三智"示范项目宣介稿件筹备和视频制作,在全国海关"三智"国际合作工作会议等相关场合取得良好反响。

【边境海关国际合作】2021年,乌鲁木齐海关依托中国—哈萨克斯坦政府间海关协定、中哈合作委员会口岸和海关合作分委会、中哈边境海关合作机制等,不断加强对哈海关合作。同时,通过各方面合作机制,有效推进与俄罗斯、吉尔吉斯斯坦、塔吉克斯坦、巴基斯坦、蒙古国、乌兹别克斯坦等国家边境海关合作。全年组织双边工作会谈和大型外事活动11次,与周边国家海关新签署各类合作文本2份。协助自治区政府举办中哈、中吉、中塔疫情联防联控机制会议9场，隶属海关层面开展边境会晤30次。就提升口岸通行效能、强化口岸疫情防控、开展"三智"合作议题进行深入交流商讨并达成并达成积极共识。

【海关行政协查工作】2021年，乌鲁木齐海关收到来自相关国家海关的协查函11封，涉及协查单证111份。其中，哈萨克斯坦7封，涉及协查单证100份；乌兹别克斯坦2封，涉及协查单证2份；匈牙利1封，涉及协查单证1份；捷克1封，涉及协查单证8份。结合海关行政协查工作，向总署国际检验检疫标准与技术法规研究中心报送《行政协查报告》，受到总署肯定。年内，编发口岸情况244篇，上报《外事参阅》25篇，总署采用6篇。

【中哈边境海关缉私执法合作】根据《中华人民共和国政府和哈萨克斯坦共和国政府海关合作与互助协定》，2021年，乌鲁木齐海关提请总署缉私局向哈萨克斯坦海关部门提出"蓝天2021-9·6"案件协查请求。应请求，哈萨克斯坦财政部国家收入委员会开展了相关调查，并提供了相关数据及资料，为案件的成功侦办发挥重要作用。

【外事人才培养】2021年，乌鲁木齐海关积极利用系统内外资源，通过工作会谈、双边互访、参与署级会谈、赴外培训等各种方式，切实加强外事人才队伍建设。年内，2人参加商务部驻外选拔考试，作为使领馆经商机构秘书级工作人员赴波兰和哈萨克斯坦工作。1人被推选为中国驻哈萨克斯坦大使馆参赞秘书。1人通过国家留学基金委的选拔考试，赴韩国研读硕士研究生。选派5人参加总署组织的高级翻译培训班，有力激发外事人才工作积极性。与自治区财政厅、新疆社会科学院、新疆大学、新疆财经大学、新疆师范大学等单位和院校保持良好合作关系，通过实地走访、信函往来、交流研讨等方式，积极开展成果共享，不断丰富拓展人才培养的学习平台和培训资源。通过系列务实举措，关区外事工作人员的外事业务知识、遵守外事纪律和礼仪规范的意识和能力都得到明显增强。

（撰稿人：杨　艳　阎俐臻）

科技发展

【概况】2021年,乌鲁木齐海关聚焦"科技兴关"建设,不断强化科技赋能,加强风险研判,防范化解网络安全、数据安全和实验室安全重大风险,筑牢科技领域安全防线。完善科技管理机制,充分发挥乌鲁木齐海关科学技术委员会和网信领导小组作用,制(修)订《乌鲁木齐海关实验室管理实施细则》等科技管理制度7项,统筹推进科技保障体系建设。完成建党100周年、新中国成立72周年等重大节点网络安全保障工作。规范和优化科技资源,夯实科技支撑保障基础,强化信息化项目规范管理。积极践行"三智"理念,深化实践探索,加强智能技术与创新思维应用,推动"智慧海关"建设。统筹提升科技创新能力和水平,申报总署和自治区科技计划项目。推进关区实验室规划布局优化工作,提升各实验室协同互补效能。

【信息化建设】2021年,乌鲁木齐海关加强信息化基础设施建设,加快技术和技能积累,强化信息化网络基础保障,不断提升信息化支撑保障能力。推进信息化改造工程建设,加快国产化服务器、网络、安全、数据库、操作系统等软硬件产品部署,确保基础软硬件环境安全可靠。强化信息化网络基础保障,建成基础设施云、大数据云等平台,升级改造运行网、管理网两网新域控,优化对外接入局域网和业务网架构,确保网络安全稳定运行。提升海关监管服务智能化水平,完成H2018(3.0)、新"统一门户"、RCEP原产地等系统的部署升级和推广应用,在全国率先完成新铁路运输工具、铁路舱单数据落地;全力支撑跨境电商、进出境邮递物品管理、边民互市等新兴非贸业务系统上线应用;快速上线旅客通关子系统卫生处置应用、远程电子流调等系统。乌鲁木齐海关已建成适应业务发展变化、适应海关大监管建设需求和未来海关业务发展的安全可靠、规范高效、可管可控、多业务融合的新一代海关关区智能化综合业务网络平台,实现关区业务工作现场的全覆盖、关区业务"7×24小时"不间断运行。

【实验室管理】2021年,乌鲁木齐海关切实提升实验室技术支撑和保障能力,"国家级番茄制品检测重点实验室"等重点实验室检测技术居西部地区前列，多次检出检疫性有害生物及重大不合格商品，多次完成新疆重大应急检验检疫任务，为禁止洋垃圾入境、保障口岸快速通关、服务国家能源资源通道、防止疫情疫病传播、保障国门安全和进出口食品安全、服务地方经济发展作出应有贡献。加强实验室安全管理，建立"自查+专家互查+抽查+绩效考核"的实验室安全管理机制，持续提升新冠病毒检测实验室安全管理水平。组织开展实验室应急实操培训15次，应急演练10次，完成4个PCR实验室和10个易制毒易制爆试剂库92个视频监控建设。

【优化实验室布局】2021年，乌鲁木齐海关通过统筹资源配置，优化各区域技术机构检测能力，加快推进实验室建设，构建了重点突出、布局合理、快速精准、保障有力的实验室技术保障体系。完成6个技术中心分场所"七统一"既定目标，撤销优化4个无业务规划实验室。针对口岸新冠肺炎疫情防控工作需要，加强新冠病毒核酸检测生物安全二级实验室建设，并强化新冠病毒检测设备配置，关区新冠病毒核酸检测能力显著提升，为新疆口岸新冠肺炎疫情防控提供技术支撑。截至年底，乌鲁木齐海关共有41个规划实验室，其中国家重点实验室7个、区域性中心实验室10个、常规实验室24个（见表4-4）；获得检测能力资质认定项目4,703项，获得检测能力认可项目2,938项。

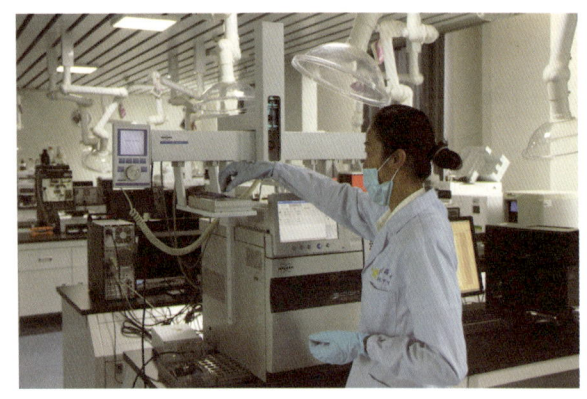

▲2021年4月25日，伊宁海关技术人员开展进口酒类安全检测。（摄影：曾侠）

表4-4 乌鲁木齐海关技术机构与规划实验室对应关系一览表

机构名称	地点（分场所）	规划实验室名称	专业类别	等级
乌鲁木齐海关技术中心	乌鲁木齐	国家番茄制品检测重点实验室（新疆）	食品（化妆品）	重点
	乌鲁木齐	国家中亚地区动物疫病检测重点实验室（新疆）	动物检疫	重点
	乌鲁木齐	国家新疆果品有害生物检疫鉴定重点实验室（乌鲁木齐）	植物检疫	重点
	乌鲁木齐	国家煤化工检测重点实验室（新疆）	化矿金危包	重点
	乌鲁木齐	海关总署金属材料检测区域实验室（乌鲁木齐）	化矿金危包	区域
	乌鲁木齐	国家棉花检测重点实验室（新疆）	轻工纺织	重点
	乌鲁木齐	海关总署进口废毛骨料属性鉴定区域中心实验室（乌鲁木齐）	固废鉴定	区域

表4-4　续1

机构名称	地点（分场所）	规划实验室名称	专业类别	等级
乌鲁木齐海关技术中心	乌鲁木齐	海关总署包装检测区域实验室（乌鲁木齐）	机电	区域
	库尔勒	海关总署香梨检测区域实验室（库尔勒）	食品（化妆品）	区域
	库尔勒	库尔勒综合实验室（食品）	食品（化妆品）	常规
	塔城	塔城综合实验室食品室	食品（化妆品）	常规
	塔城	塔城综合实验室植物检疫室	食品（化妆品）	常规
	阿勒泰	阿勒泰综合实验室（食品）	食品（化妆品）	常规
	阿勒泰塔塔克什肯口岸	阿勒泰综合实验室（化矿金）	化矿金危包	常规
	石河子	石河子综合实验室食品检验室	食品（化妆品）	常规
	哈密	哈密综合实验室（化矿金专业）	化矿金危包	常规
	阿克苏	阿克苏综合实验室（食品化妆品）	食品（化妆品）	常规
	阿克苏	阿克苏综合实验室（植物检疫）	植物检疫	常规
	阿克苏	阿克苏综合实验室（轻工纺织）	轻工纺织	常规
新疆国际旅行卫生保健中心（乌鲁木齐海关口岸门诊部）	乌鲁木齐	海关总署艾滋病筛查区域实验室（乌鲁木齐）	卫生检疫	区域
	乌鲁木齐	海关总署新疆口岸传染病监测区域实验室（乌鲁木齐）	卫生检疫	区域
	乌鲁木齐	新疆保健中心常规实验室	卫生检疫	常规
喀什海关技术中心	喀什	海关总署南疆口岸传染病监测区域实验室（喀什）	卫生检疫	区域
	喀什	喀什海关综合实验室（食品化妆品）	食品（化妆品）	常规
	喀什	喀什海关综合实验室（植物检疫）	植物检疫	常规
	喀什	喀什海关综合实验室（动物检疫）	动物检疫	常规
	喀什	喀什海关综合实验室（煤炭检测）（筹建）	化矿金危包	常规
	喀什	喀什海关保健中心临床检验实验室	卫生检疫	常规
伊宁海关技术中心	伊宁	国家酵母产品检测重点实验室（伊犁）	食品（化妆品）	重点
	伊宁	伊宁海关综合实验室（植物检疫）	植物检疫	常规
	伊宁	伊宁海关综合实验室（动物检疫）	动物检疫	常规
	伊宁	海关总署新疆天然气检测区域实验室（霍尔果斯）	化矿金危包	区域
	伊宁	伊宁海关综合实验室（化矿金危包）	化矿金危包	常规
	伊宁	伊宁海关保健部	卫生检疫	常规

表4-4 续2

机构名称	地点（分场所）	规划实验室名称	专业类别	等级
阿拉山口海关技术中心	阿拉山口	国家石油化工矿产重点实验室（新疆）	化矿金危包	重点
	阿拉山口	海关总署医学媒介生物监测区域实验室（阿拉山口）	卫生检疫	区域
	阿拉山口	海关总署中亚特色农产品安全检测区域实验室（阿拉山口）	食品（化妆品）	区域
	阿拉山口	阿拉山口海关综合实验室（植物检疫）	植物检疫	常规
	阿拉山口	阿拉山口海关综合实验室（动物检疫）	动物检疫	常规
	阿拉山口	阿拉山口海关综合实验室（食品化妆品）	食品（化妆品）	常规
	阿拉山口	阿拉山口海关综合实验室（轻工纺织）	轻工纺织	常规

【科研管理】2021年，乌鲁木齐海关围绕维护国门安全、优化口岸营商环境、筑牢口岸检疫防线、新冠肺炎疫情防控等重点工作，积极申报总署科研项目，助力解决海关业务工作难点；紧扣自治区"稳粮、优棉、促畜、强果、兴特色"战略，积极申报自治区科研项目，解决服务新疆经济社会发展瓶颈问题。通过开展课题研究，确定了一系列快速、高效、准确的检测方法和检测数据，提高检测效率，有效提升口岸核生化监测能力和疫情疫病防控能力，为新疆进出口贸易提供技术支撑。

加强科研项目申报和科技成果评定工作。年内，获得省部级科研项目立项13项。其中，总署立项5项、自治区立项8项，涉及动植物检疫、卫生检疫、食品安全、商品检验、口岸监管、信息化6个专业领域，获批立项数量创历史新高。截至年底，乌鲁木齐海关在研科研项目39项（见表4-5）。其中，主持28项、参与研究11项；国家重点研发计划子课题5项、国家级重点专项1项、总署科研项目18项、自治区科研项目14项、科技部专项1项。积极推进科技成果评定，2项科技成果分获自治区科学技术奖一等奖、二等奖。

表4-5 2021年度乌鲁木齐海关科研项目立项情况一览表

项目级别	项目名称	承担单位
海关总署立项项目（5项）	甜瓜迷实蝇跨境传播机理及防控技术研究	乌鲁木齐海关动植物检疫处
	供应链视角下格鲁吉亚跨境葡萄酒质量安全风险因子监测与风险评估	霍尔果斯国际边境合作中心海关
	"一带一路"背景下新疆口岸进口油脂油料质控指纹图谱技术及转基因检测技术的研究	乌鲁木齐海关技术中心
	生命探测技术在边境管控中的研究与应用	乌鲁木齐海关口岸监管处
	基于数据挖掘与人工智能技术的H986集中审像安全准入模式研究与应用	乌鲁木齐海关科技处

表4-5 续

项目级别	项目名称	承担单位
自治区立项项目（8项）	新疆地方马液态乳中菌群结构分析及掺假鉴别技术的研究	乌鲁木齐海关技术中心
	基于改性碳纳米吸附材料的高频跨境农产品中高风险因子检测技术研究	乌鲁木齐海关技术中心
	酵母产品中隐蔽型真菌毒素的质谱检测技术研究	伊宁海关技术中心
	新疆植物源性保健食品中天然有毒有害物残留分析研究	伊宁海关技术中心
	"一带一路"沿线国家食用油脂及油料中有害物识别技术及风险评价示范研究	乌鲁木齐海关技术中心
	新疆及周边口岸重要经济意义害螨种类调查、分子鉴定及系统进化分析	喀什海关技术中心
	基于数字智能化解决方案的中哈食品安全技术法规与标准信息平台建设	乌鲁木齐海关
	进口石油焦定性鉴定及原产地溯源技术的研究	阿拉山口海关技术中心

（撰稿人：冯　麒　刘秀玲　刘薇薇　张国威）

第五篇

综合保障

政务管理

【概况】2021年,乌鲁木齐海关政务管理工作扎实推进,相关领域工作再创佳绩。乌鲁木齐海关被总署表彰为"全国海关保密工作先进集体",获评"全国海关信息工作先进单位",连续3年获评自治区信息宣传先进单位。向总署申报的"中哈贸易安全与便利智能监管合作项目"被评为国际海关合作示范项目。乌鲁木齐海关办公室党支部被评为自治区先进基层党组织。组织起草《乌鲁木齐海关落实"十四五"海关发展规划实施意见》,受到总署肯定。5篇政研文章在中国海关学会获奖,获奖数量位居全国各直属海关第一名,创历年最佳成绩。高质量落实"两会"相关任务,在人大建议、政协提案的办理中得到有关方面高度评价。乌鲁木齐海关被总署确立为"海关应急值班管理系统"试点单位,积极参与系统测试工作,顺利推动系统按时上线运行。修订完善"一总八分"应急预案,务实组织开展应急演练,突发事件应对能力得到有力增强。组织开展办公条线业务培训周,并结合以干代训、跟班学习、集中工作等方式,不断强化关区办公室条线综合能力。2021年,乌鲁木齐海关办公条线年度量化考核指标排名位列全国各直属海关第八位,较2020年度提升一位,政务管理质效得到进一步巩固提升。

【应急值守】2021年,乌鲁木齐海关进一步强化值班应急管理工作,全年认真落实"7×24小时"值班工作要求,加强法定节假日、重要节点值班值守,根据总署以及自治区值班工作要求,印制值班应急应知应会手册并动态更新。强化值班工作日间抽查,严格落实夜间全覆盖检查,在管理网开设值班通报专栏,确保全年值班工作规范有序。加强值班信息编报工作,统一报送模板,明确报送时效质量等要素要求,坚持每周开展关区办公室视频点名,总结通报值班检查及值班信息报送情况。年内,向总署上报各类突发事件值班信息48篇,采用6篇。结合实际制订《乌鲁木齐海关贯彻落实〈海关系统突发事件应急管理暂行办法〉实施细则》及8个专项应急预案(见表5-1),拟定值班应急工作演练脚本,组织开展机关新冠肺炎疫情内部防控应急演练,应急处置协调联动效能和快速反应能力进一步提升。

表 5-1　乌鲁木齐海关应急预案一览表

预案类型	预案名称	领导小组/应急指挥部办公室
总体预案	乌鲁木齐海关贯彻落实《海关系统突发事件应急管理暂行办法》实施细则	办公室
专项预案	乌鲁木齐海关缉私突发事件应急预案	缉私局
	乌鲁木齐海关进出境重大动物疫情应急处置实施预案	动植物检疫处
	乌鲁木齐海关进出境重大植物疫情突发事件应急处置预案	动植物检疫处
	乌鲁木齐海关进出口食品安全突发事件应急处置预案	进出口食品安全处
	乌鲁木齐海关口岸监管环节恐怖袭击事件应急预案	口岸监管处
	乌鲁木齐海关口岸监管现场突发事件应急预案	办公室
	乌鲁木齐海关网络安全事件应急预案	科技处
	乌鲁木齐海关应对口岸突发公共卫生事件处置预案	卫生检疫处

【政务信息】2021年,乌鲁木齐海关紧紧围绕总署、自治区关注的重点、热点,加强综合研判选题,深入组织开展政务信息编报工作,及时全面反映关区工作动态和工作成效。完善政务信息运行机制,每月在形势分析及工作督查例会对信息工作进行通报,在管理网主页设立专栏实时展示各部门、各单位信息计分排名情况,及时发布优秀信息。加强骨干队伍培养,为霍尔果斯、霍尔果斯国际边境合作中心、吉木乃、都拉塔、伊宁5个隶属海关开展为期3个月的"以干代训"学习,努力提升关区政务信息工作整体水平。加强互联网信息工作的组织、推动,发挥信息辅助决策参考作用。全年发布《关区快讯》246期、《情况反映》30期、《海关工作情况交流》94期、《海关工作专报》64期;被自治区党委、政府采用信息46篇次,获自治区领导批示36条次。乌鲁木齐海关被自治区党委评为信息工作表现突出单位。

【新闻宣传】2021年,乌鲁木齐海关紧紧围绕全面贯彻落实党中央决策部署、党史学习教育、落实第三次中央新疆工作座谈会精神、中欧班列监管服务、海关业务改革、乡村振兴等工作,深化与各级媒体合作,深挖选题、主动策划,利用电视媒体、平面媒体和新媒体开展全方位、立体式宣传,广泛宣传各项工作经验做法、工作成效和队伍风貌。全年在中央电视台、《人民日报》、《光明日报》、《经济日报》、《科技日报》、《中国青年报》、《中国国门时报》等各类中央级媒体,以及《新疆日报》《新疆新闻联播》等省部级媒体发稿511篇(条)。其中,中央级媒体共刊稿227篇(条);总署各新媒体平台采用新媒体稿件163条。

【会议管理】2021年，乌鲁木齐海关进一步优化会议管理机制，动态拟定"第一议题"涉及的重点工作，切实强化疫情防控、安全生产、打击走私、生物安全、数据安全、档案管理等重点工作进展质效的通报督办。开展"第一议题"制度落实情况"回头看"，将"第一议题"制度作为讲政治、抓落实的有力举措。全年召开形势分析及工作督查例会12次，并以视频会议形式将参会范围扩大至隶属海关，强化议事的全面性和贯通性。深化"会议统筹套开机制"，将关务会、综合研判会、各关级领导小组工作会议同形势分析及工作督查例会统筹套开，将统筹口岸疫情防控和促进外贸稳增长工作指挥部会议同每周党委碰头会统筹套开，进一步精减会议数量、提高会议实效。年内召开会议数量同比下降5.9%。

【公文处理】2021年，乌鲁木齐海关认真落实新修订的《海关总署公文处理工作办法》，第一时间制发通知，督促关区各单位强化学习培训和推动落实。组织开展海关公文处理培训交流4次，推动公文处理规范化水平整体提升。强化关级发文审核工作，坚持重要公文双人复核，严格落实退文查错机制。在管理网开设公文差错专栏，及时开展公文错情通报。综合运用多种手段最大限度减少文稿"硬差错"，全年未出现总署退文情况。压紧压实精减文件目标任务，年初科学测算制定机关发文数量配额，首次将关级便函等非正式发文纳入发文配额管理，严防文件超发"隐形变异"。全年制发机关下行文数量同比减少5%，制发便函等非正式发文数量同比减少15%。

【督查督办】2021年，乌鲁木齐海关将学习贯彻落实习近平总书记重要讲话和重要指示批示精神作为"第一议题"和首要督办事项，深入落实总署党委关于强化督查督办的部署要求，认真学习贯彻《政府督查工作条例》《海关督查工作管理办法》，在办公室新设立督查科，设置专职督查岗位人员，全力提升督查督办工作效能。将督查督办工作与推动改革发展紧密联系起来，建台账、明责任、强督办，综合采取实地督查、线上督查、约谈督查、"回头看"等多种方式，切实做到"敢督敢查""真督真查""善督善查"。加强督查工作与巡察监督、督察内审、监督考核等贯通融合，形成抓落实合力。每月形势分析及工作督查例会专门通报督办落实情况，严肃进行督查情况反馈和跟踪督办，不断强化督查权威。全年围绕落实"第一议题"制发督查单18份，办结率100%；细化贯彻落实第三次中央新疆工作座谈会任务分工4个方面57条具体措施，办结率100%；高质量完成关区33项110条年度重点工作任务以及123项督办事项，办结率100%。

【人大建议、政协提案办理】2021年，乌鲁木齐海关围绕全国、自治区人大代表和政协委员涉及本关工作的建议和提案，主动加强与主、协办单位的联系，及时与代表、委员对接做好沟通服务，积极协调组织做好答复办理工作。全年高质量办理人大建议和政协提案11件（见表5-2），反馈满意率100%。征集报送2022年度人大建议和政协提案选题线索6条。特别是围绕全国政协委员、海关总署原副署长李国提交的《关于加快中西部地区综合保税区高质量发展的提案》，加强督查督办、政策研究和推动落实，研究制定综合保税区"一区一策"指导意见，力促霍尔果斯综合保税区通过正式验收、喀什综合保税区获批建设全疆首个综合性指定监管场地、乌鲁木齐综合保税区建成全疆首家保税展示交易中心。全年新疆综合保税区进出口贸易额159.39亿元，同比增长18.72%，工作成果受到自治区及相关地州的肯定和好评。

表5-2　2021年乌鲁木齐海关办理的人大建议、政协提案一览表

类型	标题及编号	代表/委员姓名
主办自治区人大代表建议（1件）	《关于将库尔勒海关升级为直属海关积极打造库尔勒保税中心的建议》（第297号）	苏莱曼·玉色因、阿瓦古丽·克然木
协办自治区人大代表建议（6件）	《关于加强新疆入侵生物物种控制的建议》（第077号）	努尔巴依·阿布都沙力克
	《关于加快塔城巴克图口岸发展的建议》（第169号）	木尔扎·朱马什、丽莎、明文军
	《关于加快提升博州阿拉山口口岸通关能力的建议》（第281号）	依米努尔·吐尔逊
	《关于完善生活应急物资运输配送机制的建议》（第349号）	卡米荣·祖农提
	《关于支持克拉玛依市参与塔城重点开发开放试验区的建议》（第424号）	霍懋敏、艾哈买提江·艾斯卡尔
	《关于支持克拉玛依机场申请列入〈国家口岸发展"十四五"规划〉的建议》（第431号）	王刚、霍懋敏
协办全国政协委员提案（1件）	《关于加快中西部地区综合保税区高质量发展的提案》（全国政协十三届四次会议提案第0636号）	李国
协办自治区政协委员提案（3件）	《关于提升阿拉山口口岸通关能力建设国家物流枢纽的提案》（自治区政协十二届四次会议提案第042号）	巴音克西
	《关于开通阿勒泰口岸机场的提案》《关于加快开通阿勒泰机场国际航班的提案》（自治区政协十二届四次会议提案第043号，并案办理）	巴克提夫·伊纳亚特
	《关于申请自治区免税店运营牌照的提案》（自治区政协十二届四次会议提案第196号）	麦尔哈巴·吾首尔

【机要保密】 2021年，乌鲁木齐海关坚持"党管保密"政治原则，牢固树立"保密就是保政治、保大局、保安全、保稳定、保发展"的意识，压实保密政治责任、夯实保密管理基础，不断筑牢安全保密防线。紧密结合关区特点，强化涉密载体管理，严格涉密文件全链条闭环管理、留痕可溯。严格按规定做好涉密文件管理。强化涉密人员管理，严格审定定密责任人和涉密岗位人员，全面完成"一人一档"工作。强化硬件设施建设，关区"三铁一器"配备使用率100%。一体推进信息化建设与保密技防能力建设，完成总署涉密信息系统升级，持续加强各类涉密设备安全运维管理。2个涉密信息系统分别通过总署、自治区专家组涉密网络分级保护风险评估现场测评。强化保密宣传教育，以党史学习教育为契机，弘扬保密工作优良传统，3,700余人次参加建党100周年保密知识网上竞赛。积极参加建党100周年保密宣传教育作品征集活动，选送的4幅书法作品被总署采用。被总署评为"全国海关保密工作先进集体"。

【档案管理】 2021年，乌鲁木齐海关深入学习贯彻习近平总书记对做好档案工作的重要批示精神，以"保管好、利用好、记录好、留存好""更好地服务党和国家工作大局、服务人民群众"为目标任务，综合施策全面提升档案工作质量和服务水平。研究制订《乌鲁木齐海关关于全面提高档案工作质量和服务水平的实施方案》，以"完善一套制度体系、开展一次全面检查、推进一项基础工程、筑牢一道坚强防线、建好一套电子档案、打造一批样板档案、建强一支档案队伍、开展一次专题研讨"为主要抓手，启动实施档案工作提质增效"八个一"工程。报送1篇红色档案故事入选《海关系统红色档案故事选编》。年内，向总署档案馆移交关区1959—1999年历史永久档案807卷、纸质文件4,889件、电子数据38,852条。截至2021年年底，乌鲁木齐海关综合档案库房库存文书档案合计4,614卷（1953—2003年）、79,622件（2000—2020年）。

【政务公开和网站音像管理】 2021年，乌鲁木齐海关紧盯政务公开规范化建设，夯实工作基础，严格考核管理，制定政务公开和网站音像管理考核评分表，明确工作要求和考核标准。强化业务指导，定期检查和督促开展政务公开工作，通过视频会议对各隶属海关开展基层海关政务公开规范化建设指导，全面提升政务公开工作水平。年内开展3次依申请公开渠道和对外业务咨询渠道测试，及时通报存在的问题，督促迅速整改到位。明确乌鲁木齐海关门户网站栏目内容责任分工，丰富网站栏目设置，增设"重点服务"专栏，充分发挥门户网站政务公开、信息发布、政策解读、诉求回应、办事服务、互动交流等作用。围绕关区重点业务为企业进行政策红利指引，不断提升企业及群众的获得感和满意度。积极组织编辑政策解读类稿件，被总署门户网站采用14篇，总署"12360海关热线"微信、微博政务账号各采用23篇，创历史新高。

【信访工作】2021年，乌鲁木齐海关进一步加强信访管理工作，强化建党100周年等重大活动和敏感节点信访服务保障，稳妥有序处理好信访人员关切，全年高质量办结信访事项11起，按期办结率100%。认真贯彻落实中央信访工作制度改革决策部署和总署关于规范依法分类处理信访诉求工作要求，制发《乌鲁木齐海关依法分类处理信访诉求清单》，进一步明确信访工作流程，厘清信访与其他法定途径之间的边界，有力适应形势的变化和相关要求。对2018年以来信访档案进行梳理，开展专项研究和分析，不断提高信访工作的精细化规范化水平。高度重视多次重复反映的信访问题，加强与总署和自治区政府信访部门的联系沟通，针对重复信访事宜明确办理规则和程序，有效提升办理质效，确保信访事项得到合理合法合规妥善处置。

【政策研究】2021年，乌鲁木齐海关紧紧围绕贯彻落实第三次中央新疆工作座谈会精神、加强口岸疫情防控、促进丝绸之路经济带核心区高水平开放高质量发展等重点事项，起草专题报告60余篇，受到省部级及以上领导多次批示肯定。坚持"重大文稿是精品、常规文稿是样品"的工作标准，编发《关区内通》19期。大力开展专项课题研究，牵头及参与开展署级课题9项，组织开展关级课题16项，课题数量创历年新高，部分研究成果得到实质转化（见表5-3）。深入开展即时性"微课题"研究，征集微课题90篇，编发《微课题研究》29期。

表5-3　2021年乌鲁木齐海关课题研究成果一览表

课题类型	课题名称	牵头单位	参与单位
牵头的署级课题（1项）	国家能源安全新战略背景下跨境管输能源安全分析研究	商品检验处	阿拉山口海关、霍尔果斯海关、吉木乃海关、石河子海关
参与的署级课题（8项）	构建新型海关业务统计指标体系研究	统计分析处	—
	统筹传统安全与非传统安全对海关全面履职要求研究	办公室	和田海关、阿拉山口海关、塔城海关
	国境口岸重大疫情下发挥基层党建引领作用，破解党建与业务"两张皮"问题初探	政工办	—
	中欧班列集结中心建设海关监管模式研究	口岸监管处	乌昌海关
	心理服务在海关队伍中的应用	喀什海关	—
	边境陆路口岸智慧海关建设研究	口岸监管处	—
	国际海关发展战略比较研究	办公室	塔城海关
	上海合作组织贸易成就及展望	统计分析处	卡拉苏海关

表5-3 续

课题类型	课题名称	牵头单位	参与单位
"优秀"等次的关级课题（5项）	加强海关"三智"合作服务丝绸之路经济带核心区高质量发展策略研究	办公室	法规和综合业务处、口岸监管处、动植物检疫处、卫生检疫处、商品检验处、科技处、喀什海关、霍尔果斯海关、阿拉山口海关、塔城海关
	探索"十四五"时期激活边关人力资源动态调配机制	人事处	喀什海关、霍尔果斯海关、伊宁海关、阿拉山口海关、监察室
	后疫情时代立足南疆特殊区情营造良好跨境贸易营商环境探析	喀什海关	红其拉甫海关、卡拉苏海关、伊尔克什坦海关、吐尔尕特海关、阿克苏海关、和田海关
	基于贯通融合理念完善关区监督体系的探索	督察内审处	法规和综合业务处、人事处、政工办、监察室、巡察办
	陆路口岸智能边境建设研究	口岸监管处	喀什海关、霍尔果斯海关、阿拉山口海关、伊尔克什坦海关
"合格"等次的关级课题（11项）	"十四五"时期优化关区资产管理路径研究	财务处	科技处、口岸监管处、喀什海关、霍尔果斯海关、阿拉山口海关、机场海关
	"十四五"时期构建北疆区域开放型经济一体化发展新格局的探析	霍尔果斯海关	阿拉山口海关、塔城海关、阿勒泰海关、石河子海关、统计分析处、企业管理和稽查处
	新形势下霍尔果斯国际边境合作中心与霍尔果斯综合保税区联动发展分析研究	合作中心海关	—
	"一带一路"背景下新疆跨境电商新业态高质量发展对策研究	阿拉山口海关	口岸监管处
	海关促进塔城重点开发开放试验区高质量发展的思考与研究	塔城海关	法规和综合业务处、动植物检疫处、进出口食品安全处、企业管理和稽查处
	关区冰鲜水产品"附条件提离"监管模式探索研究	进出口食品安全处	乌鲁木齐地窝堡机场海关、吐尔尕特海关、霍尔果斯海关、伊宁海关
	海关助力新疆农机装备产业转型升级路径探析	商品检验处	关税处、企业管理和稽查处、乌昌海关、石河子海关
	促进自治区马产业高质量发展的思考与研究	动植物检疫处	伊尔克什坦海关、阿拉山口海关、吉木乃海关
	以积极扩大进口更好服务新疆高水平开放高质量发展	统计分析处	动植物检疫处、商品检验处、喀什海关、乌昌海关、阿拉山口海关、塔城海关、哈密海关
	新发展格局下提升关区风险管理工作高质量发展的路径探索	风险防控分局	缉私局、阿勒泰海关
	新时代赋能红其拉甫海关"四特"精神新内涵路径研究	红其拉甫海关	政工办

【海关学会工作】2021年，乌鲁木齐海关依托乌鲁木齐海关学会扎实开展群众性理论研究，选聘36名关区特约撰稿人，制发《乌鲁木齐海关学会关于广泛发动干部职工积极撰写学会征文的倡议》，明确加强学会工作激励保障的10条具体举措。全年征集高质量理论研讨文章160篇，投稿和获奖情况得到中国海关学会、天津分会肯定和好评（见表5-4）。围绕落实"安全、稳定、发展、统筹、提升"工作要求等主题开展征文，编辑刊发《关区工作研究》41期。在《海关政研》《海关研究》等总署期刊刊载理论文章12篇。大力营造群策群力、集思广益的浓厚建言献策氛围，打造全国海关首个管理网在线政研交流平台——"点靓边关"，审核刊载近200篇政策研究文章，为关区政研工作提供了共享、共研、共进的有力平台和载体。

表5-4　2021年乌鲁木齐海关学会征文获奖情况一览表

获奖类型	论文题目	作者
中国海关学会优秀论文（1篇）	总体国家安全观视角下海关维护种质资源安全的实践路径探析	孙涛、丁诗玉
中国海关学会入选论文（4篇）	以"三智"建设提升边境海关国门安全防控治理能力的路径探索	李清华
	"筑篱""破冰"统筹施力——总体国家安全观视阈下海关加强技术性贸易措施工作研究	丁诗玉
	浅析总体国家安全观视域下海关如何打造国门安全屏障	罗现
	新时代背景下我国海关维护国门安全面临的挑战和对策研究	张晓东、王若愚
天津分会优秀论文（6篇）	欧盟拟征碳关税对中国的影响及对策研究——基于海关与国家安全的视角	艾合太木古丽·艾海提
	强化海关国门安全监管机制的研究与思考	王艺
	口岸公共卫生风险防控形势分析及对策研究	李新、曹红建、赵超杰
	优化海关粮食安全监管手段　中亚粮食经贸合作高质量发展	甫尔海提·艾来提、刘馨、范世豪
	践行总体国家安全观　保障海关网络和数据安全	王秀苍、张加奇
	总体国家安全观下的中哈霍尔果斯国际边境合作中心食品安全治理模式思考	王丽
天津分会入选论文（3篇）	总体国家安全观背景下边关专业人才队伍建设浅探	董晓丽
	后疫情时代守护国门安全的一线关员心理问题分析及应对策略	唐迎秋、王新辉
	总体国家安全观视角下的海关内控机制建设与使命担当	耿煜

表5-4 续1

获奖类型	论文题目	作者
乌鲁木齐海关学会优秀论文（10篇）	以"三智"建设提升边境海关国门安全防控治理能力的路径探索	李清华
	口岸公共卫生风险防控形势分析及对策研究	李新、曹红建、赵超杰
	践行总体国家安全观 全力保障海关网络和数据安全	王秀苍、张加奇
	浅析总体国家安全观视域下海关如何打造国门安全屏障	罗现
	欧盟拟征碳关税对中国的影响及对策研究——基于海关与国家安全的视角	艾合太木古丽·艾海提
	总体国家安全观视角下海关维护种质资源安全的实践路径探析	孙涛、丁诗玉
	"筑篱""破冰"统筹施力——总体国家安全观视阈下海关加强技术性贸易措施工作研究	丁诗玉
	新时代背景下我国海关维护国门安全面临的挑战和对策研究	张晓东、王若愚
	强化海关国门安全监管机制的研究与思考	王艺
	优化海关粮食安全监管手段 中亚粮食经贸合作高质量发展	甫尔海提·艾来提、刘馨、范世豪
乌鲁木齐海关学会入选论文（15篇）	总体国家安全观下的中哈霍尔果斯国际边境合作中心食品安全治理模式思考	王丽
	总体国家安全观视角下的海关内控机制建设与使命担当	耿煜
	总体国家安全观背景下边关专业人才队伍建设浅探	董晓丽
	后疫情时代守护国门安全的一线关员心理问题分析及应对策略	唐迎秋、王新辉
	海关审计监督工作对于国门安全防控作用刍议	王欢
	从落实总体国家安全观视角谈海关行政执法统一性建设	于志丰、郭文秀
	如何做好海关数据安全管理工作	木合塔尔·艾沙、潘晓雪
	新形势下全方位深化"一带一路"沿线国家海关国际合作助力构建贸易安全新发展格局	张亚楠
	面向中亚国家国门生物安全防控策略	郭玺
	统筹发展和安全，促进外向型农业高质量发展初探——以新疆区域外向型农业发展为例	王均祥、黄涛、史向向
	在总体国家安全观视角下探索边关人力资源使用调配机制	武姣
	党建+筑牢海关意识形态安全防线	唐迎秋、王秀苍
	新形势下做好海关保密工作，行总体国家安全观的几点思考	聂淼
	"十四五"时期海关加强国门生物安全工作的思考	蒋晓玲、黄涛
	总体国家安全观视角下构建多元立体智慧海关路径初探	陈小丹

表5-4 续2

获奖类型	论文题目	作者
乌鲁木齐海关学会鼓励论文（25篇）	智能审图背景下运用"大数据+统计学"构建精准审像安全准入防控机制 部"十四五"发展保驾护航——以乌鲁木齐海关为例	袁家瑜、贺昊
	统筹安全与发展优化综合保税区检验检疫制度	杨昆、帕孜丽亚·不都热合曼
	新时代海关践行总体安全观提升制度治理效能对策研究	王静
	加强基层海关知识产权保护工作的几点思考	木合塔尔·沙、穆妮热·拉木
	总体国家安全观下海关应对边境口岸非传统安全挑战与应对思考	钟光春
	新形势下在维护国门安全中强化海关科技支撑引领作用的思考与建议	程晓伟
	总体国家安全观视阈下的海关职能再认识	王新辉、唐迎秋
	落实总体国家安全观加强海关外来杂草监测工作的思考	史向向、陈翔
	"三智"建设背景下中哈联合监管模式发展研究	李雯婷
	从监督执纪角度约束保障口岸安全的路径初探	宋洪波
	疫情常态化背景下海关服务国门生物安全战略探究	黄刚
	落实总体国家安全观 筑牢国门安全防线	杨萌
	聚焦高质量发展内涵 海关风险管理工作高质量发展的几点思考	谢莉婧、保小华
	推动新时代海关提升国门安全风险防控能力的研究与思考	迪丽拜尔·比提、赵家莉
	新形势下推进进口食品安全现代化监管能力提升的思考	史向向
	基于贸易安全视角下海关助力实现"双碳"目标的思考	赵睿
	总体国家安全观背景下提升海关监管效能路径初探	居来提·孜
	筑牢口岸打私综合治理安全防线——以新疆喀什为例	董波、刘超君
	美国及其他国家涉疆不公正政策对新疆出口贸易安全影响的研究	王瑶
	试论强化海关实验室建设筑牢国门安全防线的路径	王振宝
	后疫情时代推进口岸公共卫生体系建设的探索和思考	兰峰、赵超杰、李洋、王梦琪
	做好海关监管作业场所安全工作路径探析	格热提、程天立、迪丽努尔·尔肯
	新形势下智慧缉私发展路径的探析与思考	缉私局办公室课题组
	"一带一路"背景下海关落实总体国家安全观路径探析	李冬梅
	以海关风险管理为抓手 践行总体国家安全观	索金玲

（撰稿人：王均祥 刘 扬 牟 锟
梁 昉 魏小刚）

财务管理

【概况】2021年,乌鲁木齐海关坚决落实过"紧日子"要求,按照"优先保民生、重点保运转、精准保发展"的原则,统筹各类资源,提高财务保障能力。合理安排支出预算规模,侧重边关一线、艰苦地区需求,优化财政支出结构,狠抓预算执行进度,全面实施预算绩效管理。推动国企改制和关区事业单位所属企业脱钩工作。依法规范开展资产清查盘点、房地产整合、涉案财物处置等工作。全面提升边关生活设施保障能力。加强财务基础工作,组织开展"强基础、促规范"提升活动,持续完善财务管理制度标准体系,制(修)订基本建设管理、施封锁管理、预算绩效监控等8项制度和工程报建等3个流程,推进关区财务制度执行统一规范。以视频会议方式举办7期财务"微讲堂",邀请资产、基建等领域专家远程开展4次讲座。建立财务部门"点对点"帮扶机制,通过现场调研、视频座谈、调查问卷等多种形式,详细了解掌握基层财务工作情况,开展调研检查10次,发现并推动解决问题17个。

【税费财务管理】2021年,乌鲁木齐海关不断规范收费管理工作,联合相关部门对口岸收费清单具体项目进行再核对、再审查,针对关区收费工作存在的隐性风险提出切实可行的核查方法,坚决杜绝违规"乱收费"情事发生。2021年,乌鲁木齐海关税收为100.99亿元,同比下降7.91%。其中,关税3.03亿元、进口增值税97.96亿元。"财关库银"联网使用率99.55%。按照总署财务司工作部署,积极推广行邮税纳入"财关库银"联网工作。

【预算管理】2021年,乌鲁木齐海关坚持厉行节约,结合关区工作实际调整优化支出结构,优化财物支出管理工作模式,积极运用"零基预算"概念,合理确定支出预算规模,调整完善关区重点支出的预算编制。加强对边关一线、艰苦地区隶属海关的保障,充分考虑应急装备配置、日常公用需求。依法合规推进预算执行,注重执行质量,加大预算绩效管理力度,不断提高资金使用效益。组织关区27个单位276个二级预算项目全部开展绩效自评,绩效自评率100%;关区113个预算项目开展绩效目标完成情况和预算资金执行情况监控，覆盖率100%。

【部门决算管理】2021年，乌鲁木齐海关安排专人做好年度部门决算相关准备工作，通过海关财务管理系统，以远程工作方式对关区财务数据进行了审核梳理，做到各财务独立核算单位全覆盖。在确保各项财务核算数据准确完整的基础上，按时完成决算编报工作。严格按照总署财务司关于做好总署所属单位决算公开工作相关要求，完成2020年度关区13个单位决算数据在门户网站公开工作。

【涉案财物管理】2021年，乌鲁木齐海关持续规范涉案财物管理工作，组织开展长期未处置涉案财物专项清理，全面清查盘点关区所有在库的涉案财物。对关区涉案财物仓库（包括社会仓库）开展现场检查和视频抽查，并对存在问题督促完成整改。推动落实走私冻品归口处置应交尽交，濒危物种及其制品移交处置工作取得新进展。年内共向自治区林草局、自治区农业农村厅移交涉案财物3批次，包括象牙、红珊瑚、羚羊角、龟类标本、北山羊角、盘羊角等。

【非法入境固体废物移交处理工作机制建立】为推动海关执法过程中查获的无法确定责任人或者无法退运的非法入境固体废物（以下简称"双无"固体废物）及时有效处置，并依法加强"双无"固体废物处置过程中的污染防治监督管理，2021年，乌鲁木齐海关按照总署部署要求，主动加强沟通协调，积极推进非法入境固体废物移交处理工作机制建设。11月23日，乌鲁木齐海关与自治区生态环境厅、自治区财政厅联合印发《关于明确非法入境固体废物移交处理有关事宜的通知》，建立"双无"固体废物议事协调机制，明确各单位职责分工和移交程序，为关区非法入境固体废物移交处理工作奠定基础。

【企事业财务管理】2021年，乌鲁木齐海关严格按照总署工作要求，推动国企改制和关区事业单位所属企业脱钩工作。研究制订《乌鲁木齐海关国企改革三年行动工作方案》，积极做好与总署沟通对接，加大对所属各企业单位的指导力度，根据实际情况制定"一企一策"，推动完成新疆颐海大酒店全民所有制企业改革。加快推进关区企事业单位脱钩工作，制订《乌鲁木齐海关所属企业新疆九洲熏蒸消毒有限公司注销工作方案》，成立新疆九洲熏蒸消毒有限责任公司清算组，建立完善联系协调机制，于12月28日顺利完成脱钩工作。

【机关财务管理】2021年，乌鲁木齐海关统筹机关本级各项资金，坚持量入为出、勤俭节约，年初制订机关本级预算执行方案，进一步压紧压实预算主体责任，按要求推进完成年内部门预算执行目标。充分发挥财务条线职能监督作用，组织开展财务基础工作检查，梳理排查财务领域存在财务基础工作风险点，围绕财务制度建设、报销流程、岗位设置、会计档案管理、印鉴U盾管理、银行对账和会计记账的时效性等财务基础工作，认真排查问题并监督落实整改。

【基建管理】2021年，乌鲁木齐海关稳步推进基本建设管理，关区9个基建项目全部竣工。组织申报边关生活设施保障能力提升工程项目，研究制订《乌鲁木齐海关边关生活设施保障能力全面提升工作方案》，赴9个隶属海关实地调研，通过视频、电话、邮件等方式进行远程审核，推进边关生活设施保障能力提升项目顺利实施，切实将总署党委支持艰苦地区边关22条保障措施落到实处。

▲2021年8月8日，卡拉苏海关新建职工宿舍楼完成竣工验收。（摄影：王子瑜）

【装备管理】2021年，乌鲁木齐海关推进口岸应急装备设备配备，总署配发太阳能光伏发电设备1套、制氧机8台、净化水设备12套，主要配发到吐尔尕特海关、红其拉甫海关、卡拉苏海关等7家口岸海关单位。综合考虑关区各单位人员下辖业务口岸及现场数量、辖区道路交通状况以及现有车型配置等因素，年内新购公务车辆全部分配至隶属海关使用，保障业务一线用车安全。针对南疆地区地震多发的情况，为南疆四关配发应急帐篷、应急LED灯具、应急保温毯等系列地震应急救灾物资。

【疫情防控物资保障】2021年，乌鲁木齐海关立足关区新冠肺炎疫情防控工作切实需要，全力做好常态化疫情防控资金和物资保障工作。积极向总署争取追加疫情防控专项经费，确保疫情防控期间临时工作补贴、一线人员安全防护等各项保障到位。加强防疫物资筹集、储备、调配、发放管理，及时精准确保口岸一线物资储备充足、质量安全可靠。面对新疆局部地区发生疫情情况，第一时间与地方政府、各相关隶属海关沟通联系，开通防疫物资绿色通道，确保储备充足、配发到位。全年配发防疫物资77批次。

【资产管理】2021年，乌鲁木齐海关成立资产清查工作领导小组，制订专项工作方案，按照"账务调整、实物盘点、核查报告、资产处置及优化利用"四个阶段开展盘点工作，并结合经济责任审计关注重点，同步开展房产地产、车辆、照相摄像器材专项核查。通过以账对物、以物核账等方式再次梳理核对关区闲置房地产底数，全面准确了解关区房地产各项基本情况，完善房地产管理手续，建立房地产管理问题台账和闲置房产台账。推进闲置房地产整合利用，对已处置利用的做好信息登记，对未处置利用的持续跟踪督办，顺利完成总署70%处置利用率的目标。

（撰稿人：陈　洁）

督察内审

【概况】2021年,乌鲁木齐海关聚焦习近平总书记重要讲话和重要指示批示精神,聚焦党中央国务院重大决策部署,找准督察内审工作重点,将政治要求固化到工作的各方面、全过程。贯通融合开展督审监督工作,通过审计、督察、执法评估项目的实施,确保党中央决策部署和总署党委工作要求落实到位。加强内控机制建设,强化对权力运行的制约和监督,以创建内控示范单位为契机,发挥内控主体作用,进一步构建上下联动、相互连通的格局。加强督察内审队伍建设,不断充实督审工作队伍力量。

【督察监督】2021年,乌鲁木齐海关完成"严格进境高风险货物风险监测和预防性消毒措施落实情况督察"和"进出口危险化学品监管措施落实情况督察"2项署级督察项目。结合年度重点工作任务和重大工作事项,围绕优化口岸营商环境、打击洋垃圾走私和象牙等濒危物种走私、加强数据管理和网络安全管理等工作,开展7项关级督察项目。针对督察发现问题提出合理化意见建议30条,健全相关内控节点。优化督察作业模式,制定督察项目清单,强化联系沟通,建立数据分析跟踪核查机制,依托HLS2017、"云擎"及新一代查验管理系统等,开展远程数据分析,发布督察问题清单,"对账销号"闭合问题整改回路,推动重大决策部署落实到位。

【内部审计】2021年,乌鲁木齐海关坚持审计监督"四步"工作法和"审前数据分析+现场验证核实"工作模式,集中研判数据先行,分领域筛选疑点数据和线索清单,加强审计项目质量管控,固化审计作业环节,统一实施方案、统一分析方式、统一作业流程、统一研判标准。融合开展"推动重大决策部署贯彻落实、强化监管优化服务、贯彻执行中央八项规定及其实施细则精神情况""实验室调研"2项署级专项审计;完成"政府采购和资产管理"关级专项审计项目。对9名隶属海关主要负责同志开展经济责任审计,同步对7个隶属海关资产管理、政府采购情况开展现场验核。年内,共开展各类署级、关级审计项目12项,建立问题台账,提出审计建议并督促整改。完成"滞留口岸的外籍车辆和过境、临时进境小汽车涉及逾期保证金未及时清理"等历史遗留问题整改。落实"边审、边指、边教、边建"要求，现场审计中实施帮扶整改立行立改，形成"指出问题、教授方法、建立机制"良性循环，实现审计效率和质量双提升。启动督察内审问题库项目建设，推动发现问题利用效益最大化。

【探索推动各类监督贯通融合】2021年，乌鲁木齐海关建立监督联席会议机制、联合监督机制，实现"全程联合"工作机制，加强事前"统筹"，实施事中"联查"，加强事后"共享"，每日共判、共商问题疑点，共享督察内审、巡察结果，推动经济责任审计、政治巡察、重大决策部署跟踪督察等监督检查有效融合，形成常态长效监督合力。开展"基于贯通融合理念完善关区监督体系的探索"课题研究，从理论政策、法定权责、目标流程、成果运用和实践探索等方面进行可行性分析，并从原则、制度、机制、模式4个层面提出贯通融合的思路。年内，对6个隶属海关实施巡察组与经济责任审计组同步进驻，共享核查要点和监督成果，共同研判问题线索，发挥监督合力，较原先做法压缩现场工作时间50%，节省人力资源43%，问题疑点互认采用率80%。

【内控建设】2021年，乌鲁木齐海关制定内控机制建设8个方面、11项具体任务，细化考核指标22项。梳理审计、督察发现的问题和关注重点，更新风险管理、卫生检疫、采购管理等8个重点业务领域内控节点65个。应用HLS2017平台补证、补征税款、移交缉私稽查线索等数量大幅增长，内控节点查发问题成效达50%，内控培训、运用系统完善制度等工作均居全国海关前列。科学构建评价指标，形成包含130个内控节点的评价清单，按照评价步骤和时间节点，通过调查问卷、系统分析等方式稳步推进内控评价。开展内控前置审核39项、提出复核意见充分保障制度源头的质量。

【推进内控示范"样板间"建设】2021年，乌鲁木齐海关制定隶属海关、职能部门和事业单位3个层面、65项创建标准，明确创建内控示范单位"样板间"的目标任务，持续深入推动全关区创建活动，进一步发挥标杆引领作用。组织2次内控培训，并选取9个不同类型的单位、部门开展示范交流。全面总结创建成效，宣讲内控理念，提炼可复制推广的经验做法和亮点，构建了"三道防线"上下联动、相互连通的格局，统筹提高对"三大风险"的防范化解能力，关区治理能力和治理水平明显提升。

【执法评估】2021年，乌鲁木齐海关围绕提升执法水平和管理能力，精准对标政策要求和制度规定，通过"数据+指标+分析+调研"的评估模式，选取部分隶属海关以现场评估、发放调查问卷等方式开展执法评估，细化形成调研要点85项。完成或参与署级执法评估 5 项，完成关级执法评估 3 项，针对评估发现的问题风险，不断从顶层设计、强化检验检疫业务、完善制度等方面提出建议，推动关区改革创新、信息化系统优化、进境粮食运输监管等工作质效提升，为全方位了解重大决策部署和重要改革事项的推进成效、提升海关执法水平和管理能力提供有效参考。

（撰稿人：王　京　唐明明）

离退休干部工作

【概况】 2021年，乌鲁木齐海关以推进信息化、精准化、规范化建设为抓手，切实做好离退休干部服务保障工作。以创建"桑榆映金徽"党建品牌为契机，认真落实"三会一课"、主题党日等组织生活制度，组织离退休干部集中学习8次、主题党日活动10次、讲党课8次，参加活动超过1,200人次，引导离退休干部发挥余热。

截至2021年12月31日，乌鲁木齐海关共有离退休人员545人（其中离休干部5人）。其中，乌鲁木齐海关机关离退休人员264人、隶属海关及事业单位退休人员281人，离退休人员平均年龄64岁。设立离退休干部办公室党委，下设1个离退休干部办公室党支部、6个离退休干部党支部、7个隶属海关设退休干部党支部。离退休干部中共有党员405名。

【离退休干部思想政治工作】 2021年，乌鲁木齐海关围绕庆祝中国共产党成立100周年，结合离退休干部工作特点，通过微信群推送党史学习教育内容和理论文章，以书记讲党课、讲红色故事、宣传身边优秀党员先进事迹等方式传承红色海关史。开展"我看建党百年新成就"调研活动，与370名老同志面对面座谈或线上交流互动；150余名老同志撰写了心得感言，110人次参加党史知识竞赛、纪念建党百年征文、访谈、唱红歌、书法绘画摄影等活动，4幅作品被总署离退休干部局刊发收录，组织老干部合唱队编排的节目《江山》参加区直机关工委"红色故事会"暨合唱比赛。为37名老党员颁发"光荣在党50年"纪念章。

▲2021年6月19日，乌鲁木齐海关离退休干部参加关区庆祝中国共产党成立100周年"红色故事会"暨合唱比赛。（摄影：贾佳）

【离退休干部工作"三化"建设】 2021年，乌鲁木齐海关宣传推广"智慧银海"平台，并做好使用培训。落实离休干部"一人一策"机制，对特殊困难老干部建档立册、精准帮扶，建立离退休干部钉钉平台学习群，定期联系异地居住老同志，以微信视频方式慰问200余人次。创新服务方式，协调医院开设健康门诊，解决上门诊疗、上门采集核酸、理发、医保服务等诉求230余人次，落实困难老党员补助及各类福利。开展关区离退休干部社团兼职、出国（境）情况以及违法违规情况的个人情况调查摸底，开展意识形态专题问卷调查，规范护照管理。

【离退休干部服务保障】2021年，乌鲁木齐海关按要求落实离退休干部政治待遇和生活待遇，为37名荣获"光荣在党50年"纪念章的老党员颁发纪念章，并组织参加关区"两优一先"表彰大会，邀请90岁高龄的老党员讲述党的光辉历程；发放理论学习书籍200多册，为5个活动中心订阅报刊杂志。元旦、春节、古尔邦节等重大节日走访慰问70余人次，开展踏春、唱红歌、健步走、棋牌等活动，为老干部办理落实享受医疗待遇、发放消防器材、查询个人档案等实事500多件（次）。

【离退休干部工作宣传】2021年，乌鲁木齐海关结合年度离退休干部重点工作，加强总结提炼和信息挖掘，扩大工作成效宣传效果。年内，重点宣传93岁老党员师连功同志主动上缴15,000元特殊党费、杨杰同志在帕米尔高原脱贫攻坚一线担当奉献、亚力坤·吾斯曼同志热心乡村教育公益事业等事迹，推选1名退休干部参加关区学习习近平总书记"七一"重要讲话精神宣讲会。共向各载体报送活动宣传信息30余篇；微信稿11篇，其中总署"鑫海桑榆"微信平台采用9篇；工作经验材料3篇、先进事迹材料3篇。

（撰稿人：赵　江）

第六篇

隶属海关

喀什海关

【概况】1950年6月，喀什海关成立；2006年7月升格为副厅级海关；2018年4月，原喀什出入境检验检疫局转隶划入喀什海关。承担辖区内进出口商品、运输工具、邮件及人员的征税、监管、缉私、出入境检验检疫、统计等工作。内设办公室（党委办公室）、综合业务处、查检处、稽查处、物流监控处、人事政工处（党委组织部）6个正处级机构，1个正处级派出机构驻机场办事处，1个正处级事业单位技术中心。设机关党委，下设10个党支部（含1个离退休干部党支部）。2021年，喀什海关有行政在编人员90人、事业在编人员15人。

【党史学习教育】2021年，喀什海关以"诉求反映+清单落实"模式扎实推进"我为群众办实事"实践活动，形成长效机制，完善工作制度和保障机制，及时解决干部职工困难和诉求，进一步巩固为群众办实事的成效。全年落实"我为群众办实事"项目清单27项。获得全国三八红旗集体、自治区"工人先锋号"、自治区普法工作先进单位省部级集体荣誉3项、自治区"五个一百群众工作能手"省部级个人荣誉1项；在关区党史知识竞赛决赛中，喀什海关与红其拉甫、卡拉苏海关组成的南疆片区1队获得一等奖；在关区庆祝中国共产党成立100周年"红色故事会"暨合唱比赛中，喀什海关音诗画舞《边关放歌》节目荣获一等奖；在执法一线科长（基层党支部书记）党史学习教育"微课堂"视频竞赛活动中，喀什海关推送"微党课"综合成绩名列关区第一；在自治区总工会举办的"永远跟党走·学党史知党恩颂党情"线上主题演讲比赛中，喀什海关古丽尼格尔·卡达木位列全疆第一名，代表自治区总工会参加"中国梦·劳动美"全国职工演讲比赛获得集体优秀组织奖和个人优秀奖；李继楠代表乌鲁木齐海关参加海关文化建设西北协作区党史知识竞赛获得三等奖。

【新冠肺炎疫情防控】2021年，喀什海关梳理、规范特殊航班监管流程，动态调整优化疫情防控举措。监管出入境特殊航班56架次，检疫监管进出境人员3,955人次，采集入境人员核酸检测样本2,195份，采集行李物品、现场环境样品216份。开展新冠肺炎疫情防控专题培训45次，应急演练14次。

【安全把关】2021年，喀什海关深入贯彻落实习近平总书记关于筑牢口岸检疫防线、禁止洋垃圾入境等重要指示批示精神，深入推进"国门利剑2021"专项行动，立案侦查刑事案件2起，立案行政案件90起，案值3,626.16万元，罚没入库247.96万元。严格执行进出境运输工具、货物、物品100%机检查验要求，不断加大反宣品、枪支弹药等查缉力度。高质量做好国门生物安全监测工作，严格落实食品安全"四个最严"要求，深入开展进口食品"国门守护"行动。查获不合格蜂蜜1批次、4.40吨，作销毁处理。查获不符合危险品包装要求锂电池85个、石棉长绒6包、150千克，作不予出口处理。首次在南疆口岸监测发现侧缘佘氏蠊9只，初步鉴定为病媒生物外来物种。实施"能力提升工程"，锤炼业务技能、锻造业务尖兵，在全国海关商检领域进出口危险品及其包装检验监管岗位练兵和技能比武中，查检处副处长曹红建获得全国海关商检领域"万人争先"线上练兵百强称号。在关区动植物检疫防控能力提升岗位练兵和技能比武中，获得团体第二名、个人第一名、第二名。

【服务发展】2021年，喀什海关党委班子先后走访驻地党政和深入企业调研35次，向地方党委、政府提出"三区联动发展、政策叠加、优势互补、整体推进，助力喀什地区新业务新业态快速发展，打造国内国际开放新高地"建议，得到喀什地委领导充分肯定，并批示"全力支持推进"。向地方党政报送贸易分析等各类报告25期。制定《喀什海关跨境电子商务零售进出口通关业务流程》等作业规程12项，编制《跨境电子商务发展指导手册》，2月26日，南疆首票跨境电商货物在喀什综合保税区顺利通关。5月18日，总署批准在喀什航空口岸设立全国首批、全疆首个进境水果、肉类、冰鲜水产品、食用水生动物综合性指定监管场地。积极协助地方领导与相关部门沟通协调，助力跨境电商专列国际联运计划落地，推动中国喀什—乌兹别克斯坦塔什干首列跨境电商班列于11月26日成功开行。喀什地区全年进出口贸易额231.2亿元，同比增长89.7%，进出口总值位列新疆第三位。跨境电商发运货物1,488.19万单，完成喀什地区1,000万单目标。

【支持综合保税区发展】2021年，喀什海关统筹喀什综合保税区和驻机场办事处业务发展，按照"虚拟科室、实体运作"模式，抽调43名业务骨干充实到虚拟科室，把喀什综合保税区和国际空港作为喀什海关履行职责的主阵地。同时，推进业务网络改造、系统设备调试，对业务重新进行布局，将喀什综合保税区办事大厅改造为"喀什海关一站式业务大厅"，设立28个窗口办理8大类48项业务，涵盖通关、监管、查验、保税、检验检疫、缉私等海关业务。联合喀什综合保税区管委会、商务局等部门成立综合保税区发展绩效指标提升专班，共同谋划支持综合保税区高质量发展的路线图，制定具体举措落实时间表。协调喀什经济开发区管委会，共同成立跨境电商、融资租赁、货运包机、指定场地4个工作专班。喀什综合保税区全年进出口贸易额37.1亿元，同比增长436.8%。

【综合保障】2021年，喀什海关开设"法治讲堂"，营造全员学法氛围。组建信息新闻宣传队伍，创建内控示范单位，解决疑难问题11个。在喀什海关中心机房配建环境动力监测监控系统，实现机房智能化管理。推进历史积压涉案财物库存专项清理工作，首次实现涉案财物库存历史"清零"目标，共处置涉案财物30批次。有序推进固定资产清查、盘活置换、产权变更和证书办理等事宜。

（撰稿人：曹雅青）

乌鲁木齐地窝堡机场海关

【概况】2004年，总署批准设立乌鲁木齐机场海关；2018年4月，原新疆出入境检验检疫局机场办事处转隶划入乌鲁木齐机场海关；2019年1月更名为乌鲁木齐地窝堡机场海关（以下简称"地窝堡机场海关"）。承担乌鲁木齐地窝堡国际机场口岸区域海关监管、征税、缉私、出入境检验检疫、统计等工作。内设办公室（党委办公室）、人事政工科（党委组织宣传部）、综合业务科、卫生监督科、值机监控科、监管科、查检一科、查检二科、查检三科、查检四科10个科室。编制93名，2021年实有80人。设机关党委，下设10个党支部，共有党员62名、预备党员2名。

2021年，地窝堡机场海关监管各类进出境航班1,172架次，其中货运包机935架次，同比增长30.60%；监管进出口货物1.61万吨、贸易额42.90亿元，同比分别增长31.2%、45.13%；检疫监管进出境人员1.26万人次。

【党史学习教育】2021年，地窝堡机场海关坚持"第一议题"制度，开展学习200余次、专题研讨9次，开展党组织书记讲党课、普通党员讲微党课69次。通过联合广州白云机场海关开展"云上党日"和座谈交流等形式，组织党员分享党史知识、谈感悟、谈心得，开展诵读红色经典、打卡红色地标、红色演讲比赛、庆祝建党100周年等系列主题党日活动20余次，参加关区党史知识竞赛和"我身边的榜样"故事演绎活动，分获二等奖、三等奖。推动"我为群众办实事"46项任务落地落实，其中1项列入关区干部"急难愁盼"事项。推进暖心聚力工程，慰问一线关员、驻村干部80余人次，完成职工宿舍楼改造项目，开源节流配齐基础生活设施，新增自助外卖机等多项便利服务，组织开展向困难职工爱心捐款2次，筹措款项1.65万元，向驻村工作点捐赠衣物、玩具等各类生活物资1,000余件。

【新冠肺炎疫情防控】2021年，地窝堡机场海关聚焦自治区党委"五分五联"和乌鲁木齐海关党委"六抓""十到位"工作要求，制定《航空口岸新冠肺炎疫情防控监管流程》等5项监管流程，梳理8个关键环节，完善14类应急处置预案和9份应急演练脚本，进行桌面推演和应急演练70余次。分3批25人到广州白云机场海关跟班实训，参与机场疫情防控各类工作方案制订，向机场防控专班研提建议，将海关职责与要求嵌入机场联防联控机制。克服人力资源紧张、监管点分散、监管风险高等困难，保障完成库尔勒、南山、昌吉等多项重大监管任务，实现"打胜仗、零感染"目标，监管工作组被乌鲁木齐海关授予集体三等功荣誉。

【支持空港口岸发展】2021年，地窝堡机场海关支持10余条国际货运新航线开通，重点支持的3条精品货运航线执飞总量占货运包机总量近50%。通过"一对一"指导、"7×24小时"预约通关、驻库监管等措施，保障法国种猪进口，支持首批银饰、鲟鱼子酱等特色产品走向国际市场。推动"证照分离"政策落地，与乌昌海关制订空港口岸进口肉类产品跨区域监管方案。推广应用"两步申报""两段准入"，"两步申报"应用率达72.24%，居关区首位。全年进出口整体通关时间分别为44.25小时、1.60小时，与2017年相比分别压缩77.50%、88.02%。支持乌鲁木齐地窝堡国际机场T4航站楼建设，对接机场改扩建指挥部等单位，报送各项监管设备需求，就监管流程、区域划分等达成一致，共同研究解决12类、40余个问题，形成《乌鲁木齐地窝堡机场海关T4航站楼旅检业务工作方案》，细化11个环节工作流程，确保各项规划满足海关实际监管业务需要。

【队伍建设】2021年，地窝堡机场海关加强基层党组织建设，选取2个支部为示范支部，4个党支部被评定为A类党支部，2名党员分别获得自治区优秀共产党员、自治区直属机关工委优秀共产党员荣誉称号。提升队伍专业能力与执行力，174人获取卫生检疫员、动植物检疫、加工食品签证官等相关资质，49人次参加总署危险化学品包装检疫监管岗位练兵，队伍专业化水平明显提升。推行清单化、精细化管理，建立包含各科室职责清单、问题整改清单、重点工作清单、底数清单、风险清单、日周月工作清单和机场海关负面清单在内的"6+1"清单；建立各类专项工作清单10余项，动态更新249项日常工作建立"一督到底"清单，通过设置"红蓝区"，实时对落实情况进行提醒督促，确保各项工作落实。

（撰稿人：岳　宁）

乌鲁木齐邮局海关

【概况】2019年2月22日，乌鲁木齐邮局海关（以下简称"邮局海关"）正式成立。承担辖区内邮件、快件、跨境电商海关征税、监管、出入境检验检疫、统计等工作；根据乌鲁木齐海关党委授权，承担全疆边境口岸H986大型集装箱检查设备的集中审像工作。内设办公室（党委组织宣传部）、综合业务科、查检科、集中审像科4个科室。共有编制38名，2021年实有39人。设党总支，下设4个党支部。

【集中审像】2021年，邮局海关以牵头开展"优化集中审像"课题研究为抓手，充分发挥联网集中审像优势，挖掘智能审图潜力，进一步扩大识别范围，提高关员精准审图水平。坚持开展全年365天"7×24小时"不间断审像作业，全力支持关区口岸海关疫情防控一线人员利用科技监管手段避免职业暴露风险，筑牢口岸安全准入防线。全年累计审核图像71万余幅，同比增长0.92%；标记嫌疑图像726幅，有指令机检1,207票，查获8起。

【海关监管】2021年，邮局海关扎实开展"清邮""蓝网行动2021"等专项行动，加强与监管、缉私、风险防控等业务职能部门的联系配合，高质量查获和知识产权侵权查获均实现新突破。年累计监管各类进出境邮递物品105.72万件，同比下降85.32%；征收行邮税59.9万元；审查印刷品及音像制品0.8万件（盘）。进一步加强进境邮递渠道国门生物安全专项工作，截获外来入侵物种15批次、未依法办理进口检疫审批手续的动植物及其制品9批次、特殊物品2批次。加大对"化整为零""蚂蚁搬家"式进出口侵权行为的打击力度，首次在辖区出境邮递物品监管渠道查获知识产权侵权物品。严密防控邮递渠道涉疆意识形态领域风险，截获政治类有害出版物417份、淫秽色情出版物12份。参与汇总上报的信息被上级部门采用。

【打私工作】2021年，邮局海关保持寄递渠道打私高压态势，认真开展打击"水客"、濒危动植物及其制品、洋垃圾走私等专项行动，截获濒危野生植物及其制品3批次、517克，疑似固体废物3批次。积极配合开展"国门利剑"专项行动，查获疑似含有国家第二类精神药品7批次，移交办理行政案件1起。

【服务发展】2021年，邮局海关做好乌鲁木齐国际邮件互换局搬迁验收工作，指导邮企作业场地智能化、规范化改造，提高日均邮件处理能力。配合口岸海关完成乌鲁木齐至阿拉木图国际公路卡车运邮测试，支持畅通陆路邮运渠道，配合地窝堡机场海关开展航运专线运邮业务试点，支持邮政企业利用国际陆港区集运优势，开展班列运输邮政类电商包裹试点工作。

（撰稿人：杨以刚）

乌昌海关

【概况】2018年12月14日，乌昌海关获批成立；2019年2月22日，乌昌海关正式挂牌，由原乌鲁木齐出入境检验检疫局、乌鲁木齐海关现场业务处、乌鲁木齐海关驻车站办事处和乌鲁木齐海关企业认证与稽核查中心四个处级单位（"三处一局"）整合而成。承担辖区范围内海关监管服务工作；根据乌鲁木齐海关党委授权，同时承担关区业务集中审核审批和关区（不含南疆地区、伊犁区域）企业认证和稽查业务。内设办公室（党委办公室）、人事政工科（党委组织宣传部）、综合业务科、监管一科、监管二科、监管三科、查检科、业务审核科、稽核查科、财务科10个科室。核定编制100名，2021年实有92人。设机关党委，下设10个党支部。

2021年，乌昌海关共受理进出口报关单6.22万份，同比增长1.7倍；监管货运量83.30万吨，同比增长1.2倍；征收税款7,400.20万元，减免两税182.57万元。

【党史学习教育】2021年，乌昌海关紧密结合党史学习教育，不断强化基层党组织政治功能和组织功能。认真落实总署领导联系点建设相关要求，年内，总署党委委员、副署长邹志武到乌昌海关现场检查指导党史学习教育开展情况，所联系的稽核查科党支部创建的品牌被确定为全国海关党建示范品牌。年内举办党史知识竞赛20场次，参加关区党史知识竞赛获第二名，参加庆祝中国共产党成立100周年"红色故事会"暨合唱比赛荣获二等奖；建立"我为群众办实事"台账，党委班子成员实地走访调研32家（次），征集意见建议45条。各党支部为"访惠聚"工作队所在村捐款捐物、拓展农副产品销售渠道。上报"书记微党课"4部，获区直机关工委优秀奖2部；上报"书记项目"1个，"我为群众办实事"百佳项目2个。

【新冠肺炎疫情防控】2021年，乌昌海关制定完善疫情防控方案预案8个，建立工作台账5个。多式联运中心海关查验现场实行封闭式监管作业，一线关员封闭式工作197天，监管货物33.84万吨。梳理"甩挂运输"监管作业模式，开展口岸疫情防控应急演练，做好口岸开关准备工作。与地方相关单位签订防控协议5份。落实疫情防控日报告、零报告制度。建立"一线、预备、应急"三类疫情防控人员保障梯队，选派1人赴地窝堡机场海关支援疫情防控工作。制订进口种猪检疫监管工作方案，开展重大突发疫情应急处置演练，派员进驻种猪隔离检疫场开展为期115天的封闭式工作，完成2批次进口法国种猪隔离检疫工作任务。

【支持乌鲁木齐国际陆港区发展】2021年，乌昌海关落实促进中欧班列发运各项措施，开通"中欧班列申报绿色通道"，解决进口转关货物自动核销、进口油料作物接卸点备案考核等问题。完成3列"铁路快通"班列顺利发运；推动国际公路运输系统（TIR）、跨境电商及中欧班列联动发展，实现"中欧班列+跨境电商"业务落地国际陆港区，推行落实"7×24小时"预约通关，实现班列即到即验、即验即放。全年监管国际货运班列331列，同比增长0.61%；公路转关出口货运量24.27万吨，同比增长5.77倍。推动跨境电商业务发展，实现"1210""9610""9710""9810"业务模式落地。完成内卡口及口岸作业区建设，拓展"一区多功能"作业模式，推行"7×24小时"预约通关，推动实现"线上、线下"保税展示交易成功运行，与重庆西永海关建立"党建共建 业务共促"合作交流机制。2021年受理乌鲁木齐综合保税区报关单359票，进出区货运量8,014吨，贸易额17.87亿元，征收税款4,228.9万元。

【海关监管】2021年，乌昌海关查验进出口报关单730票，受理申报出口防疫物资7批次，货值395万元；考核进境粮食接卸点2家、2.2万吨；受理检验检疫申请9,957票；稽查企业56家，办结核查作业71起。办理知识产权案件19起，同比增长36%。办理"两简"案件47起，案值5,554.6万元。推动完成乌鲁木齐市打私工作领导小组及职责调整工作，组织召开全市首次打击走私综合治理工作会议。制定顺势监管作业流程，开展出口货物顺势监管改革政策宣讲会，选取3家企业在陆港区乌西国际物流园推进试点工作，实现拼箱出口货物顺势监管试点改革及时落地。落实国务院"双随机、一公开"监管要求，与乌鲁木齐市市场监督管理局开展出口备案食品生产企业联合抽查，完成抽查任务15家，责令整改10家，列出整改项23项。

【加工贸易】2021年，乌昌海关推广"智能审核+自助打印"智慧审签模式，全面实行网上办理;"送教上门"开展原产地政策和RCEP宣讲培训,签发原产地证书5,317份,签证量占关区的80%。对辖区72家企业进行认证培育,2家企业通过高级认证,7家企业通过一般认证;推行"主动披露"制度,落实政策红利,做好区外加工贸易货物监管,全年进出口贸易额2.21亿元,同比增长126.19%。

【基层党建】2021年,乌昌海关推进"强基提质工程",考核评定A类党支部4个、B类党支部6个。组织26名支部书记及党务干部进行"四强"党支部建设培训。培养入党积极分子8名、吸收预备党员3名、预备党员按期转正4名。在多式联运中心新建海关办公区党建文化阵地,完善综合保税区党建标准化示范点设施,新建电教室、书法绘画室、理发室,举办书画培训班。

(撰稿人:杨成伟)

红其拉甫海关

【概况】红其拉甫海关前身为1969年喀什海关派出的明铁盖工作组;1977年11月1日,水布浪沟支关正式成立;1982年5月1日,水布浪沟支关被正式命名为红其拉甫支关;1985年2月18日,改名为"红其拉甫海关",行政级别为正处级,所辖红其拉甫口岸与巴基斯坦苏斯特口岸相邻。2018年4月,原新疆出入境检验检疫局红其拉甫办事处转隶划入红其拉甫海关。内设办公室(党委组织宣传部)、综合业务科、监管科、查检科4个科室。核定行政编制35名,2021年实有32人。设党总支,下设4个党支部。

2021年,红其拉甫海关临时开关13次,监管出口货物4,705吨、货值3.2亿元,同比分别增长127.4%、207.3%。

【党史学习教育】2021年,红其拉甫海关用好水布浪沟党性教育基地,串联"线上""线下"红色资源开展体验式教学6次。建设党史文化长廊、执法一线初心堂、高原职工之家。运用"云党建"模式与中共一大会址纪念馆、总署人事教育司、上海海关学院、第18期中央党校海关中青年处级领导干部进修班等开展联学联建活动21次。开展"身边榜样故事讲述"等30次,推报专题党课分别获关区一等奖、二等奖,参加关区"红色故事会"暨合唱比赛获二等奖,参加关区党史学习教育知识竞赛获团体第一名。开展"我为群众办实事"实践活动,建立党委委员困难诉求包干机制,办结干部职工意见诉求12条。完善院落建设、升级餐厅电采暖、优化宿舍供氧布局等,增设文化娱乐设施13处。推荐青年关员马艳辉参加中宣部举办的"让中央放心,让人民满意"中外记者见面会,代表喀什地区宣讲"时代楷模"拉齐尼·巴依卡事迹160场次,覆盖6万余人。

【基层党建】2021年,红其拉甫海关

推进"四强"党支部建设，坚持每月"支部书记活动日"，以"轮流示范+互相点评"方式开展培训9次，制定经常性思想工作7种常见方法和5个标准程序，规范支部议事范围"6必议"、议事要求"7必须"、议事程序"6环节"，建立党员管理、组织生活、党建检查"3本台账"。党总支"艰苦奋斗坚强堡垒"品牌复核通过"全国海关基层党建示范品牌"，监管科、查检科党支部获评关区"四强"党支部，监管科党支部"冰山上的堡垒"品牌在关区党建品牌展示活动中获第一名。水布浪沟党性教育基地获评"自治区爱国主义教育基地"，红其拉甫海关获评自治区第八次民族团结进步模范集体，关史馆被命名为"喀什地区干部党性教育基地"。

【新冠肺炎疫情防控】2021年，红其拉甫海关制订针对性疫情防控工作方案，采取"周完善、月推演、季演练"工作机制，优化通关流程和防控措施18条、应急预案8项。组建"一线、预备、应急"三级梯队，坚持"每周穿脱演练、每半月实操考核、每月理论测试"。坚持每日开展巴基斯坦疫情动态分析，报送疫情动态分析243期。实施"以干代训"，选派7人次支援卡拉苏海关、喀什海关疫情防控工作。

【安全把关】2021年，红其拉甫海关查获涉嫌侵犯知识产权汽车配件8万余件，涉案案值62.40万元，为当年关区查获案值最大的一起侵权案件。加强动植物疫病疫情监测，细化动植物检疫防控能力提升示范口岸建设10项工作任务，开展沙漠蝗、实蝇监测工作。在业务现场开展进出境动植物检疫法律法规、生物安全法、动物传染病防治法宣传教育5次。

【服务发展】2021年，红其拉甫海关制定支持地方经济发展10项措施，与浙江大学共同开展中巴边民互市课题调研，举办中巴跨境电商新业态专题讲座。为支持外向型经济高质量发展，向地方政府提交涉及动植物产品检疫、特色农副产品出口、边民互市冷链库建设等可行性意见建议3条，提出边境合作区发展规划建议，推动中巴边境会晤1次。建立关企联络机制，解答企业通关问题咨询41次，提供商品归类、检验检疫等业务指导12次，宣传"中巴自贸协定"中零关税农副产品目录等改革措施和优惠政策5次。落实采购助农5.25万元。

【队伍建设】2021年，红其拉甫海关完善党委工作规则、"三重一大"决策制度实施细则。开展"内务规范强化月"准军集训14次，与驻地部队开展观摩学习活动3次，制订动植物检疫岗位练兵方案，开展内部培训7次，获关区动植物检疫能力岗位练兵第二名，7人次获得动植物检疫相关岗位资质。推进内控示范单位创建工作。

（撰稿人：朱　婷）

卡拉苏海关

【概况】2008年4月2日，卡拉苏海关筹备处成立；2015年5月5日，卡拉苏海关正式成立；2018年4月，原卡拉苏出入境检验检疫局转隶划入卡拉苏海关。承担卡拉苏口岸区域内海关监管、征税、缉私、出入境检验检疫、统计等工作。内设办公室（党委组织宣传部）、综合业务科、监管科、查检科4个科室。编制35名，2021年实有32人，党员占比56%。设立党总支，下设4个党支部。积极打造"冰峰卫士云端海关"党建品牌，荣获"全国青年文明号"。

2021年，卡拉苏口岸全年开关，监管进出境车辆13,087辆次，进出境货物16.66万吨，贸易额78.13亿元。

【党史学习教育】2021年，卡拉苏海关研究制发党史学习教育实施方案，确定48项工作并建立任务分解表。开展专题党课30次，党委理论学习中心组集体学习20次，集中研讨6次，党史知识竞赛3次。利用驻地红色资源，前往卡拉其古、喀什烈士陵园、塔什库尔干塔吉克自治县博物馆、中巴友谊筑路纪念园等教育基地及驻地部队开展参观学习，学习拉齐尼·巴依卡烈士卫国戍边事迹，组织观看红色电影112人次。做好意识形态领域工作，观看反恐纪录片，组织发声亮剑和签字承诺。开展"红色故事会"和"四史"教育，每周开展廉政提醒会议，学习典型案例。开展"我为群众办实事"实践活动，解决3名干部工作、生活实际困难，慰问驻村干部及家属22次，为一线关员送去生活慰问品68次，开展"爱心一元捐"活动，募款1,170元。立足普法工作发放法律宣传册440余份，接受法律法规咨询200余人次。助力乡村振兴，采购扶贫农产品3.5万余元，赠送饲草800公斤。

【统筹疫情防控和促进外贸稳增长】2021年，卡拉苏海关严格落实自治区党委

"五分五联"工作机制和乌鲁木齐海关党委"六抓""十到位"工作要求,坚持"内外同防、人物同防、多病同防",常态化开展疫情防控演练、个人防护和采样培训,及时配发疫情防控物资。结合人员专业背景及科室配置实际,建立"一线、预备、应急"三个梯队33人次,开展应急演练6次、理论和实操培训5次,提高应急处置能力。在国门一线和口岸联检区域设置出入境人员卫生检疫场所,科学设置检疫场地和功能分区。

2021年,卡拉苏海关派出9人次在海拔4,500米的国门一线工作203天,派出12人次在海拔3,800米的口岸联检区、前海监管库工作457天。按规定优化返回车辆机检程序,解决货物压港、重点物资出口等难点问题,完成重要任务、出境货物紧急查验等工作,办理6批次援助塔吉克斯坦项目物资138票,查发案件13起。

【综合保障】2021年,卡拉苏海关落实总署支持艰苦地区边关22条保障措施,推进职工食堂、温室大棚、蘑菇房和生态养鸡场建设,对原老旧食堂、温室大棚进行改造升级。6月7日,卡拉苏海关职工宿舍楼、食堂及附属用房项目竣工验收,并加大亮化美化硬化绿化力度。建成具有高原口岸特色的国门生物安全展示厅,配备有害生物三位数字标本系统,打造宣传培训一体的教育基地。储备高寒口岸工作需要的自加热鞋垫、防寒手套、红景天、速效救心丸等防护品,保障干部职工身体健康。对照安全生产专项整治三年行动要求,采取"形势研判+专项检查+常规督查"相结合方式,对相应风险领域开展常态化"体检"。重点对食堂和家属楼燃气设施、实验室、配电设施和线路、监管场所等重点要害部位进行拉网式排查,建立检查台账,消除各类风险隐患。出台系列节能管理制度,开展文明餐桌等活动,建设节约型机关。

(撰稿人:王子瑜)

伊尔克什坦海关

【概况】1998年1月26日,伊尔克什坦口岸正式对外开放;同年5月4日,总署批准设立伊尔克什坦海关,2002年5月20日正式开关;2011年12月9日,伊尔克什坦海关由克孜勒苏柯尔克孜自治州(以下简称"克州")乌恰县吉根乡斯姆哈纳村斯姆哈纳山口下迁至乌恰县城西3千米处;2018年4月,原伊尔克什坦出入境检验检疫局转隶划入伊尔克什坦海关。承担伊尔克什坦口岸区域内海关监管、征税、缉私、出入境检验检疫、统计等工作。内设办公室(党委组织宣传部)、综合业务科、监管科、查检一科、查检二科5个科室。编制44名,2021年实有43人。设立党总支,下设5个党支部。

2021年,伊尔克什坦海关监管进出境运输工具20,678辆,同比增长32.6%;监管进出口货物17.6万吨,同比下降11.4%。被评为克州"民族团结进步示范单位"。

【政治建设】2021年,伊尔克什坦海关以习近平新时代中国特色社会主义思想为指导,开展党史学习教育,强化政治机关建设。通过领导干部以上率下带头学,形成"清单式"学习方法15种,开展主题党日、集中学习、专题党课等活动35次,座谈会交流10次,参观乌恰县英模馆、看望慰问先进楷模等活动23次。开展"我为群众办实事"实践活动,办理实事好事8类35件,开展送策上门、"线上+线下"关企政策宣讲会等30余次,解决企业实际问题100余条,干部职工就医、子女就学等生活问题36条。

伊尔克什坦海关引入"甘特图"并辅以程序化开发手段,创新"一册一表"(党支部工作标准化手册、党支部党建工作进度表)党建工作法,完善形成特色有亮点的基层党建品牌5个。紧抓"现场监管与外勤执法权力寻租"专项整治工作,确定廉政风险清单,明确重点单位和重点人员；做好巡视巡察反馈问题举一反三自查整改工作，反馈涉及问题12个，自查整改问题11个。落实意识形态领域思想政治工作，组织开展发声亮剑、谈心谈话等活动；强化提升执法水平，以"培训+考核"的方式，开展各类业务培训、演练、测试41次，应急演练17次，各类普法宣传活动8次。

【新冠肺炎疫情防控】 2021年，伊尔克什坦海关在全疆首创"甩挂运输"货运监管模式基础上新增"倒装""集装箱吊装""界桥交接"通关模式，实现"零接触"查验。坚持"内外同防、人物同防、多病同防"，落实自治区党委"五分五联"部署及乌鲁木齐海关党委"六抓""十到位"工作要求。成立梯队工作组派员到甩挂区、封闭库房开展工作20次62人次，协同地方联防联控机制采集运输工具核酸样本3.51万份，健全"岗前检查、工作巡查、全程督查"和"双人作业、互相监督"安全防护监督制度，累计开展安全防护监督228人次。

【业务建设】 2021年，伊尔克什坦海关按照"3个100%"机检查验要求，开展进出口查验105票；查获知识产权案件4起，办理"两简"案件10起。开展鼠类及其体表寄生物等病媒生物监测33次，水质、空气质量监测5次，捕获鼠类5只，累计送样47份。开展外来杂草监测，监测到有害杂草2次。指导1家进境动物隔离检疫场和1家进境肉类指定监管场地通过预验收，1家进境粮食指定监管场地获自治区评估立项。7月5日，验放首批通向欧洲新路线试验集装箱（喀什综合保税区—伊尔克什坦口岸—吉尔吉斯斯坦奥什—匈牙利），助推中欧班列打通跨关区"二次转关"业务新通道，压缩整体运输时间近3天。推进"三智"建设，落实原产地证书"智能审核+自助打印"智慧审签模式。促进南疆地区特色农产品快速通关，协调联检单位对农产品车辆实施"绿色通道"优先放行，全年出口农产品1.78万吨，服务克州特色农产品馕出口975批次、373.2吨。

【后勤保障】 2021年，伊尔克什坦海关修建占地720平方米蔬菜大棚，供应全关人员全年绿色有机蔬果，在院落内养殖鸡鸭鱼羊等家禽牲畜。实施宿舍改造工程，对"老、破、旧"家具电器等设施摸排换新，疏通暖气管道、维修锅炉房，为一线工作人员配备电加热袜子、手套等冬季保暖物资。开展安全生产风险隐患排查11次，内部安全生产检查39次，发现整改问题75项。全年未发生安全事故。参加口岸指挥中心24小时值班96次、240人次。

（撰稿人：张赵琴）

吐尔尕特海关

【概况】吐尔尕特口岸于1881年开始通商，吐尔尕特海关前身为托云办事处；1953年4月15日正式建关，时称"托云支关"，原设关地在海拔3,800米的中国—吉尔吉斯斯坦边界吐尔尕特山口，1995年12月下迁至海拔2,100米的现址托帕。2018年4月，原吐尔尕特出入境检验检疫局转隶划入吐尔尕特海关。承担吐尔尕特口岸区域内海关监管、征税、缉私、出入境检验检疫、统计等工作。内设办公室（党委组织宣传部）、综合业务科、监管科、查检一科、查检二科5个科室。人员编制44名，2021年实有41人，其中关员36人、工勤人员5人。设立党总支，下设5个党支部，党员占比58.5%。

2021年，吐尔尕特海关监管进出境车辆12,223辆；监管进出口货物13.55万吨、贸易额170.47亿元，同比分别增长1.71倍、3.19倍。

【党史学习教育】2021年，吐尔尕特海关结合庆祝中国共产党成立100周年，深入学习贯彻习近平总书记关于党史学习教育重要讲话和重要指示批示精神，按照学史明理、学史增信、学史崇德、学史力行的要求，通过"学、悟、讲、做、比"等多种方式，抓好任务落实，达到了学党史、悟思想、办实事、开新局的目的。全年召开推进会8次、集中学习25次，各支部学习研讨238次，撰写学习心得120余篇，开展知识竞赛和测试6次，组织系列主题党日48次。落实"我为群众办实事"实践活动重点民生项目55项，解决企业、干部职工"急难愁盼"问题69项。

【新冠肺炎疫情防控】2021年，吐尔尕特海关召开疫情防控会议42次，厘清海关职责，动态调整防控方案，优化防控措施。压紧压实责任，融入克孜勒苏柯尔克孜自治州（以下简称"克州"）疫情防控大局，将海关防疫整体嵌入口岸疫情防控"五分五联"封闭管理。与克州卫生健康、疾病预防控制部门累计完成车辆、货物、环境核酸采样检测1.27万余份，全部为阴性。落实"3+2"安全防护监督制度，细化14个方面、68条防控措施。

【服务发展】 2021年，吐尔尕特海关深入地方政府和企业开展调研，形成"十四五"专题调研报告，研提发展食品深加工、特色林果业等6条建议被克州政府采纳。向克州党委、政府编报《海关工作专报》2期，获得克州党政领导批示肯定。召开4次关企座谈会，走访调研企业56人次，向企业解读疫情防控和海关通关政策规定。落实精简单证、一站式服务、"问题清零"等工作机制，提升通关时效。推动口岸于4月底实现集装箱"正面吊装"运行，8月份新建2条消杀通道，提高过货能力。

【队伍建设】 2021年，吐尔尕特海关修订完善管理制度6项，日常纠察提出和整改问题123件。开办"关（科）长讲堂""周三课堂"56期，组织考核、随堂测试35次，104人次获得商品检验、动植物检疫等6类执法资质。开展谈心谈话235人次，走访干部职工及家属54人次，解决困难诉求23件次；成立6个文体活动小组，完成篮球场、羽毛球场建设。获评"第19届自治区青年文明号"称号。

（撰稿人：代慧玲）

都拉塔海关

【概况】1992年8月，中国与哈萨克斯坦两国政府签署协议同意都拉塔口岸开放；1999年9月26日，总署批准都拉塔口岸临时开放进行边民互市贸易；2005年12月，总署批准都拉塔口岸正式开放；2006年12月13日，都拉塔口岸旅检业务正式开通，开始全面办理海关业务；2007年12月，都拉塔海关由正科级调整为正处级海关；2008年6月26日，都拉塔海关正式挂牌成立；2018年4月，原伊犁出入境检验检疫局都拉塔办事处转隶划入都拉塔海关。承担都拉塔口岸、察布查尔锡伯自治县（以下简称"察县"）区域内海关监管、征税、缉私、出入境检验检疫、统计等工作。内设办公室（党委组织宣传部）、综合业务科、监管科、查检科4个科室。人员编制35名，2021年实有36人，其中关员35人、工勤人员1人。设有党总支、下设4个党支部，党员占比63.89%。

2021年，因新冠肺炎疫情原因，都拉塔口岸处于闭关状态。

【党史学习教育】2021年，都拉塔海关组织党员干部前往惠远烈士陵园、小白杨戍边文化纪念馆、王蒙书屋、伊犁州档案馆、博物馆等红色教育基地学习。组织开展党史知识竞赛、青年理论分享会、看电影学党史等活动。开展"我为群众办实事"实践活动，解决夏季供水不足、关员子女入托难等困难诉求21项，落实重点民生项目13个、"急难愁盼"项目5个，购置饮水机、洗碗机等基础设施，完善净水系统。

【新冠肺炎疫情防控】2021年，都拉塔海关落实乌鲁木齐海关党委"六抓""十到位"要求，完善工作方案、梯队岗位设置及操作规范等工作机制方案8项，建立健全"五分五联"方案，开展个人防护演练80余次，选派22人次赴霍尔果斯口岸"以干代训"累计666天，细化作业现场应急处置预案8项，做细做严入院人员车辆消杀、冻品采购、就餐区管控、公共区域消杀、生活垃圾处理、防疫物资储备、内部染疫应急演练等关键环节，严格人员外出管理。

【监管服务】2021年，都拉塔海关联合察县消防大队对口岸5个监管场所开展安全隐患大排查，并每月开展卫生监督。开展病媒生物监测4次，捕获鼠78只、蚤376只、蜱8只，采集血清样本14份，检出检疫性有害生物6种。办理进境粮食定点加工企业备案，制订"一厂一策"帮扶方案，跟进查验进口夏威夷果、农机，指导解决膨化豆制品抽样送检比例高的问题，助力204批次、1.11亿元地产食品出口。拓展丰富口岸功能，指导进口冰鲜水产品指定监管场地选址规划，推动边民互市建设。组织国门生物安全进校园、进机关活动，与伊犁州农业农村局共建沙漠蝗监测站点。

【助力乡村振兴】自2011年开始，都拉塔海关对驻地贫困家庭开展捐资助学，累计捐款800余人次、10万余元，帮扶7名少数民族学生完成学业，3名学生顺利考上大学。对接果子沟5户帮扶户，每周联系、每月入户、季度研判，与帮扶对象谈心交流、共同劳动，解决协调工作、为发生交通事故贫困户捐款等急事，助力乡村振兴。

（撰稿人：迪娜·库尔曼艾克门）

霍尔果斯海关

【概况】1950年6月5日,霍尔果斯海关成立,是新中国成立后第一家进驻霍尔果斯口岸的单位;1987年1月,调整为隶属乌鲁木齐海关的正处级海关;2018年4月,原霍尔果斯出入境检验检疫局转隶划入霍尔果斯海关。承担霍尔果斯公路口岸、铁路口岸、霍尔果斯市、霍城县区域内海关监管、征税、缉私、出入境检验检疫、统计等工作。内设办公室(党委办公室)、人事政工科(党委组织宣传部)、综合业务科、监管一科、监管二科、监管三科、监管四科、查检一科、查检二科、查检三科、查检四科、财务科、技术科13个科室。编制160名,2021年实有干部职工150人(不含未定职干部),平均年龄34.7岁,少数民族占比31.3%。设机关党委,下设14个党支部(含1个离退休干部党支部)。

2021年,霍尔果斯海关监管进出口货物3,961万吨、贸易额2,839亿元,同比分别增长15.1%、17%,监管货运量、贸易额分别占关区的64%、44%;检验监管进口管输天然气货值561.08亿元,同比增长1.54%。

【政治建设】2021年,霍尔果斯海关深入落实"第一议题"制度,对习近平总书记重要指示批示精神,特别是涉及海关工作、新疆工作的内容逐项研究落实,加强督办问效,将党中央重大决策部署一贯到底,确保"第一议题"落地砸实。修订《党委工作规则》《贯彻落实"三重一大"决策制度实施办法》,制定《加强对"一把手"和领导班子监督的实施细则》,完善党委班子责任清单27项,持续加强党委班子建设。按规定动作开好党风廉政建设形势分析会,定期研究部署党风廉政建设及反腐败工作,依托党委委员基层联系点机制,推动管党治党责任贯通到"最后一公里"。细化党支部书记责任12项,深化

"一支部一品牌"建设,1个全国海关党建示范品牌通过复核,2个品牌在关区展示交流,营造了争先创优的积极氛围。

【党史学习教育】2021年,霍尔果斯海关建立月度学习推进表、自学清单41项,开展"宣讲演展"四项活动,采取"现场观摩+情景再现"方式将百年党史与百年口岸史串联学习,打造"行走的党史学习教育课堂";原创"青春霍关"动漫形象,制作《逐梦边关》等视频7部,情景剧《梯队》在乌鲁木齐海关巡演。召开"便民利企"关企座谈会,吸纳企业诉求12类66条,汇总形成45项"我为群众办实事"实践活动任务清单,解决公式定价备案、二手车出口等23个堵点难点问题。创建一线"党建统领+梯队轮战"机制,突出党员先锋模范作用,88名党员带头投身防疫一线,2名同志火线入党。获评"全国工会职工书屋示范点""2016—2020年全国普法工作先进单位""自治区'七·五'普法工作先进单位"等荣誉;"访惠聚"工作队连续4年考核排名霍尔果斯市第一,被评为自治区驻村工作先进集体,霍尔果斯海关获评自治区优秀组织单位;"书记讲堂"微视频获关区一等奖。

【新冠肺炎疫情防控】2021年,霍尔果斯海关坚持"外防输入、内防反弹"总策略和"动态清零"总方针,将海关监管检疫职责融入"五分五联"机制,扎紧责任闭环。建立执法作业、个人防护等9类台账。组织开展职业暴露、样本溢洒等应急演练,健全个人安全防护监督机制,推动三级监控指挥中心实体化运行,依托"四不两直"方式、"挑毛病"专家组加强联合督导,并与地方"五联"调度中心形成监督合力。完成人员、运输工具及进出境货物检疫监管任务,检疫监管93名中哈铁路换班人员。面对10月3日驻地疫情,第一时间启动应急指挥系统,统筹做好人员管控、综合保障、协调沟通、通关服务等工作,获得国家卫生健康委员会、自治区和乌鲁木齐海关充分肯定。

【检疫监管】2021年,霍尔果斯海关坚持多病同防,与地方农林等部门建立协作机制,联合开展进境甜菜种苗田间检疫,齐抓共管保障种业安全。深化动植物检疫防控能力提升示范口岸建设,综合运用手册指引、技能实训等方式,提升有害生物鉴别能力。截获疫病疫情25种913种次,在关区首次检出白腹皮蠹、美洲幼虫腐臭病。推进口岸综合实验室正式启用,科技支撑更加坚实有力。

【打击走私】2021年,霍尔果斯海关深入开展"国门利剑"等系列行动,强化全员打私理念,破获"3·13"高鼻羚羊角走私案,追缴高鼻羚羊角2,530根,为2021年全国破获的最大一起濒危动物走私案;破获"4·19"水客走私、"2021A"玉石走私等3起大要案,案值超18亿元,均被总署缉私局列为一级挂牌管理案件。推动伊犁州打私办实体化运作,健全"跨部门执法协作+信息共享"机制，查办刑事案件20起、行政案件164起，分别占关区的65%、39%。

【服务发展】2021年，霍尔果斯海关在实施公路口岸"甩挂运输""界桥交接"等"零接触"通关模式基础上，于8月29日新增"钢结构货柜吊装"新型通关模式，验放出口商品车2万辆，同比增长1.3倍。开辟专用通道，验放乌兹别克斯坦锡尔河、哈萨克斯坦谢列克等国际合作项目设备415车，援阿富汗物资2,455吨、商品车25辆。发挥边境海关会晤优势，解决通关不畅等堵点、难点问题，持续提升口岸通行能力。将海关查检嵌入铁路作业，实现铁路换装、企业申报、海关验放同步进行、无缝衔接。注册登记兵团推荐的出口果园5.4万亩，依托农副产品"绿色通道"出口果蔬5万吨。创新建立乡村振兴边关模式，支持新疆地产核桃、番茄酱等搭载中欧班列出口，助力食品加工产业园出口特色食品586吨，同比增长1.5倍。推进边民互市建设，完成900余人边民资质认证和8个边民合作社工商注册。推动"先放后检""附条件提离"等改革措施落地，促进大宗商品扩大进口，监管铁矿石超200万吨，同比增长77%。

【支持中欧班列发展】2021年，霍尔果斯海关持续优化中欧班列监管机制，6月30日完成首列"准轨换宽轨"中欧班列测试，9月10日验放全国首列"铁路快通"进境中欧班列。通过"云服务"方式实现海关、铁路、企业三方业务线上办理，有效应对疫情影响。全年监管铁路运输进出口货运量738.1万吨、贸易额1,990.6亿元，同比分别增长32.9%、25.3%。其中，进口货运量327.4万吨、贸易额309.6亿元，同比分别增长59%、35.1%；出口货运量410.7万吨、贸易额1,681亿元，同比分别增长17.4%、23.6%。全年监管进出境中欧班列6,362列，位列全国首位，通行线路55条，通达18个国家45座城市。支持"霍尔果斯陆上边境口岸型国家物流枢纽"纳入"十四五"首批国家物流枢纽建设名单，协助参与国家发展改革委课题评审、申报答辩。提前介入霍尔果斯智能物流港规划，助力通道型经济转型升级。

【法治建设】2021年，霍尔果斯海关对标"八五"普法规划，全力打造"法润民心"普法品牌，依托"全国法治宣传教育基地"，联合地方司法部门深化"1+N"联动式阵地建设，延展"法治一角"功能。强化"谁执法、谁普法"责任制落实，通过"线上+线下"进企业、进社区、进校园普法19次。与扬州海关、阿勒泰海关开展线上法治联建活动，开展"龙腾行动"，查办侵权案件76起，同比增长1.5倍，案件数量居关区首位。通过照片、录像、监控三种方式实现执法全过程留痕和可回溯管理，以"海廉系统+内控节点+内部核批"为抓手，逐票审核现场查验视频及图像，规范执法事中公示。建立案件审理委员会会同公职律师、法律顾问审核重大执法决定机制，坚持贯彻执行民事合同审核制度，审议10起行政案件、64份民事合同。

【综合保障】 2021年，霍尔果斯海关落实落细总署党委支持艰苦地区边关22条保障措施，拓展"五小工程"功能，推动健康小屋投入使用，做好宿舍楼维修改造，启用铁路口岸海关综合楼，切实改善边关工作生活条件。搭建智慧考勤管理系统，加强精细化管理科技赋能。及时传递总署、乌鲁木齐海关党委关心关怀，坚持每周视频连线梯队，定期走访慰问梯队家属、"访惠聚"工作队，依需解决31项困难诉求。拓宽正向激励途径，运用及时奖励、干部选用、职级晋升等手段，对表现突出的干部予以褒奖，选派其中15人参加总署、乌鲁木齐海关互派锻炼、专项工作和集中轮训，激发干部队伍正风正气正能量。围绕干部培养、兼顾解决困难，开展换防式交流15人。紧盯疫情防控补贴、医保转移等5类民生问题，多方争取支持，干部队伍获得感不断增强。

【队伍管理】 2021年，霍尔果斯海关制定"科室、科长、科员"3张责任清单，编制"科室管理、岗位规范"2项指引，合并同质化岗位25个，抓实抓细科室规范化建设。围绕准军作风建设，建立工作日禁止饮酒、聚餐报备等3项制度，通过"月度学习+季度测评"开展酒驾醉驾、违反疫情防控规定等方面警示教育，从严从紧加强队伍管理。以铸牢中华民族共同体意识为主线，扎实开展"民族团结一家亲"活动，选派双语干部定期深入帮扶村、社区开展宣讲、联建共建，顺利通过"伊犁州民族团结示范单位"复验。

（撰稿人：马　婷）

霍尔果斯国际边境合作中心海关

【概况】2006年9月15日，霍尔果斯国际边境合作中心海关（以下简称"合作中心海关"）经总署批复成立；2016年8月18日，合作中心海关正式开关对外办理业务；2018年4月，原霍尔果斯国际边境合作中心出入境检验检疫局转隶划入合作中心海关。承担中哈霍尔果斯国际边境合作中心（以下简称"合作中心"）中方区域和中方配套区域内中方进出区运输工具、货物、物品及人员的征税、监管、缉私、出入境检验检疫、统计等工作。内设办公室（党委办公室）、人事政工监察科（党委组织宣传部）、综合业务科、监管科、查检一科、查检二科6个科室。编制60名，2021年实有60人。设党总支，下设6个党支部。

【党史学习教育】2021年，合作中心海关用好合作中心中方区域中国馆、霍尔果斯国门文化展示馆、阿拉马力边防连、惠远烈士陵园等地方红色资源，赓续红色血脉，扎实开展党史学习教育。开展"我为群众办实事"实践活动，在合作中心搭建集装箱吊装出境通道，破解疫情背景下对外物流运输"堵点"，助推地方政府为企业架设"空中陆桥"，服务中国制造商品出口。

【新冠肺炎疫情防控】2021年，合作中心海关落实国务院联防联控机制和总署、乌鲁木齐海关疫情防控工作部署，坚持"内外同防、人物同防"，确保"六抓""十到位"要求落实到位。修订完善疫情防控"一口岸一方案"，开展应急演练和人员安全防护培训，规范通关作业流程和封闭管理。有效应对驻地发生疫情情况，完成合作中心中方区域和霍尔果斯综合保税区通关保障工作。

【打击"水客"走私】2021年，合作中心海关严打"水客"走私，配合乌鲁木齐海关缉私局开展"剿猎2021-1"打击"水客"走私案件侦办，对10万余项涉案商品进行归类审核。协调乌鲁木齐海关口岸监管处等职能部门出台《乌鲁木齐海关关于加强中哈霍尔果斯国际边境合作中心监管、建立打击治理"水客"走私长效机制工作措施》，建立多部门协调机制，实施区内市场清理整顿，切断"水客"走私渠道。推动地方政府搭建合作中心政府公共信息服务平台，推动将合作中心"三智"建设项目纳入地方"十四五"发展规划和霍尔果斯"智慧城市及大数据中心"建设，提出政府平台与海关系统对接方案和系统应用需求，提升合作中心监管智能化科技化水平。

【安全把关】2021年，合作中心海关在合作中心中方区域开展卫生监督79次，出具建议书25份、整改通知书5份，对餐饮单位实施现场快速检测22次，检出一批次黄曲霉毒素超标；开展国门生物安全监测6次，检出苹果枝枯病菌阳性一批次，发现检疫性有害生物苹果蠹蛾果树1,200余棵，通报当地政府处置，收集并上报境外动植物疫情和外来入侵物种信息57篇，总署采用15篇。全年对1个监管作业场所、2个监管区域、3类生产加工企业场所进行安全监管。

【霍尔果斯综合保税区通过验收】2021年，合作中心海关全力推进合作中心中方配套区整合优化为综合保税区，积极指导推动园区软硬件设施升级改造；及时梳理预验收流程，细化任务分工和职责分解，确保（预）验收各环节工作顺利展开。9月29日，总署正式批复霍尔果斯综合保税区验收合格开关运作，成为新疆第4个综合保税区，且叠加适用综合保税区与合作中心中方配套区优惠政策。全年实现进出口外贸总值36.65亿元，同比增长270.8%。其中，进口0.26亿元，同比下降95.6%；出口36.39亿元，同比增长805.3%。区内共有海关注册企业121家。

【推进跨境电商发展】2021年，合作中心海关成立跨境电商业务工作专班，指导地方政府完成霍尔果斯综合保税区跨境电商监管中心建设并投入运行。推动"9610""1210""9810"多种模式落地，全年跨境电商出口货运量1.74万吨、贸易额14.86亿元，位居全疆前列。积极为跨境电商货物开辟快速出口通道，推动地方政府在合作中心搭建集装箱吊运通道，全年吊装出境集装箱1,265个、货值15.87亿元。货物出境后，日达哈萨克斯坦阿拉木图市，周达俄罗斯、波兰，10日达西欧或南欧，运输效率接近国际航空中转水平，运输成本下降50%以上。

【队伍建设】2021年，合作中心海关综合运用干部选拔任用、职务职级晋升、岗位调整和轮岗等措施，发挥激励机制作用，激发干部队伍干事创业热情。选派4批次13名干部前往阿拉山口、苏州、杭州等海关学习交流。开展"现场监管与外勤执法权力寻租"专项整治，组织专项督查

6次,确定关键岗位和重点人员,结合16个业务环节,梳理涉及廉政风险节点52条。强化纪律的刚性约束,严查违反廉洁纪律情况,加强清廉海关建设。

(撰稿人:钟光春)

伊宁海关

【概况】1950年6月5日，以伊犁专区税务局关税科为基础组建了伊宁支关；1977年8月，更名为伊宁分关；1986年9月，伊宁分关改称伊宁海关；2018年4月20日，原伊犁出入境检验检疫局转隶划入伊宁海关，定位为偏属地综合型海关。主要承担伊犁州直（除霍尔果斯市、霍城县、奎屯市、察布查尔锡伯自治县）区域内海关监管、征税、缉私、出入境检验检疫、统计等工作；承担伊犁区域企业认证和稽查作业的具体实施。内设办公室（党委办公室）、人事政工监察科（党委组织宣传部）、综合业务科、监管科、查检科、稽核查科6个科室；下设一个独立法人事业单位伊宁海关技术中心，主要承担伊犁区域出入境货物的实验室检测、出入境人员传染病监测和相关科研、社会委托检测、咨询等服务。编制75名，其中行政编制51名、事业编制24名；2021年实有69人，党员占比71.43%。设机关党委，下设8个党支部（含1个离退休干部党支部）。

2021年，伊宁海关共受理出境检验检疫申请363批次，签发各类原产地证书168份；伊宁海关技术中心完成4,765批样品检测，检出不合格164批。

【政治建设】2021年，伊宁海关强化政治机关建设，持续完善"第一议题"制度，第一时间学习贯彻习近平总书记关于疫情防控、安全生产、打击走私等重要指示批示精神，扎实落实第三次中央新疆工作座谈会精神工作任务57项。开展"支部书记活动日""党旗映天山"等主题党日活动17次，关领导及各党支部讲党课43人次，机关党委书记、党支部书记党课分获关区二等奖、三等奖。被评为伊犁州首批"建设新时代文明实践点"，1个党支部、2名党员获得关区"两优一先"表彰。"我为群众办实事"实践活动深入持续推进。每月回访果子沟牧业村9户帮扶户，采购脱贫地区农副产品7.5万元。组织14批、224人次前往伊宁县阿勒推村参与结亲住户，解决冬季缺煤等实际困难。

【党史学习教育】2021年，伊宁海关将党史学习教育与学习贯彻党的十九届六中全会精神、干部队伍建设、乡村振兴、民族团结一家亲等工作有机结合。以专题讲座、参观教育基地、情景微党课展评、联学联建、现场观摩、演讲比赛、观看红色影片等多种方式，参加党史知识竞赛、建党百年档案征文等活动，参加关区"红色故事会"暨合唱比赛获得二等奖。开展"我为群众办实事"实践活动，关领导带队调研10次，提出服务地方发展思路12项，为群众办实事好事23项，协助政府部门举办州直农产品质量安全培训班等实事5件。

【新冠肺炎疫情防控】2021年，伊宁海关认真落实乌鲁木齐海关党委"六抓""十到位"要求，重点抓好内部防控、实验室核酸检测和安全防护工作，完善内部防控、联防联控机制、进出境邮递物品防控方案和疫情防控应急预案，优化邮件监管现场和核酸检测实验室"三区两通道"设置。对照乌鲁木齐海关"四不两直"检查清单开展6次自查，补齐工作衔接不紧密等短板。组建"整建制"梯队历时40天支援霍尔果斯海关，对进境邮件3次进行封闭集中查验，开展防护服穿脱、包装表面采样、实验室泄露等实操培训18次；完成新冠病毒样本实验室检测801批次。

【服务发展】2021年，伊宁海关落实"六稳""六保"任务，办理减免税税款担保业务16份、减免税43万元。全年新增外贸主体201家，签发各类证书证单822份。帮扶新疆首家樱桃基地通过注册登记，指导新疆首家蜂产品原料养殖场通过出口备案，并实现首次出口日本。对7个种植区、4,265亩甜菜完成进境种苗田间隔离检疫，辖区进境粮食定点加工企业增至8家，累计完成近800吨进境粮食后续监管。助推伊犁州"两霍两伊"（霍尔果斯市、霍城县、伊宁市、伊宁县）一体化发展，走访农林、商务等部门及相关县市7次，听取企业意见建议，向地方党委政府建言献策，推动地方政府成立外贸高质量发展专班，推进货包机、跨境电商等业务研究。

【伊宁机场航空口岸通过预验收】2021年，伊宁海关主动服务"一带一路"建设，落实"三智"合作理念，加强与伊犁州政府以及外办、机场等部门沟通，争取总署、乌鲁木齐海关以及地方政府配套资金，完成伊宁机场航空口岸海关监管场地建设、监管查验设施配备和信息化建设。12月22—23日，经过自治区联合验收组现场验收，伊宁机场航空口岸顺利通过预验收，为下一步迎接国家验收奠定基础，将成为新疆第3个、全国第80个对外开放的航空口岸。

【综合保障】2021年，在保障都拉塔

海关财务的基础上,伊宁海关代管霍尔果斯海关、霍尔果斯国际边境合作中心海关后勤保障财务核算工作。完善各项财务管理和后勤保障制度10余项。落实国务院决策部署,制定16条过"紧日子"措施。开展2次固定资产清查,完成相关土地产权登记手续办理、房产和车辆名称变更、综合实验楼及院落建设等历史遗留问题;推进闲置房产盘活,降低行政运行费用;完成集体宿舍及食堂项目总验收,用于伊犁区域海关周转宿舍;建成退休干部活动室、张拉膜停车雨棚。

(撰稿人:阿衣左克兰木·买买提江)

阿拉山口海关

【概况】1991年6月25日，阿拉山口海关筹备处成立；1995年11月18日，经总署批准，阿拉山口海关正式成立；2018年4月20日，原阿拉山口出入境检验检疫局转隶划入阿拉山口海关。阿拉山口海关主要承担阿拉山口铁路口岸、公路口岸、博尔塔拉蒙古自治州区域内海关监管、征税、缉私、出入境检验检疫、统计等工作。内设办公室（党委办公室）、人事政工科（党委组织宣传部）、综合业务一科、综合业务二科、监管一科、监管二科、监管三科、监管四科、监管五科、查检一科、查检二科、查检三科、财务科、资产管理科、技术科15个科室；下设一个独立法人事业单位技术中心。编制200名，2021年实有208人，其中行政编制人员190人、事业单位人员18人。设机关党委，下设16个党支部，共有党员117名。

2021年，阿拉山口海关监管进出口货物2,066.1万吨，同比下降14.9%；贸易额3,054.6亿元，同比增长21.5%；实际税收入库71.34亿元，同比增长0.75%。

监管阿拉山口综合保税区一线进出境货物73.4万吨、同比下降5%，贸易值71亿元、同比增长13.7%；监管铁路进出境运输工具67.57万节次、同比下降11.2%；监管公路进出境运输工具1.38万辆次、同比下降30.71%；检疫监管进出境铁路员工167人次、同比下降50%；检验监管中哈原油管道进口管输原油1,096.80万吨，经实验室检测累计扣除杂质约8,337.24吨，为企业节省采购成本400.17万美元。

查获侵权货物13批次，办理侵犯知识产权案件10起，涉案货物9,336个，涉及品牌主要有"ADIDAS""NIKE""CHANEL"等21个国际知名品牌，主要查获物品种类为鞋帽、箱包、汽车零件等。刑事案件立案5起，案值1,500万元；行政案件立案55起，案值8,960.34万元。

【政治建设】2021年，阿拉山口海关落实"第一议题"制度，开展中心组学习研讨21次，开展党史学习教育专题党课7次、支部书记讲党课16次；走访企业20家，召开关企座谈会15次，答复企业咨询100余次。开展"国门利剑2021"专项行动，打击象牙等濒危动植物及其制品、洋垃圾等走私。召开巡察整改专题民主生活会，完成巡察整改28项、审计整改7项；开展"现场监管与外勤执法权力寻租"专项整治，梳理执法风险点27个，制定廉政风险防控措施71条，运用HLS2017平台纠正业务差错4,247余次。成立一线梯队临时党支部，党员深扎梯队工作112人次，发挥支部战斗堡垒和党员先锋模范作用；创建11个支部党建品牌，2个支部参加关区党建交流会分享经验做法。全年安排部署意识形态领域工作5次。

【新冠肺炎疫情防控】2021年，阿拉山口海关筑牢口岸疫情防线，落实总署、乌鲁木齐海关疫情防控工作部署，制定《作业人员操作手册》，依法依规厘清海关职责。依托三级监控指挥中心实体化运行，健全"线上+线下"督查机制，共开展视频督查259次，现场发现问题48项，均已整改完毕。建立一线、预备、应急75人疫情防控梯队，同地方相关部门轮班全程盯控宽轨入境机头，全年开展盯控作业32轮次，截获禁止进境物品6批次。运用执法记录仪及音视频单兵等设备做好现场执法录证。向阿拉山口市疫情防控指挥部提出疫情防控举措、研提需求，得到积极回应。做好自治区督导组6次现场督导迎检迎查，对反馈问题立行立改。常态开展现场巡查、科室自查26次，所有问题均已整改完毕。

【服务发展】2021年，阿拉山口海关进一步巩固压缩整体通关时间成效，采取提高信息运转效率、优化后置作业流程等措施，12月进口通关时间为5.36小时，环比压缩72.50%。推动阿拉山口综合保税区发展，复制推广17项监管创新制度，鼓励区内加工企业利用剩余产能开展委托加工业务，全年区内委托加工货物1.8万吨。深化"放管服"改革，积极对接地方发展需求，服务特色农产品出口，全年受理申报本地出口鲜葡萄18批、376.61吨，白鲑鱼籽6吨。

【服务中欧班列高效畅通】2021年，阿拉山口海关服务中欧班列高效通行，积极推广"铁路快通"模式，支持铁路联运票据无纸化交接，保障国际供应链安全。全年监管中欧班列5,848列，同比增长16.33%；覆盖欧洲13个国家、中亚5个国家，以及国内23个省区市的50多个城市（见表6-1）。

表 6-1　2019—2021 年经阿拉山口口岸通行中欧班列情况

年度	进出口		进口		出口	
	数量（列）	同比（%）	数量（列）	同比（%）	数量（列）	同比（%）
2019	3,545	17.93	1,459	27.65	2,086	11.97
2020	5,027	41.81	1,993	36.60	3,034	45.45
2021	5,848	16.33	2,501	25.49	3,347	10.32

【队伍建设】2021 年，阿拉山口海关完善"学习传达、督促落实"闭环机制，开展"内务规范强化月"活动。提升担当作为本领，举办业务培训 26 次、执法一线科长大讲堂 4 次，组织 133 人参与危包岗位练兵。荣获全国"工人先锋号""青年文明号""自治区抗击新冠肺炎疫情先进集体"称号，1 名同志被授予自治区"优秀党务工作者"，1 名同志荣获"自治区开发建设新疆奖章"，1 名关员家庭荣获"自治区文明家庭"。

（撰稿人：吴南仕）

塔城海关

【概况】塔城海关始建于1944年，1950年重新组建，定名为塔城分关，1985年正式定名为"塔城海关"；2018年4月，原塔城出入境检验检疫局转隶划入塔城海关。承担塔城地区"四县一市"（塔城市、额敏县、托里县、裕民县、和布克赛尔县）进出境运输工具、货物、物品的征税、监管、缉私、出入境检验检疫、统计等工作。内设办公室（党委办公室）、人事政工科（党委组织宣传部）、综合业务科、监管科、查检一科、查检二科、查检三科7个科室。编制65名，2021年实有63人。设机关党委，下设8个党支部（含1个老干部党支部）。

辖区巴克图口岸是全疆首批对外通商口岸，有260多年通商历史。2013年12月23日，开通中国巴克图—哈萨克斯坦巴克特农产品快速通关"绿色通道"，为我国第一个农产品快速通关"绿色通道"。2018年8月，巴克图口岸被确定为全疆首批边民互市贸易转型发展试点口岸。2019年6月18日，巴克图中哈边民互市区正式运营。2020年12月7日，国务院批复设立新疆塔城重点开发开放试验区。

2021年，塔城海关监管进出口货物20.23万吨、货值130.8亿元，同比分别增长4.9倍、16.3倍；监管进出境车辆2.20万辆次，同比增长8.5倍。

【党史学习教育】2021年，塔城海关用好4本必读书目，推进党史学习教育。挖掘口岸红色资源，撰写红色档案故事《红色口岸巴克图》获总署采用。编排《春天的故事》文艺节目获乌鲁木齐海关庆祝建党100周年"红色故事会"暨合唱比赛三等奖，在关区"书记讲堂"评比活动中2位同志取得优秀奖。

【海关监管】2021年，塔城海关落实进境运输工具、货物、物品"3个100%"机检查验要求，做好安全准入、预警提示工作。查获1起夹藏危险品案件、3起危险货物包装不符合要求案件。与边检实施跨部门一次性联合检查，开展核生化应急处置演练一次。加强出口食品企业、定点加工厂、原料种植基地监管，发现并指导企业整改问题20个。开展口岸区域卫生监督11次，开展口岸杂草及媒介生物监测。推进"国门利剑2021"、打击洋垃圾走私、"蓝天2021"等联合专项行动。

【新冠肺炎疫情防控】2021年，塔城海关落实国务院联防联控机制工作要求，做到内外各方联防联控常态化。及时修订应急处置预案，梳理工作流程，细化具体工作细节措施。参与巴克图口岸疫情防控指挥部监督工作，加强与属地各单位对接，推动地方政府成功运行平板"甩挂运输"模式。调配人员进驻甩挂场地和货场，实行全封闭管理，明确甩挂场地内海关工作人员职责，制定人员岗位分布图，定人定岗定编定责实名制管理。加强疫情防控培训和个人防护，建立健全安全防护监督制度，制定个人防护台账，定期开展安全防护监督培训和考核。开展"外防输入"应急演练9次。每周组织开展核酸检测，及时配发一线防疫人员所需各类物资，加强一线关员个人防护，疏解梯队人员心理问题20人次。

【支持塔城重点开发开放试验区发展】2021年，塔城海关组建新疆塔城重点开发开放试验区工作课题组，参与塔城重点开发开放试验区总体规划、政策和工作计划制定，反馈意见建议30余条。派业务骨干参加乌鲁木齐海关支持新疆塔城重点开发开放试验区工作专班。支持在巴克图口岸区域规划建设B型保税库、海关监管库。支持辖区企业申请进境粮食定点生产、加工、存放企业备案。签发原产地证签证65份。落实"单一窗口"推广工作。做好企业分类管理工作，成功培育辖区1家企业成为一般认证企业。

扎实开展"我为群众办实事"活动，为"一带一路"建设重点项目"中亚地区风力发电项目"制订"甩挂运输"通关方案，全年监管出口相关设备144批次；协助中国邮政集团公司新疆分公司打通乌鲁木齐至叶卡捷琳堡国际公路卡车运邮业务；前往塔城市及九师团场、基地、企业等开展调查研究，向企业提出指导意见16条；向塔城地区红十字会转交1,300件侵权棉服。

【口岸检疫能力提升】2021年，塔城海关推进口岸公共卫生核心能力建设，与塔城地区卫生健康委员会、生态环境局等8家单位建立处理公共卫生事件工作联络协调机制，通过边境海关会晤机制加强与哈萨克斯坦巴克特海关合作交流，积极与塔城市边境经济合作区对接旅检负压隔离留观设施建设事宜。创建动植物检疫防控能力提升示范口岸，完善动植物检疫工作技术设施和基础保障，获得乌鲁木齐海关2021年动植物检疫防控能力提升技能竞赛团体三等奖和个人二等奖。撰写《塔城海关国门生物安全工作专报》获塔城地区党政主要领导批示，并作安排部署。

（撰稿人：郭一兰）

吉木乃海关

【概况】1995年7月5日，阿勒泰海关驻吉木乃办事处成立，为阿勒泰海关正科级内设机构；2011年12月23日升格为副处级；2018年4月，原吉木乃出入境检验检疫局转隶划入；2018年12月14日，总署批复成立吉木乃海关；2019年3月26日，正式挂牌。承担吉木乃口岸及吉木乃县、布尔津县、哈巴河县区域内海关监管、征税、缉私、出入境检验检疫、统计等工作。内设办公室（党委组织宣传部）、综合业务科、监管科、查检科4个科室。编制39名，2021年实有35人。设党总支，下设4个党支部，党员18人，占总人数的51.43%。

受新冠肺炎疫情影响，2021年吉木乃口岸仅开展进口管输天然气业务，吉木乃海关全年监管天然气1.67亿立方米、货运量11.35万吨、货值1.17亿元，征收进口税款1,054.14万元。

【党史学习教育】2021年，吉木乃海关将党史学习教育与重点工作有机融合，坚持学史明理、学史增信、学史崇德、学史力行，推动党史学习教育走深走实。年内开展支部集中学习66次，撰写心得体会72份，组织"缅怀国土伟业 传承不朽精神""红色·铸魂"等主题党日活动48次、党史知识竞赛4次、读书班3期，拍摄"书记讲堂"视频4个、"我想对党说"微视频1个，完成"我为群众办实事"25件，党委委员和支部书记讲党课13次。

【安全把关】2021年，吉木乃海关完善吉木乃口岸货运通关方案、职业暴露应急处置预案及演练脚本，组织各类桌面推演、环节串演、整体流程、突发恐怖事件、职业暴露等演练101次。参加地方疫情防控联席会议164次，迎接自治区、塔城地区疫情防控检查14次，与口岸疫情防控指挥部联系沟通，发送工作沟通函件60份，提出合理化意见建议130条，为吉木乃口岸恢复通关发挥海关作用。做好兄弟海关梯队支援工作，先后选派4批12人次支援塔克什肯口岸疫情防控工作，选派2批12人次整建制支援塔城海关疫情防控工作。开展病媒生物监测15次，积极推进动植物检疫防控能力提升示范口岸创建工作。制定2021年国门生物安全监测计划，联合石河子大学在定点加工企业周边开展杂草监测，发现2种检疫性杂草并及时进行铲除处理。开展"国门利剑2021"专项行动，与阿勒泰海关缉私分局召开联席工作会议2次，开展"两简"案件办理专题培训1次。

【服务发展】2021年，吉木乃海关采取"界桥交接"模式，确保哈萨克斯坦萨拉布雷克—中国吉木乃管输天然气计量站数据准确。对辖区进出口农产品需求进行摸底调研，与乌鲁木齐海关相关处室及地方疫情防控指挥部协调沟通，解决进境植物产品调运问题，赴2家定点加工企业实地监管，监管阿拉山口口岸、霍尔果斯口岸调运至布尔津县、哈巴河县进口葵花籽11批、909.04吨。赴监管场所、口岸经营单位开展各类宣传活动11次，通过"关企微信群"开展政策宣传32次，组织辖区内9家企业参加"单一窗口"培训，为吉木乃县人民医院、186团医院、口岸联检单位、监管场所运营企业开展新冠病毒基础知识培训指导7次。

【队伍建设】2021年，吉木乃海关加强准军事化纪律部队建设，每月开展内务规范督察并在全关通报。坚持正确的选人用人导向，健全优秀年轻干部"选育管用"全链条机制。畅通干部诉求渠道，掌握干部思想动态，开展问卷调查3次、谈心谈话43人次，做好后勤保障，及时解决干部职工后顾之忧。

（撰稿人：阿勒米热·瓦黑提）

阿勒泰海关

【概况】1993年4月,乌鲁木齐海关阿勒泰监管组成立;1994年10月,阿勒泰海关筹备处成立;1998年6月,总署批复阿勒泰海关建关,同年7月28日,阿勒泰海关正式挂牌成立;2018年4月,原阿勒泰出入境检验检疫局转隶划入阿勒泰海关。定位为偏口岸综合型海关,所辖塔克什肯和红山嘴2个一类对蒙古国开放口岸。承担阿勒泰市、福海县、富蕴县、青河县、第十师北屯市、塔克什肯口岸和红山嘴口岸海关监管、征税、缉私、出入境检验检疫、统计等工作。内设办公室(党委办公室)、人事政工科(党委组织宣传部)、综合业务科、监管科、查检科、技术科6个科室;下设一个副处级机构驻塔克什肯办事处,内设综合业务科、监管科、查检科3个科室。设机关党委,下设7个党支部。编制75人,2021年实有69人。

2021年,阿勒泰海关监管进出口货物109.75万吨、进出口总值达7.32亿元,同比分别增长31.08%、44.10%。其中,进口货物109.01万吨、货值6.31亿元,同比分别增长30.81%、34.23%;监管出口货物货值1.01亿元,同比增长165.7%。监管进出境车辆3.08万辆次。

【党史学习教育】2021年,阿勒泰海关学习领会习近平总书记在党史学习教育动员大会上的重要讲话精神,建立"党委+支部+个人"三级学机制,开展"启发式、实践性、体验式"主题党日活动28次。推荐1个党支部获评自治区直属机关先进基层党组织,1个支部品牌保留"全国海关培育品牌"称号,1个党支部"书记项目"入选关区"书记项目"试点名单;阿勒泰海关荣获"阿勒泰地区青年文明号",张晖荣获"自治区三八红旗手"称号。开展"我为群众办实事"实践活动,汇总梳理服务发展、规范管理、基层党建、基层减负、民生改善等方面6类17

条问题，制定政策宣讲解答、志愿帮扶、关心关爱等33条举措，完成11个"我为群众办实事"项目，投入资金38万余元，惠及企业120余家、干部职工70余人。

【统筹新冠肺炎疫情防控和促进外贸稳增长】 2021年，阿勒泰海关落实"五分五联"工作机制，优化"甩挂运输"通关模式，协调增加塔克什肯口岸开关天数、延长口岸通关时间，加班加点力促货运量稳步提升。投入人力124人次加班728小时，货运量由年初的日均2,000余吨提升至日均1.1万余吨。积极落实自治区应对疫情促进外贸稳增长措施，收集各方意见建议30余条，向属地疫情防控指挥部提出相关建议和措施，使用2台车载H986同时扫描，疏通拥堵问题，为日均进口1万余吨原煤发挥海关职能作用。

【国门生物安全】 2021年，阿勒泰海关关注境外重大疫病疫情动态，收集并报送蒙古国新冠肺炎疫情输华风险分析报告、蒙古国新冠肺炎疫情信息、境外重大动植物舆情信息等。针对蒙古国近年鼠疫疫情频发的严峻形势，组建病媒生物监测组，开展病媒生物监测工作41次，布放鼠夹及旱獭套4,703个，部分样本病原体检测呈阳性。在《中国国境卫生检疫》等期刊发表《中蒙边境区首次发现长尾黄鼠皮蝇蛆及寄生蝇预警监控》等论文。开展国门生物安全监测，在葵花籽调运现场检出检疫性杂草，对进口向日葵种子试种田开展田间检疫，在沙棘种植基地发现有害生物。

【支持资源性产品进口】 2021年，阿勒泰海关结合新疆炼焦煤资源紧缺的特点，协助地方政府实现进口焦煤落地加工。推进海关政策支持措施和规划研究，对进口焦煤实行"舱单归并"申报模式，推行"驻库监管"，实施"预约查验"，提升通关效率，完成109.01万吨进口焦煤监管任务。对接相关企业开展焦煤产品进口业务，支持提升新疆对蒙古国口岸焦煤进口量。

【法治建设】 2021年，阿勒泰海关深入贯彻学习习近平法治思想，落实《"十四五"海关法治建设规划》。落实"谁执法谁普法"责任制，开展普法宣传教育20次、企业座谈15次，宣传解读海关法律法规和规章制度修订内容。创新普法模式，创建线上"推进法治海关建设、强化法治意识、弘扬法治精神"普法品牌法治宣传阵地，开展知识测试3次，参与庭审2次，举办法治讲堂5次，拍摄《网络安全人人有责》原创视频1部。荣获"2016—2020年自治区普法工作先进单位"。

（撰稿人：倪红霞）

哈密海关

【概况】2015年1月13日，哈密海关筹备处组建；2017年1月22日，哈密海关正式挂牌成立，为正处级隶属海关。2018年4月，原哈密出入境检验检疫局转隶划入哈密海关。承担哈密市范围内海关监管、征税、缉私、出入境检验检疫、统计等工作。内设办公室（党委组织宣传部）、综合业务科、监管科、查检科4个科室。行政编制36名，2021年实有34人。设立党总支，下设4个党支部。

所辖老爷庙口岸位于巴里坤哈萨克自治县三塘湖镇，临近蒙古国布尔嘎斯台口岸。根据国家口岸管理办公室安排，自2021年4月1日起，老爷庙口岸正式实行常年开放，但受新冠肺炎疫情影响，处于"开关未过货"状态。全年监管出口电力21.24万千瓦时、货值10.87万元，受理出口货物产地检验检疫5批次64.19吨、货值279.78万元。

【党史学习教育】2021年，哈密海关推进学史明理、学史增信、学史崇德、学史力行，党委带头开展学习研讨34次，各支部累计开展学习研讨58次，撰写学习心得52篇。坚持"晨会一刻"、钉钉平台、学习强国平台等多种形式并用，开展"红色寻访"、"学史·铸魂"红色讲堂、青年干部"红色故事宣讲会"、集中观看红色教育影片等活动。推报3个"书记讲堂"微党课视频获评关区优秀作品。开展"我为群众办实事"实践活动，解决群众困难51项，推进4项重点民生项目清单"清零销号"，6项进出口企业诉求得到积极回应。

【新冠肺炎疫情防控】2021年，哈密海关落实乌鲁木齐海关党委"六抓""十到位"工作要求，参与构建口岸"五分五联"封闭管理体系，打破科室界限，全员混编组成"一线、应急、预备"梯队，保障一线防控人力需求。成立"挑毛病"小组，重点关注防护服穿脱、消毒作业等关键环节，细化考核监督内容6类34项，开展演练32次，报送疫情分析专报29篇。21人次参与驻地火车站和集中隔离点疫情防控工作。

【安全生产】2021年，哈密海关开展口岸安全生产知识宣贯，定期对口岸4家监管作业场所12项关键环节进行逐项排查，建立UC值班台账和每日视频巡库记录，与企业签订安生生产责任书。加强动植物疫病疫情监测，开展相关监测工作12次。于3月设立乌鲁木齐海关技术中心综合实验室哈密分场所，实验室规范化、标准化建设取得新进展，迎接危化品专项检查9次，管理成效获得地方检查组肯定。

【服务发展】2021年，哈密海关"单一窗口"主要申报业务应用率达100%。开展辖区企业税款担保规范办理辅导工作，调整优化税收预测报告。落实"证照分离"，分类推进审批制度改革。开展跨境电商物流企业专项清理3家、"断链刨根"专项整治企业8家。参与撰写的2篇新疆外贸分析和调研报告得到自治区党政主要领导批示，报送监测预警简报15篇，参与关级课题研究1项。派员参与总署统计分析司专项工作获得通报表扬。

【培育辖区首家AEO高级认证企业】2021年，哈密海关成功培育辖区首家AEO高级认证企业。多次上门服务开展"手把手"辅导，逐条宣讲认证标准、认证流程政策，通过深入了解企业现状，就企业存在困难问题，积极协调乌鲁木齐海关相关职能处室帮助整改解决；组成认证培育小组赴企业"一对一"辅导，对企业关注焦点问题逐一讲解，对照标准讲解企业需要准备的档案材料，将认证标准内容明细化；召开认证培育专题会议"点对点"推进，就企业认证工作进度、重难点问题等开展讨论，通过电话或实地督导认证档案的完善和准备，切实做好"把脉问诊"，提高培育精准度。

【队伍建设】2021年，哈密海关统筹部署落实意识形态工作。推进"四强"党支部建设，办公室党支部获评2021年度关区优秀基层党支部。哈密海关获评哈密市精神文明单位，综合业务科办事窗口岗获评哈密市巾帼文明岗。人人参与大培训、大比武、大练兵，全员学时学分双达标。组织开展"庆祝建党100周年"合唱比赛、知识竞赛、诗歌朗诵、清廉海关文艺作品征集等活动。

【综合保障】2021年，哈密海关推进法治海关建设，制订"八五"普法实施方案。加强网络安全和数据安全管理，开展内控示范单位创建。争取地方财政支持，拓宽资金保障渠道。口岸基建项目顺利完成竣工验收并交付使用。食堂管理、公车运行满意度提升。落实扶贫采购2.8万元。

（撰稿人：祁　翔）

石河子海关

【概况】2013年11月20日，石河子海关正式成立，行政级别为正处级；2018年4月，原石河子出入境检验检疫局转隶划入石河子海关。承担辖区范围内进出境运输工具、货物、物品及人员的征税、监管、缉私、出入境检验检疫、统计等工作。内设办公室（党委组织宣传部）、综合业务科、监管科、查检科4个科室。人员编制38名，2021年实有25人。设立党总支，下设5个党支部。

2021年，石河子海关监管进出口货运量11.27万吨，同比增长18.76%；贸易额10.4亿元，同比增长116.22%；实际入库税款6,571.95万元；办理减免税担保手续33份，减免税款183万余元，办理加工贸易手册39本，签发各类证书5,031份。

【政治建设】2021年，石河子海关落实"第一议题"制度，贯彻落实习近平总书记重要指示批示精神和党中央重大决策部署，扛起巡察审计整改的主体责任，完成常规巡察和审计反馈问题的整改，细化完善落实第三次中央新疆工作座谈会措施28项。以党史学习教育为主线，突出"关键少数"引领作用，通过"线上+线下"方式，持续跟进学习习近平总书记重要讲话35次、集中研讨交流20次、班子成员讲党课7次。开展"我为群众办实事"践行活动，共办实事好事33项。落实意识形态责任制，党委研究意识形态工作3次，多种形式开展新疆"四史"学习，扎实开展"三反"教育，用好红色资源，开展体验式学习教育172人次，全员撰写发声亮剑材料30余份，铸牢中华民族共同体意识，荣获"兵团民族团结进步示范单位"称号。开展嵌入式普法宣传，获评"兵团普法先进单位"。

【新冠肺炎疫情防控】2021年，石河子海关坚决落实乌鲁木齐海关党委"六抓""十到位"工作要求，压紧压实疫情防控责任，细化完善防控措施30余项，开展疫情防控演练及专题培训25次，防护服穿脱演练150余人次。建立健全环境消杀、干部职工健康管理等台账13项，规范防疫物资管理。对照乌鲁木齐海关"四不两直"检查通报和问题整改清单，全面开展自查8次，对来访人员登记不规范等问题做到立行立改。

【全面从严治党】2021年，石河子海关落实民主集中制，修订完善《中共石河子海关委员会工作规则》《石河子海关贯彻落实"三重一大"决策制度实施办法》等8项制度。开展党风廉政教育月、警示教育月活动，加强对"一把手"和领导班子监督，推进清廉海关建设。强化准军事化纪律部队建设，全力抓好规范化管理。建立完善"一督到底"清单，保障制度执行有力。积极构建"党委统筹抓、总支具体抓、书记亲自抓"的工作格局，持续推进"四强"党支部建设，完善党建工作"两个清单"，激发党建内生动力。优化党建品牌内涵外延，突出抓好党建示范展示，开展支部书记活动日4次、书记讲堂11次，推选支部培育品牌1个。扎实开展"现场监管与外勤执法权力寻租"专项整治工作，调整完善流程3项，及时堵塞漏洞。突出"实干、实绩"导向，强化绩效管理，在支援口岸抗疫等急难险重任务中精准识别和评价干部。搭建青年理论学习、岗位练兵等平台，多渠道培养锻炼干部。选派10人次支援口岸一线疫情防控工作，参与岗位练兵48人次，能力提升培训120余人次。

【安全把关】2021年，石河子海关开展国门生物安全监测工作，制定安全风险监控计划，完善动植物疫情及有害生物监测应急处置预案5项，开展检疫性杂草疫情突发事件应急演练1次，对进口甜菜种子等29个品种开展田间检疫。开展国门生物安全宣传教育活动进社区、进企业、进展馆、进旅行社等，对辖区14家果园开展监测技术及食用农产品出口政策培训，办理11家出口果园及包装厂注册登记。强化属地查检，查验出口危化品447批、4.62万吨；查验进口机电产品30批。

【优化营商环境】2021年，石河子海关党委班子带头开展辖区重点企业调研9次，走访地方党政征求意见建议12条。加强政策研究和统计分析，撰写2期工作专报获自治区领导批示，撰写克拉玛依航油保税可行性研究等报告得到批示肯定。对接塔城重点开发开放试验区建设，从进口农机保税、金融租赁等6个方面推动申建乌苏综合保税区。利用关企微信群、电话咨询答复等形式向企业宣传海关业务改革及政策法规，线上线下宣贯RCEP等政策15次，签发关区首单出口日本RCEP证书。2条税政调整建议被采纳;调整液化石油气取样送检流程,压缩在途及检测时间5天;协调解决产品铁路运输困难诉求,保障中欧班列1,052个集装箱快速通关。

(撰稿人:杨莉莉)

库尔勒海关

【概况】2002年12月18日,乌鲁木齐海关驻库尔勒办事处成立,为副处级;2011年12月23日,总署批准办事处升格为正处级;2018年12月,在原乌鲁木齐海关驻库尔勒办事处转隶并与原库尔勒出入境检验检疫局整合的基础上,成立库尔勒海关。承担巴音郭楞蒙古自治州(以下简称"巴州")范围内海关监管、征税、缉私、出入境检验检疫、统计等工作,是全国监管陆地区域面积最大的隶属海关。内设办公室(党委组织宣传部)、综合业务科、监管科3个科室。编制28名,2021年实有21人。设立党总支,下设4个党支部。

【党史学习教育】2021年,库尔勒海关围绕开展党史学习教育,组织党委理论学习中心组集体学习29次。创新开展英雄人物每日分享、党史故事人人讲、每日一测等学习形式,学习弘扬"兵团精神""马兰精神",提高学习成效。结合庆祝建党100周年,通过党委会、中心组学习、支部集中学习、"晨会一刻"等方式学习习近平总书记"七一"重要讲话,召开习近平总书记"七一"重要讲话精神专题读书班,组织开展系列主题党日活动。完成"我为群众办实事"实践活动项目22件,解决干部职工"急难愁盼"事项4件。通过自治区级精神文明单位复验,积极争创全国文明单位,荣获"自治州级民族团结进步模范单位"称号。

【新冠肺炎疫情防控】2021年,库尔勒海关严格落实"内外同防、人物同防、多病同防"的工作要求,落实乌鲁木齐海关党委"六抓""十到位"要求,开展内部防控检查和个人防护提醒。制(修)订疫情防控方案预案8项,强化疫情防控物资储备和档案管理。开展防护服穿脱、鼻咽拭子采样、应急处置演练等理论学习和实操培训演练33次。派3人支持口岸疫情防控梯队工作，参加工作专班2个，加强进口冷链食品和非冷链货物监管。

落实习近平总书记关于办好国际军事比赛重要指示精神，建立上下联动、内外配合的工作机制，优化工作流程，梳理风险节点，明确责任和任务，完成"国际军事比赛2021"特殊航班监管任务，实现"打胜仗、零感染"。临时入境特殊航班卫生检疫监管工作专班荣获集体三等功。

【安全把关】2021年，库尔勒海关对2,153批申报出口货物实施先查验或合格评定，对15批进口货物实施现场查验，查处不合格货物（包装）6批。监管进出口企业24家，出口水果注册果园40个、2.46万亩，备案出口食品原料种植基地13万亩。共完成29项核查任务，其中"双随机、一公开"首次联合市场监督管理部门开展联合检查8家，主要涉及食品企业合规生产方面。定期管理类11家，主要涉及果园、包装厂有害生物监测、质量安全等，其他涉及价格核查、木材加工、饲料加工等10家。做好国门生物安全监测，设置监测点38个、各类诱捕器材1,050套，对输入国关注的8种检疫性有害生物实施监测，开展外来检疫性杂草监测2次，对6.7吨进口甜菜种子的种植情况实施田间检疫。全年抽取7个样品，参与关区进口食品安全风险监测工作，年内共报送风险信息16篇。

【服务发展】2021年，库尔勒海关助推开通中欧班列线路5条，监管班列15列。实现巴州地产棉种首次出口吉尔吉斯斯坦，地产鲜食葡萄首次出口泰国。全面推广国际贸易"单一窗口"相关模块应用，企业知晓率100%。进口、出口整体通关时间较2017年分别压缩95.31%、51.33%。电子支付率100%。开展税政调研5次，征收税款863.8万元，审批减免税123万元。向地方党委、政府报送海关工作专报12篇，监测预警简报1篇，提出意见建议70余条。培育1家高级认证企业。办理行政许可23起，备案出口食品企业7家。

（撰稿人：罗予彤）

阿克苏海关

【概况】2018年机构改革前，阿克苏地区海关业务由喀什海关负责，原阿克苏出入境检验检疫局负责检验检疫业务。2018年4月，原阿克苏出入境检验检疫局转隶划入海关。2018年12月14日，中央编办批准在阿克苏地区设立海关；2019年3月28日，阿克苏海关正式揭牌。承担辖区范围内海关监管、征税、缉私、出入境检验检疫、统计等工作。内设办公室（党委组织宣传部）、综合业务科2个科室。编制14名，2021年实有16人。设党总支，下设2个党支部，党员占比81%。

【依法行政】2021年，阿克苏海关落实外来有害生物监测，对检疫性实蝇、苹果枝枯病、葡萄小卷叶蛾等开展调查和防控。开展进出口商品安全风险监督抽检，抽查检验进口商品共计46批次。实施出口危险货物及其包装检验监管，6人取得出口危险货物及其包装检验资质，监管59批、4,353.7吨危化品顺利出口。推进反走私综合治理工作，开展"清风行动2021""国门利剑2021""蓝天行动2021"等联合专项行动。

【服务发展】2021年，阿克苏海关优化外贸营商环境，推动国际贸易"单一窗口"新增功能推广应用，实施进出口业务网上申报，推行海关行政审批事项网上办理，压缩海关业务办理时间。年内，辖区新增备案注册进出口收发货人、出口食品生产、出口水果果园及包装厂、出境竹木草制品生产、出境木质包装标识加施等企业87家。发挥出口监管仓库功能，保障阿克苏地区始发中欧班列常态化运行，优化通关流程，为企业提供"7×24"小时预约通关服务，为出口监管仓库货物开通"绿色通道"，最大程度压缩通关时长。为阿克苏地区2所高等院校和1家科研机构办理仪器设备减免税担保，涉及金额600

万元。

【乡村振兴和"访惠聚"工作】 2021年,阿克苏海关选派5人参加阿克苏地区阿瓦提县多浪乡英买力村"访惠聚"驻村工作,推进村级产业、人才、文化、生态、组织等建设。以"我为群众办实事"为抓手,化解群众纠纷66件,架设7座"连心桥";安装路灯、修建广场,争取地方项目资金修建2.3公里防渗渠;改造电线线路3.6公里,解决村民用电难题。在助力乡村振兴方面,发展绿色养殖,投放鲤鱼、草鱼、鲫鱼2万余尾,带动村民增收;发展托管养殖,争取项目资金50万元,养殖博斯坦羊250只。阿克苏海关被表彰为"自治区脱贫攻坚先进集体",阿克苏海关驻阿瓦提县多浪乡英买力村"访惠聚"工作队2020年、2021年被连续评为"阿克苏地区先进工作队",工作队员李星被自治区表彰为"2021年度驻村工作先进个人"。

(撰稿人:赵 兰)

和田海关

【概况】2018年12月14日,中央编办同意设立和田海关(筹);2018年12月28日,乌鲁木齐海关同意筹建和田海关;2020年12月26日,和田海关正式成立。承担和田地区范围内海关监管、征税、缉私、出入境检验检疫、统计等工作。内设办公室(党委组织宣传部)、综合业务科、监管科3个科室。编制20名,2021年实有9人。设1个党支部。

【党史学习教育】2021年,和田海关突出政治建关,坚决落实"第一议题"制度,通过组织召开党委理论中心组学习、支部学习等方式,研读党史教育读本,学习习近平总书记"七一"重要讲话精神,组织"我想对党说""红色故事微讲堂""我身边的演绎故事"等活动,开展党史"回炉"测验,1人获关区党史应知应会知识竞赛三等奖,"书记讲堂"微党课视频获评关区优秀作品。

【疫情防控和安全生产】2021年,和田海关抓好新冠肺炎疫情防控和安全生产工作,认真落实乌鲁木齐海关党委"六抓""十到位"工作要求,修订完善工作预案7项。建立各类消杀台账,坚持每日对单位办公楼、庭院、食堂等公共区域进行环境消杀,与相关单位建立联防联控工作机制,确保及时有效应对疫情防控各类突发事件。制订安全生产三年行动方案,启用人脸识别门禁系统,排查和消除风险隐患。层层签订安全生产责任书,定期进行车辆安全检查。修订完善内部规章制度。加强网络安全和数据安全管理,定期开展网络数据安全大排查。

【服务发展】2021年,和田海关发挥海关职能作用,先后6次深入企业开展促进主导产业发展、进口粮食及饲草等专题调研。协助喀什海关完成出口核桃(仁)查验70批,监管出口货运量1,840吨,深入企业走访帮扶。支持地方政府海关监管作业场所建设,多次与地方政府座谈,指导设立保税仓库和海关监管作业场所审批程序、申请条件等工作。举办海关企业信用管理暨AEO认证培训班，保障8家企业通过认证。协助办理36家企业备案业务，助力和田地区外贸发展。

【助推全疆首家禽肉企业对香港地区出口禽肉】 2021年，和田海关联合乌鲁木齐海关企业管理和稽查处开展外贸调研，精准选取重点特色企业，主动联系地方政府和企业摸清出口意向，加强出口食品生产企业对外推荐注册工作。指定专人梳理进口国（地区）相关法律法规注册要求，组织专家评审组对企业进行现场指导2次，有针对性地从完善体系、设置关键控制点、填写申请材料等各环节提出整改意见16项，指导企业实施硬件改造和管理体系提升，完成线上备案。年内，和田地区一家禽肉生产企业通过香港食物环境卫生署注册，获得向香港地区出口冰鲜鸡肉及冷冻鸡肉的资格，成为新疆首家对香港地区注册禽肉企业。

【队伍建设】 2021年，和田海关持续加强准军事化纪律部队建设，完善内务督察通报机制。加强内控管理。分批派员前往乌鲁木齐海关相关处室跟班学习，补齐业务短板。开展"岗位练兵"，全员通过执法能力考试。持续推进"强基提质工程"，定期开展警示教育和廉政提醒。探索推进海关特色文化建设，以打造"沙海第一关"为目标、构建以党建促业务"一体双翼"新格局、实现事业发展"三步走"三年规划，提炼党支部"四问工作法"，着力打造和田海关"筑魂培元"工程。建成和田海关党建室，制作和田海关文化建设手册，成立和田地区图书馆和田海关分馆。获评和田市精神文明建设先进单位、和田市民族团结进步单位。

（撰稿人：马小勇）

第七篇

事业单位

乌鲁木齐海关后勤管理中心

【概况】乌鲁木齐海关后勤管理中心（以下简称"后勤管理中心"）是乌鲁木齐海关直属事业单位，具有事业法人资格。承担乌鲁木齐海关机关的环境安全、节能减排、社会综合治理、公共设施维护、政府采购执行、公务用车、食堂管理及下属经济实体的管理和运营等工作。内设综合部、财务部、人力资源部、采购管理部、通勤保障部、物业管理部、经营发展部、生活服务部8个部门。2021年实有在编人员31人、聘用人员267人（含代管单位及所属公司人员）。经乌鲁木齐海关党委批准，后勤管理中心于2020年8月设立党委，下设1个党支部，党员22名。

2021年，后勤管理中心以开展党史学习教育为契机，发挥党建品牌示范作用，抓好机关内部安全生产工作，落实疫情防控各项措施，有序推行物业"金牌"服务，提升各项保障工作质量，推进所属企业脱钩工作，持续提升各项工作质效。

【内部疫情防控】2021年，后勤管理中心动态优化新冠肺炎疫情机关内部防控工作，结合总署和驻地新冠肺炎疫情防控要求，先后更新12版内部防控细化措施，从严管理人员、车辆、餐厅、办公区域和公共场所，做好核酸检测、环境监测和采样等工作。采购各类应急防控物资42批次，南湖办公区招待所集中医学观察点保障一线工作人员集中医学观察119人次，配合完成机关工作人员核酸检测54次、3.89万人次，开展环境监测28次，采集样本840份，全力以赴确保机关实现"打胜仗、零感染"。

【后勤综合保障】2021年，后勤管理中心严格落实机关安全生产工作，开展打通"生命通道"集中专项行动，组织安全生产检查20次，查发安全隐患285项，开展应急演练31次，与驻地社区警务站联合拉动演练11次，举办消防安全知识讲座3次、交通安全知识讲座2次。推行"金牌"物业，改造乌鲁木齐海关家属院门面房，建立物业服务点，定期走访行动不便的退休干部职工，并提供上门维修、理发、送诊等服务。全年开展零星维修523项，切实维护办公区正常工作秩序。启用智慧餐厅系统，运用AI技术识别菜品和价格，实现人脸识别支付，推行小份菜，合理调整每周菜单和烹调方法，避免餐饮浪费。严格做好食堂食品安全全程控制。建成"后勤管理中心智能化派车管理系统"，实现科学统筹派车，全年出车8,195趟次、3.75万人次，行驶44.81万千米，乌鲁木齐海关机关实现安全行车23年。前往广州等直属海关落实《对口支援合作框架协议》相关工作，交流后勤管理经验。组织完成机关人员和离退休干部健康体检。在扶贫采购平台采购扶贫农副产品40.22万元。

（撰稿人：朱路路）

乌鲁木齐海关技术中心

【概况】乌鲁木齐海关技术中心（以下简称"技术中心"）是中央编办批复的独立法人单位，是乌鲁木齐海关直属的公益二类事业单位。主要承担新疆区域进出境货物的实验室检验、检疫、鉴定、校准、归类化验职责。内设综合部、财务部、质量技术部、业务部4个综合部门，以及综合实验室、动植物检疫实验室、食品安全实验室、化矿金实验室、工业品实验室；在塔城、阿勒泰、哈密、石河子、库尔勒、阿克苏设6个分场所。拥有5个国家检测重点实验室、4个区域实验室、6个常规实验室。批复编制数127名，2021年实有79人。其中，博士研究生学历3人、硕士研究生学历30人，正高级专业技术任职资格6人、副高级专业技术任职资格18人、中级专业技术任职资格30人。技术中心本部实验室面积1.5万平方米，拥有各类检测设备2,000多台（套）。通过资质认定的检测项目3,396项，涵盖动植物检疫、食品（化妆品）、化矿金、轻工、机电、纺织、归类化验等专业领域。

2021年，技术中心完成法定检验业务约1.29万批、4.64万项次（见表7-1）。检出进口不合格食品94批次、固体废物5批次、不符合标准要求出口工业危化品1批、苹果枝枯病1批，检出一类动物疫病口蹄疫28批、小反刍兽疫5批，检出二类动物疫病猪传染性胸膜肺炎24头、猪繁殖呼吸综合征13头、猪传染性胃肠炎3头。

表7-1 2021年乌鲁木齐海关技术中心法检业务量统计

业务类型	批次（批）	项次（项）
监督抽检与风险监测	12,508	44,889
归类化验	44	44
固体废物属性鉴别	20	20
缉私局送检	284	1,420
合计	12,856	46,373

【科研工作】2021年，技术中心不断提高检测技术水平，加强科研攻关能力，持续发挥技术支撑和创新引领作用。主持的"重大检疫性有害生物快速检测及监测防控技术研究与应用""新疆跨境重要农产品质量安全控制关键技术研究及应用"项目分别获得自治区科技进步奖一等奖、二等奖（见表7-2）。1项科研项目获得总署立项，3项科研项目获自治区自然科学基金项目立项，3项总署科研项目通过验收，参与3项国家重点研发计划（NQI）专项（完成其中4个子课题）；2项行业标准获得发布，6项海关技术规范制（修）订获得立项；4项实用新型获得专利授权。

表7-2　2021年乌鲁木齐海关技术中心获得省部级科研奖励情况一览表

获得奖项	获奖科研成果/获奖个人	主要负责人	备注
自治区科技进步一等奖	重大检疫性有害生物快速检测及监测防控技术研究与应用	张祥林	本单位排名第一
自治区科技进步二等奖	新疆跨境重要农产品质量安全控制关键技术研究及应用	杨忠	本单位排名第一
自治区第十一批有突出贡献优秀专家	张祥林	—	—
自治区第三期"天山英才"项目	王科珂	—	—

【党建工作】2021年，技术中心获批成立党总支，设立4个党支部，共有党员36名，占总人数的22%。围绕推进基层党建"强基提质工程"，注重制度执行实效、提高党建基础水平，注重党课宣讲质量、提高凝聚力战斗力，注重丰富活动载体、提高支部党建活力，切实强化党建工作。扎实开展党史学习教育，立足本职深入开展"我为群众办实事"实践活动，开展"博士宣讲团"宣讲6次，为企业和干部职工办实事好事9件。

（撰稿人：彭心婷）

新疆国际旅行卫生保健中心（乌鲁木齐海关口岸门诊部）

【概况】新疆国际旅行卫生保健中心（乌鲁木齐海关口岸门诊部）（以下简称"保健中心"）是乌鲁木齐海关下属具有独立法人资格的事业单位。主要负责关区出入境人员的健康体检、传染病监测、预防接种、卫生检疫技术科研开发与技术服务，为口岸核心能力建设提供技术支撑。内设综合部、健康管理部、签证管理部、医学检验部、口岸工作部5个部门。建有新疆口岸传染病监测区域性中心实验室、艾滋病筛查区域性中心实验室、新疆国际旅行卫生保健中心实验室，能够开展血常规、尿常规、生化、肿瘤标记物、滥用药物筛查及30多种重点传染病病原体的检测工作，承担关区国境病媒生物监测项目的分子生物学检测、乌鲁木齐地窝堡国际机场口岸入境染疫人传染病检测、出入境人员传染病监测体检实验室检测（总署卫生检疫司规定的健康证书所涉及的全部项目）。编制29人，2021年实有在编24人，其中高级职称5人、中级职称6人、初级职称4人，另有聘用人员17人。

2021年，保健中心共完成健康体检2,655人次，其中出入境人员1,588人次（含法定检验252人次）、社会体检1,067人次；发放健康证书1,528份、预防接种证书494份，发放艾滋病检测报告1,208份，完成转签及外来医学表格填写674份；完成艾滋病毒检测1,533人次，检出艾滋病2例、梅毒2例、丙肝1例、乙肝3例，各类非传染病860例。

【新冠病毒实验室检测】2021年，根据总署和乌鲁木齐海关要求，保健中心承担干部职工出差及返岗健康监测、乌鲁木齐海关机关办公区环境监测、地窝堡国际机场进出境货物和外环境样本新冠病毒核酸检测工作。制定"周末、节假日"值守工作保障机制，确保"当天采样、当天检测、当天出报告"，为关区内部防控提供技术支撑保障。全年为离返乌鲁木齐市的干部职工、隔离和集中工作人员进行新冠病毒核酸检测6,805人次、抗体检测855人次；完成地窝堡机场货机表面样品546批次、机场货运服装外包装擦拭样品198

批次、乌鲁木齐及海关机关办公区环境监测样品4,411批次核酸检测，为企业提供货运外环境检测1,590批次。完成南湖办公区工作人员核酸采样、信息数据整理上报1.07万人次。完成累计75天的重大活动等各类医疗保障任务。

【检测能力提升】2021年，保健中心加强实验室安全管理和生物安全防控工作，组织开展实验室生物安全培训13次、应急实操演练3次、移动P2实验室核酸检测全流程应急演练1次。积极参与关区进口冷链食品、入境冻鱼、冬季进口商品等阳性处置应急和实战演练。完成新配发移动P2+实验室的生物安全备案、临床基因扩增技术验收并取得资质，分子生物实验室、媒介生物实验室、艾滋病实验室、常规医学实验室和微生物实验室搬迁至南湖办公区，并完成属地化生物安全备案。新冠病毒核酸检测通过自治区检测能力和实验室生物安全"双盲"考核，通过国家卫生健康委员会、自治区临床检验中心组织的室间质评。年内新增认可项目8项，8名技术人员通过自治区临床基因扩增检测技术培训考试。参与"口岸输入性高致病传染病应急防控体系的建立与应用"科技项目获总署科技发展司科技评定三等奖，自主申报实用新型专利权2项、发明专利权1项。

（撰稿人：牛鹏程）

中国电子口岸数据中心乌鲁木齐分中心

【概况】中国电子口岸数据中心乌鲁木齐分中心（以下简称"数据分中心"）成立于2003年，主要负责乌鲁木齐关区电子口岸、国际贸易"单一窗口"及海关信息系统的项目开发、技术支持、信息安全保障、推广运维和操作培训，协助承担12360热线值班工作。设综合部、技术部2个部门。人员编制10名，2021年实有6人。

2021年，数据分中心提炼出"以软件研发为支撑打造核心业务体系、以工程建设为基础稳固主要创收渠道、以运维服务为保障拓宽经营服务范围、以客户服务为宗旨提升公共服务质效"的核心发展理念，创新思路、优化方法、完善管理机制，深化项目应用，挖掘潜在优势，延伸经营链条，有效提升服务保障能力。

【网络和信息化安全】2021年，数据分中心把保障安全放在第一位，遵循"安全至上"理念，构筑安全"防火墙"。坚守电子口岸专网、外网技术平台等主阵地，坚持规划在前、预防为主，在项目建设全流程、全方位、多维度嵌入安全管理模块，开展网络资产深度清查，全年机房巡检110次，按密码复杂度要求更新各类账户密码，更新防火墙访控策略，封禁可疑外网IP地址，修复电子口岸专网服务器漏洞补丁，强化预警及应急管理机制，减少网络暴露面，建立常态化的管理机制，及时堵住网络安全漏洞，实现网络安全、数据安全"零事故"。坚持每日视频巡查和每周汇报机制，常态化督促项目施工现场落实安保措施。

【信息化服务质效提升】2021年，数据分中心不断提高政治站位，在海关服务丝绸之路经济带核心区建设中，充分发挥信息化服务优势，激发高质量发展新动力。扎实推进软件研发工作，开发新疆进出口企业数据报送系统，积极推进关区"精准防控智慧监管指挥应用"等10余个信息系统的研发建设工作。有序推进关区25个监管场地信息化项目建设，制订50余套技术改造方案。高效完成运维保障，制订关区视频监控智能运维管理平台方案，提升视频监控在线率，促进视频监控规范化管理。在关区探索并推广运维技术雇员派驻机制，全年派驻14人为乌鲁木齐海关机关及5个隶属海关提供运维服务1.9万余次。积极构建大运维网络，为新疆76个海关监管场所企业提供视频监控、电子卡口运维等服务2,000余次。提升窗口服务质效，充分发挥12360热线服务效能，加强热线话务情况数据分析，及时反映外贸走势、新业态发展趋势，月均反馈相关动态5条，为关区相关部门服务外贸发展提供依据和参考。协助完成12345热线与12360热线归并工作。

【推广"关银一KEY通"实现全疆全覆盖】2021年，数据分中心继续强化与建设银行沟通协作，把"关银一KEY通"项目作为服务"一带一路"建设和服务外贸企业提质降本增效的重要举措，坚持分类分步推进，由点及面逐步推广，切实做好电子口岸制卡工作。加强对银行设立代理网点的审核把关，严格开展验核评估，重点审核制卡代理点终端、存储、管理等关键节点，严把制卡代理点编码审核关口，确保网络与数据安全。依托12360热线为外贸企业办理"关银一KEY通"业务提供全流程、全方位指引。截至2021年年底，"关银一KEY通"项目已覆盖全疆14个地州市，共设立19个合作制卡代理点，2,400余家外贸企业实现在当地就近办理"关银一KEY通"业务。

（撰稿人：魏雨萱）

海关总署乌鲁木齐教育培训基地

【概况】海关总署乌鲁木齐教育培训基地（以下简称"培训基地"）于1999年由总署批复设立并动工新建，于2000年3月8日正式投入使用；2009年由副处级调整为正处级。是总署设立在西北五省区唯一的海关教育培训基地，占地面积3.39万平方米。有客房156间、会议室13个、多媒体培训教室1个、室内准军体能训练馆1个，可同时容纳约280人住宿、约800人就餐，是集餐饮、客房住宿、体能训练健身于一体的多功能服务型培训单位，既可满足海关内部各类会议、培训班需求，同时也面向市场开展经营创收工作。

2021年，培训基地严密抓好新冠肺炎疫情内部防控工作，压紧压实安全生产责任。根据《乌鲁木齐海关国企改革三年行动工作方案》要求，在完成培训养老机构改革初验基础上，积极筹备复验复审工作。根据国务院《国企改革三年行动方案》总体要求和总署、乌鲁木齐海关具体部署，下设全民所有制企业已完成改革工作。

【经营管理】2021年，培训基地聚焦主营业务，克服新冠肺炎疫情影响，抓好经营工作，对内承办总署培训2期、83人次，关区会议、培训班8期、316人次。8月8日至9月10日，按照总署"零疏漏、零事故、零感染"要求完成2021年新录用公务员初任培训任务。对外承办会议、培训班320余期，累计接待1.7万人次。

（撰稿人：李若男）

第八篇 大事记

2021年乌鲁木齐海关大事记

1月

▲4日　乌鲁木齐海关党委召开关区2020年党组织书记抓基层党建述职评议考核会。

▲7日　自治区党委常委、组织部部长李邑飞听取乌鲁木齐海关开展扶贫、"访惠聚"驻村和干部队伍建设等工作情况介绍。

乌鲁木齐海关缉私局办案中心揭牌。

▲12日　自治区党委常委、政法委书记王明山听取乌鲁木齐海关打击走私、维护国门安全等工作情况介绍。

▲13日　自治区副主席赵冲久听取乌鲁木齐海关2020年工作情况介绍。

▲15日　乌鲁木齐海关开展冬春季新冠肺炎疫情内部防控应急处置演练。

▲19日　总署举办《"十四五"海关发展规划（征求意见稿）》视频座谈会，乌鲁木齐海关党委书记、关长沈扬作交流发言。

▲22日　自治区党委常委、乌鲁木齐市委书记徐海荣听取乌鲁木齐海关近期各项工作情况介绍。

▲29日　中国—哈萨克斯坦边境口岸新冠肺炎疫情联防联控机制视频会议在乌鲁木齐海关举行。双方重点围绕中哈铁路口岸、公路口岸疫情防控和货运通关等议题进行深入交流。

自治区常务副主席张春林听取乌鲁木齐海关2020年工作情况介绍。

▲31日　乌鲁木齐海关党委召开2020年度民主生活会，党委书记、关长沈扬通报上年度民主生活会和巡视整改专题民主生活会整改措施落实情况，代表党委作班子作对照检查，班子成员依次作个人对照检查，并开展批评和自我批评。

2月

▲1日　乌鲁木齐海关两项科研成果分别获得自治区科学技术奖一等奖和二等奖。

▲5日　乌鲁木齐海关召开2021年关区工作会议、全面从严治党工作会议，回顾2020年和"十三五"时期关区工作、2020年关区全面从严治党工作，分析关区

工作形势，部署2021年主要工作任务。

▲7日　总署党委通过视频指挥系统慰问卡拉苏海关。听取卡拉苏海关基本情况汇报，党委书记、署长倪岳峰代表总署党委向奋战在边关一线的全体干部职工及家属致以新春佳节的祝福与问候，对乌鲁木齐海关党委积极落实总署党委支持艰苦地区边关22条措施给予充分肯定，并希望驻守边关的同志们不断提高政治能力，不断强化使命担当，大力弘扬边关精神。

▲8日　中国—哈萨克斯坦边境口岸新冠肺炎疫情联防联控机制新一轮视频会议在乌鲁木齐海关举行。

自治区副主席赵冲久听取乌鲁木齐海关2021年工作思路和重点任务情况介绍。

▲9日　总署党委委员、副署长王令浚在署通过视频连线方式慰问阿拉山口海关干部职工，听取中欧班列通行、进口高风险非冷链集装箱货物采样检测、总署配发保暖物资使用等情况汇报。

▲12日　总署党委书记、署长倪岳峰在署通过视频连线方式慰问阿拉山口海关干部职工，听取中欧班列通行、口岸新冠肺炎疫情防控等情况汇报。

▲14—15日　自治区党委常委、自治区常务副主席张春林在阿拉山口口岸、霍尔果斯口岸调研新冠肺炎疫情防控、货物通关等情况。乌鲁木齐海关党委委员、副关长吴卫一同调研。

▲16日　自治区党委常委、自治区副主席艾尔肯·吐尼亚孜在霍尔果斯口岸调研新冠肺炎疫情防控、货物通关等情况。

▲18—19日　自治区党委常委、自治区常务副主席张春林在伊尔克什坦口岸、卡拉苏口岸调研新冠肺炎疫情防控、货物通关等工作。乌鲁木齐海关党委书记、关长沈扬一同调研。

3月

▲8日　乌鲁木齐海关召开"现场监管与外勤执法权力寻租"专项整治工作动员部署视频会议。

▲9日　中国—塔吉克斯坦边境口岸新冠肺炎疫情联防联控机制视频会议在乌鲁木齐海关举行。

▲15日　乌鲁木齐海关召开关区新时代"访惠聚"驻村工作会议。

▲17日　自治区召开2021年打击走私综合治理工作电视电话会议。

▲20—22日　乌鲁木齐海关党委召开党委理论学习中心组"党史学习教育"专题（扩大）学习。

▲29日　南疆首趟本地报关中欧班列从库尔勒车站出发，经由霍尔果斯口岸出境开往格鲁吉亚，最终到达目的地意大利。主要装载货物为地产番茄酱。

▲30日　乌鲁木齐海关"中亚地区跨境动物疫病防控形势及联防联控对策研究"署级科研项目顺利通过总署集中验收。

▲3月31日至4月2日　乌鲁木齐海关举办关区处级干部学习贯彻党的十九届

五中全会精神暨党史学习教育专题培训班。

4月

▲6—8日　乌鲁木齐海关党委书记、关长沈扬带队赴重庆市调研。先后前往重庆市口岸物流办、两路寸滩综合保税港区、西永综合保税区和重庆铁路口岸调研。其间，在重庆海关签订《乌鲁木齐海关　重庆海关推进中哈"关铁通"项目实施合作备忘录》。

▲8日　霍尔果斯海关验放首趟"伊犁—阿拉木图国际瓷砖专列"。

▲19日　乌鲁木齐海关党委书记、关长沈扬在乌鲁木齐海关缉私局指挥中心指挥"剿猎2021-1"打击"水客"走私专项行动。

▲22日　乌鲁木齐海关保健中心口岸传染病监测实验室搬迁至乌鲁木齐海关南湖办公区。

▲27日　中国—塔吉克斯坦边境口岸新冠肺炎疫情联防联控机制第三次视频会议在乌鲁木齐海关举行。

▲29日　自治区副主席刘苏社听取乌鲁木齐海关支持自治区重点项目发展、服务丝绸之路经济带核心区建设等情况介绍。

5月

▲5日　首列"吐鲁番—俄罗斯"中欧班列开行，主要装载货物为地产聚氯乙烯纯粉。

▲6—9日　国务院联防联控机制综合组口岸输入性新冠肺炎疫情防控工作组分别在伊尔克什坦、卡拉苏、阿拉山口、乌鲁木齐地窝堡国际机场口岸检查指导输入性新冠肺炎疫情防控工作。

▲7日　乌鲁木齐海关党委书记、关长沈扬参加自治区新冠肺炎疫情防控指挥部进一步加强"外防输入"工作专题会议，并介绍海关工作情况。

▲8日　乌鲁木齐海关保健中心新冠病毒核酸检测实验室通过自治区新冠病毒核酸双盲考核。

▲12日　乌鲁木齐邮局海关在寄自美国、法国、英国等国家和地区的邮袋中查获大量违禁出版物，包括反动信件、反动贺卡、反动报刊等。

▲15日　中哈霍尔果斯国际边境合作中心跨境电商"空中陆桥"集装箱调运通道正式落成。

▲16日　新疆首列跨境电商专列出境，该专列自阿拉山口始发，出境抵达波兰马拉舍维奇。

▲18日　喀什航空口岸获批设立进境水果、肉类、冰鲜水产品、食用水生动物综合性指定监管场地。

▲19日　首列"吐鲁番—乌兹别克斯坦"班列开行，主要装载货物为大麦。

▲23—24日　中央政治局委员、自治区党委书记陈全国在霍尔果斯口岸调研。其间，霍尔果斯海关简要介绍促进新疆特

色农产品出口等情况。乌鲁木齐海关党委书记、关长沈扬一同调研。

▲25日 乌鲁木齐海关和新疆贸促会签署《乌鲁木齐海关新疆贸促会加强协作机制安排》。

▲26—27日 总署党委委员、副署长邹志武在乌鲁木齐海关调研。听取乌鲁木齐海关工作汇报，了解二级监控指挥中心和"乌鲁木齐海关精准防控智慧监管指挥应用"平台建设情况，并提出工作要求。前往乌昌、石河子海关开展党史学习教育，参加基层党支部联系点党支部主题党日活动，前往乌鲁木齐国际陆港区和相关企业调研。其间，会见中央政治局委员、自治区党委书记陈全国，自治区副主席赵冲久。

▲27日 乌鲁木齐海关通过线上方式举办关区"学党史、增党性、当先锋"主题知识竞赛决赛。

首列"库尔勒—西班牙"中欧班列出口，装载货物为地产番茄酱。

▲28日 首列"阿克苏—莫斯科"中欧班列开行，主要转载货物为地产浓缩果汁。

▲28—29日 全国中欧班列专题调研组在霍尔果斯、阿拉山口口岸调研。其间，在霍尔果斯铁路口岸站举行全国首趟"乌鲁木齐—霍尔果斯—莫斯科"中欧班列发车仪式。

6月

▲6月17日至7月4日 总署"现场监管与外勤执法权力寻租"专项整治工作第七检查组在乌鲁木齐海关检查指导工作。其间，前往部分隶属海关检查工作。

▲18日 乌鲁木齐海关党委书记、关长沈扬为离退休老同志颁发"光荣在党50年"纪念章，并前往党龄满50周年的离退休老同志家中慰问。

中国—吉尔吉斯斯坦边境口岸疫情联防联控视频会议在乌鲁木齐海关举行。

▲20日 乌鲁木齐海关举办庆祝中国共产党成立100周年"红色故事会"暨合唱比赛。

▲23日 阿拉山口海关监管关区首次公转铁出口罐式集装箱，该批罐式集装箱由南通起运，以公路运输至阿拉山口口岸，换装至铁路列车运往哈萨克斯坦。

▲25日 乌鲁木齐海关以视频方式举行2021年度中国—哈萨克斯坦边境海关负责人会谈。

▲28日 乌鲁木齐海关召开关区党建工作交流会暨"七一"表彰大会。

阿拉山口海关在公路运输出口货物中查获夹藏精神药品13.3万片剂。

▲29日 乌鲁木齐地窝堡机场海关保障新增"巴黎—卡拉干达（经停）—乌鲁木齐"往返货运航线开通。

▲30日 乌鲁木齐海关党委书记、关长沈扬作"重温百年辉煌历程、赓续红色精神血脉，凝心聚力谱写关区新时代高质量发展新篇章"专题党课。

中国—哈萨克斯坦边境口岸疫情联防

联控第四次视频会议在乌鲁木齐海关举行。会后，自治区党委常委、自治区常务副主席陈伟俊听取乌鲁木齐海关工作情况介绍。

全国首趟在中方口岸提前进行"准轨换宽轨"的中欧班列从霍尔果斯口岸出境，该班列由乌鲁木齐市始发，运往哈萨克斯坦阿拉木图市。

7月

▲1日　乌鲁木齐海关组织收看庆祝中国共产党成立100周年大会现场直播。会后，召开党委会学习研讨习近平总书记重要讲话精神。

阿拉山口海关从进口板材中截获绿翅扁胸天牛成虫1头、树蜂科不完整成虫1头。其中，绿翅扁胸天牛系关区首次截获。

▲2日　乌昌海关利用"企业信用信息调查子系统单兵应用"完成1家企业认证作业，为乌鲁木齐关区首次。

▲4日　乌鲁木齐海关党委书记、关长沈扬参加自治区党委九届十二次全会。

▲5日　乌鲁木齐海关实验室管理系统e-lab v2.0正式切换上线。

霍尔果斯国际边境合作中心海关成功办理关区首票跨境电子商务B2B出口海外仓（9810）货物。

乌昌海关指导辖区企业自助打印全疆首份输泰国中国—东盟自贸协定原产地证书。

▲9日　阿拉山口海关放行关区首票跨境电子商务B2B直接出口（9710）货物。

全国人大宪法和法律委员会副主任委员王宁一行赴吉木乃口岸调研口岸开关准备情况。

▲14日　乌鲁木齐海关党委班子到乌鲁木齐市革命烈士陵园开展主题党日活动。

▲15日　中央政治局委员、自治区党委书记陈全国在喀什综合保税区调研。其间，听取喀什海关支持综合保税区发展、综合性指定监管场地申报建设、国际航空货运业务发展等情况汇报。

霍尔果斯综合保税区通过自治区联合验收组验收。

乌鲁木齐海关举办"习近平总书记在庆祝中国共产党成立100周年大会上的重要讲话精神"专题辅导讲座。

▲16日　公安部副部长杜航伟在巴克图口岸调研疫情防控、货物通关和边境管控等工作。其间，听取塔城海关相关情况介绍。

▲17日　乌鲁木齐海关党委书记、关长沈扬现场指挥"2021A"打击玉石走私专项行动。

▲20日　阿拉山口海关办理关区首批"9710+TIR"模式出口跨境电商货物，该批货物在阿拉山口公路口岸完成通关放行，通过公路口岸TIR运输出口至比利时。

▲21日 根据《关于同意对韩晓宇等1,396名同志录用为公务员予以备案的通知》（公录字〔2021〕119号），对乌鲁木齐海关郭伟等66名同志予以录用备案。

▲21—22日 总署党委委员、副署长邹志武在阿克苏海关、库尔勒海关调研。查看两关办公场所，调研入境特殊航班卫生检疫监管准备工作并观看演练，看望基层一线关员；传达第八次全国对口援疆工作会议精神，慰问阿克苏海关驻阿克苏地区阿瓦提县英买力村"访惠聚"驻村工作队；前往重点企业调研，听取意见建议。

▲28日 首批"中—吉—哈"公铁联运班列通行，该班列在喀什海关完成申报，从吐尔尕特口岸出境，运往吉尔吉斯斯坦比什凯克和哈萨克斯坦阿拉木图等城市，主要装载生活用品和服装等货物。

▲28—30日 全国打私办副主任、总署缉私局副局长李云龙在新疆开展调研，参加2021年全国打私办反走私综合治理课题研究选题会，赴伊犁调研督查反走私综合治理工作。

▲30日 自治区党委副书记、自治区主席雪克来提·扎克尔在巴克图口岸调研疫疫情防控和通关监管等情况。

8月

▲3日 自治区党委常委、自治区常务副主席陈伟俊在阿拉山口口岸调研综合保税区发展、跨境电商和口岸通关等工作。

▲4日 自治区党委常委、自治区副主席艾尔肯·吐尼亚孜在霍尔果斯口岸调研了解进口货物和空集装箱消杀采样和一线人员防护情况。

▲5日 乌鲁木齐海关在自治区举行新闻发布会，介绍上半年新疆外贸基本情况和乌鲁木齐海关促进外贸稳增长措施。

▲7日 自治区党委副书记、自治区主席雪克来提·扎克尔在喀什综合保税区调研。其间，听取喀什海关支持综合性指定监管场地建设、国际航空货运业务发展等情况汇报。

▲8月8日至9月10日 乌鲁木齐海关举办2021年新录用公务员初任培训。

▲9日 自治区党委常委、政法委书记王明山在卡拉苏口岸调研货运通关和"三防"工作。

▲10日 中国—塔吉克斯坦边境口岸疫情联防联控机制第四次视频会议在乌鲁木齐海关举行。会后，自治区党委常委、自治区常务副主席陈伟俊听取乌鲁木齐海关工作情况介绍。

首辆"深喀号"中欧南疆公路速运货车开行，该货车由深圳首发，经吐尔尕特口岸出境，最终抵达德国，主要装载DVD播放机、灯具、护栏、滑板等货物。

▲12日 自治区党委常委、自治区常务副主席陈伟俊，自治区政协副主席、自治区疫情防控督导组组长马雄成在巴克图口岸调研。乌鲁木齐海关党委委员、副关长吴卫一同调研。

▲13日　红其拉甫海关水布浪沟"海关特色党性教育课堂"被自治区党委宣传部命名为自治区爱国主义教育基地。

霍尔果斯海关完成关区首票出口商品车提前申报测试。

▲16日　根据《乌鲁木齐海关关于办公室（党委办公室）、财务处新设科级机构的通知》（乌关人〔2021〕176号），在办公室（党委办公室）新设督查科、财务处新设事业财务科。

▲16—19日　自治区党委副书记李邑飞、自治区政协副主席迪力夏提·柯德尔汗、自治区副主席赵青、自治区副主席哈德尔别克·哈木扎分别在霍尔果斯、阿拉山口、吐尔尕特、伊尔克什坦口岸调研新冠肺炎疫情防控工作。

▲17—22日　自治区党委常委、自治区副主席艾尔肯·吐尼亚孜在霍尔果斯口岸调研疫情防控工作。其间，听取霍尔果斯海关工作介绍。

▲19日　乌鲁木齐海关研究部署事业单位所属企业脱钩工作并制订实施方案。

霍尔果斯海关成功拍卖一批涉案财物，共计6,734瓶洋酒，最终成交价800.57万元。

▲23日　乌昌海关快速验放乌鲁木齐综合保税区首批跨境贸易电子商务（9610）出口货物，由该关查验后转关至伊尔克什坦口岸出口，经过吉尔吉斯斯坦最终发往塔吉克斯坦。

▲25日　乌鲁木齐海关党委书记、关长沈扬参加自治区口岸新冠肺炎疫情防控工作专题会议，并介绍海关工作情况。

首列"库尔勒—俄罗斯"中欧班列开行，主要搭载货物为地产番茄酱。

▲26日　乌鲁木齐关区5个PCR实验室47个摄像头接入二级视频监控平台。

▲27日　乌鲁木齐海关召开全面从严治党、党风廉政建设形势分析会议暨警示教育大会。

乌昌海关全力保障997头法国种猪顺利抵达指定隔离场，开始为期45天的驻场隔离检疫监管工作。

9月

▲2—6日　自治区口岸疫情防控工作督导前往巴克图、霍尔果斯、都拉塔、吉木乃、塔克什肯口岸开展疫情防控督导检查。乌鲁木齐海关党委委员、副关长吴卫参加。

▲3日　乌鲁木齐海关向自治区农业农村厅移交已结案珊瑚制品4,620.49克。

▲7日　阿拉山口海关与哈萨克斯坦多斯特克海关、阿拉克利海关举行视频会晤。

▲8日　乌鲁木齐海关举行2021年度中国—吉尔吉斯斯坦边境海关负责人视频会谈。

▲9日　阿拉山口海关与哈萨克斯坦阿拉克利海关举行视频会晤。

▲10日　全国首列出境"铁路快通"中欧班列在乌鲁木齐国际陆港区发运。

▲12—14日 中央保密委员会办公室副主任、国家保密局副局长王言彬在伊犁州、塔什库尔干塔吉克自治县开展边境保密专项检查调研。其间，听取伊宁、红其拉甫海关保密工作情况汇报。

▲15日 乌鲁木齐海关"两红"党性教育基地网上VR展厅上线总署网站。

▲16日 乌鲁木齐海关以"四不两直"方式加强常态化疫情防控监督检查。

▲17日 乌鲁木齐海关开展进口冷链食品新冠肺炎疫情防控应急处置演练。

根据《乌鲁木齐海关关于贾佳等13人职务职级任免的通知》（乌关人〔2021〕203号），贾佳等13人在关区内进行换防式交流。

▲17—18日 自治区党委副书记李邑飞在阿拉山口、霍尔果斯口岸调研封闭管理作业和人员安全防护情况。乌鲁木齐海关党委委员、副关长吴卫一同调研。

▲18日 原中共中央政治局委员、中央政法委书记孟建柱在霍尔果斯调研疫情防控、通关运行和特色产业发展情况。

乌鲁木齐海关完成2021年度脱贫地区农副产品采购工作，采购总额140.38万元。

▲23—28日 总署专家组在塔克什肯口岸开展2021年度"一带一路"病媒生物专项监测工作。

▲25—26日 乌鲁木齐海关技术中心通过国家市场监督管理总局检验检测机构资质认定评审，共11大类154个项目检测能力通过扩项申请。

▲26日 乌鲁木齐海关9项署级科研项目顺利通过总署集中验收。

▲26—29日 总署在乌鲁木齐海关举办海关大数据应用暨"送教上门"专题培训班。

▲27日 乌鲁木齐海关与同方威视技术股份有限公司签署战略合作备忘录。

乌鲁木齐海关保健中心承担的总署科研项目"新发及输入性重大传染病口岸风险监控关键技术与措施研究"通过总署科研项目验收。

▲28日 自治区党委常委、自治区常务副主席陈伟俊在喀什综合保税区调研。

根据《乌鲁木齐海关关于孙涛等29人职务职级任免的通知》（乌关人〔2021〕210号），孙涛等29人通过遴选考试进入乌鲁木齐海关机关和在乌隶属海关单位工作。

▲29日 自治区口岸疫情防控工作现场会在博州召开。乌鲁木齐海关党委书记、关长沈扬和党委委员、副关长吴卫参加会议并一同调研。

乌鲁木齐海关召开"学习贯彻习近平总书记'七一'重要讲话精神读书班暨宣讲交流会"，启动"我为群众办实事"实践活动成果展。

▲29—30日 乌鲁木齐海关联合总署标法中心、广州海关、上海海关等单位，与乌兹别克斯坦开展国际植物检疫技术交流活动。

10月

▲3日　霍尔果斯、霍尔果斯国际边境合作中心、伊宁、都拉塔海关迅速从严应对伊犁州新冠肺炎疫情。

▲8—9日　自治区党委副书记、自治区疫情防控工作指挥部指挥长李邑飞，自治区副主席刘苏社在霍尔果斯口岸调研疫情防控封闭管理和进口货物库存情况。

▲11日　乌鲁木齐海关首次开展与市场监督管理部门"双随机、一公开"联合监管工作。

根据《乌鲁木齐海关关于2021年事业单位公开招聘人员报到的通知》（乌关人〔2021〕214号），2021年新招聘24名事业单位工作人员正式报到。

▲14日　乌鲁木齐海关首票"内销选择性征收关税"业务在阿拉山口综合保税区落地。

▲15日　首列"库尔勒—格鲁吉亚"番茄酱中欧班列开行。

自治区12345政务服务便民热线12360分中心在乌鲁木齐海关正式挂牌。

▲19日　乌鲁木齐邮局海关在寄自韩国的邮件中查获疑似含有国家管制的第一类精神药品安非他明300粒。

▲21日　总署监控指挥中心视频连线阿拉山口海关观看进口矿产品通关作业流程。

乌鲁木齐海关援助的和田地区墨玉县奎牙镇交通村全自动日光温室大棚项目顺利完工，向喀什地区塔什库尔干县瓦恰乡夏拉夫迭村移交14台（套）农机具。

▲22日　阿拉山口海关验放全国首批乌兹别克斯坦输华李子干，系8月26日乌兹别克斯坦李子干获得输华许可后首次进口。

▲23日　阿拉山口海关保障全国首列"进博号"中欧班列开行，该班列自德国汉堡始发，经阿拉山口口岸入境至上海，货物主要为第四届中国国际进口博览会参展展品。

▲26日　总署监控指挥中心视频连线阿拉山口海关铁路查验现场了解口岸疏港情况。

▲27日　乌鲁木齐海关向自治区林业和草原局移交涉案象牙等野生动物及其制品24.04千克。

▲31日　乌昌、阿拉山口海关密切配合保障全国首列"乌鲁木齐—布达佩斯"跨境电商班列顺利开行通关。

11月

▲2日　自治区副主席刘苏社、自治区政协副主席迪力夏提·柯德尔汗前往吐尔尕特口岸调研疫情防控和货物通关情况；自治区政协副主席、自治区疫情防控督导组组长马雄成在巴克图口岸调研疫情防控情况。

▲5日　根据《乌鲁木齐海关政治部关于冯悦等56人职务职级任免的通知》（乌关政〔2021〕14号），冯悦等56人在

关区内进行换防式交流。

▲9日　自治区党委副书记何忠友在乌鲁木齐海关调研。

▲11日　中国—哈萨克斯坦边境口岸疫情联防联控机制第五次视频会议在乌鲁木齐海关召开。

▲12日　乌鲁木齐海关召开党委理论学习中心组（扩大）会议第一时间学习传达党的十九届六中全会精神。

中国—哈萨克斯坦口岸和海关合作分委会第十一次会议以视频会议方式召开。

乌鲁木齐海关召开2020年度综合保税区绩效评估约谈工作视频会议。

乌鲁木齐海关与自治区林业和草原局签署《进出境林业有害生物联防联控机制》。

▲17日　自治区党委常委、自治区常务副主席陈伟俊，自治区副主席刘苏社在阿拉山口口岸调研中欧班列进出境流程和项目建设等情况。乌鲁木齐海关党委书记、关长沈扬一同调研，并介绍中哈口岸货运通行有关情况。

▲24日　总署监控指挥中心视频连线阿拉山口海关检查进口非冷链货物核酸采样作业流程。

▲25日　自治区党委常委、自治区副主席、乌鲁木齐市委书记杨发森听取乌鲁木齐海关工作情况介绍。

自治区副主席刘苏社一行赴吉木乃口岸调研口岸疫情防控和货物通关等工作情况。

由总署、世界动物卫生组织和亚洲开发银行主办，乌鲁木齐海关承办的"口蹄疫无疫官方认可技术交流会"以视频方式召开。

首列"喀什—塔什干"跨境电商专列开行，主要装载货物为家居用品、汽车配件和儿童玩具等。

▲26日　乌鲁木齐海关与自治区生态环境厅、财政厅联合印发《关于明确非法入境固体废物移交处理有关事宜的通知》，建立了非法入境固体废物移交地方处置机制。

▲27日　首列"库尔勒—路德维希港"中欧班列开行，主要装载货物为地产液体化学品1,4-丁二醇。

▲29日　由总署、世界动物卫生组织和亚洲开发银行共同主办，乌鲁木齐海关承办的"马属动物疫病实验室检测技术国际交流培训会"以视频方式召开。

▲30日　首列"昌吉—阿拉木图"中欧班列开行，主要装载货物为焊条、花岗岩装饰面板、铝型材等。

12月

▲1日　自治区党委副书记、自治区代主席艾尔肯·吐尼亚孜召开专题会议听取乌鲁木齐海关工作汇报。

▲2日　乌鲁木齐海关开展"蓝天2021-9·6"打击走私固体废物集中收网行动。

▲3—9日　乌鲁木齐海关举办党委

论学习中心组（扩大）学习暨党的十九届六中全会精神专题学习班。

▲6日　中国—吉尔吉斯斯坦边境口岸疫情联防联控机制第一次视频会议在乌鲁木齐海关举行。会后，自治区副主席刘苏社听取乌鲁木齐海关工作情况介绍。

▲9日　乌鲁木齐海关与乌鲁木齐经济技术开发区（头屯河区）签署《关于加强关地合作促进开放型经济发展合作备忘录》。

自治区党委常委、自治区副主席玉苏甫江·麦麦提在喀什综合保税区调研。其间，听取喀什海关相关工作介绍。

▲10日　乌鲁木齐海关与克拉玛依市人民政府签署《关于加强关地合作、促进外向型经济发展合作备忘录》。

▲15日　红其拉甫海关查获侵权汽车配件8万余件，涉案案值62.4万元，为当年关区查获最大案值知识产权侵权案件。

▲17日　乌鲁木齐海关开展新冠肺炎疫情应急处置演练。

▲19—22日　总署党委委员、副署长、政治部主任胡伟在乌鲁木齐海关调研。召开座谈会听取汇报，并提出工作要求。前往喀什、红其拉甫和卡拉苏海关，参观水布浪沟"海关特色教学基地党性课堂"，了解党史学习教育开展情况，总署党委支持艰苦地区边关22条措施落实情况，查看疫情防控情况；看望慰问"访惠聚"工作队和驻村第一书记。其间，会见中央政治局委员、自治区党委书记陈全国，自治区党委常委、自治区常务副主席陈伟俊，自治区人大副主任、喀什地委书记李宁平等。

▲20日　乌鲁木齐海关开展党史学习教育"身边有榜样，行动有力量"红色故事演绎活动。

▲22日　伊宁机场航空口岸对外开放通过自治区预验收。

▲23日　乌鲁木齐海关举办党史学习教育"我身边的榜样"故事演绎活动。

新疆首批2,000只供港冻鸡在喀什海关完成申报手续，将从文锦渡海关出境供港。

▲24日　自治区党委副书记、兵团党委书记李邑飞在巴克图口岸调研口岸疫情防控工作情况。

乌鲁木齐海关荣获总署商检领域"万人争先"线上练兵团体八强称号，4人进入全国海关系统百强。

▲26日　伊宁海关主持的"新疆进出口特色农产品中化学有害物质检测技术研究与应用"科研项目获总署2021年度海关科技成果评定三级成果。

▲28日　乌鲁木齐海关向自治区林业和草原局移交羚羊角、盘羊角等野生动物及其制品4.2千克。

乌鲁木齐海关技术中心塔城、石河子、库尔勒、阿克苏等分场所获得国家级资质认定证书。

▲29日　自治区党委书记马兴瑞在喀什综合保税区调研。其间，听取喀什海关

相关情况介绍。

▲30日 根据《乌鲁木齐海关关于2022年度"访惠聚"驻村和原深度贫困村第一书记人员轮换调整工作的通知》（乌关人〔2022〕4号），选派贾勇等30名同志作为关区2022年度"访惠聚"驻村和原深度贫困村第一书记轮换调整人员。

第九篇

统计资料

2021年新疆外贸进出口总值统计表（按地州市）

地区	进出口		出口		进口	
	总值（万元）	同比（%）	总值（万元）	同比（%）	总值（万元）	同比（%）
合计	15,690,673	5.8	12,727,694	15.9	2,962,979	-23.1
伊犁哈萨克自治州	3,925,574	-4.5	3,869,998	-2.2	55,576	-63.7
乌鲁木齐市	3,854,486	-15.4	2,598,024	-9.9	1,256,462	-24.9
喀什地区	2,312,066	89.7	2,260,553	90.8	51,512	52.3
博尔塔拉蒙古自治州	1,813,831	-20.5	458,461	-23.7	1,355,370	-19.3
塔城地区	862,626	170.5	858,826	177.8	3,800	-61.0
昌吉回族自治州	771,129	10.0	671,182	23.0	99,947	-35.7
阿克苏地区	538,567	35.5	529,902	35.5	8,666	39.3
阿勒泰地区	441,111	10.4	401,445	13.0	39,665	-10.6
石河子市	338,773	44.2	317,881	55.7	20,892	-32.1
克孜勒苏柯尔克孜自治州	276,470	43.6	276,466	44.4	3	-99.7
克拉玛依市	205,214	52.4	170,730	49.9	34,484	65.7
巴音郭楞蒙古州	167,064	19.4	144,020	40.3	23,044	-38.3
和田地区	115,333	12.9	115,094	14.9	239	-87.6
哈密市	51,780	62.9	38,602	46.2	13,178	145.1
吐鲁番市	16,651	22.7	16,510	25.0	141	-61.8

2021年新疆外贸进出口各地（州、市）分布情况

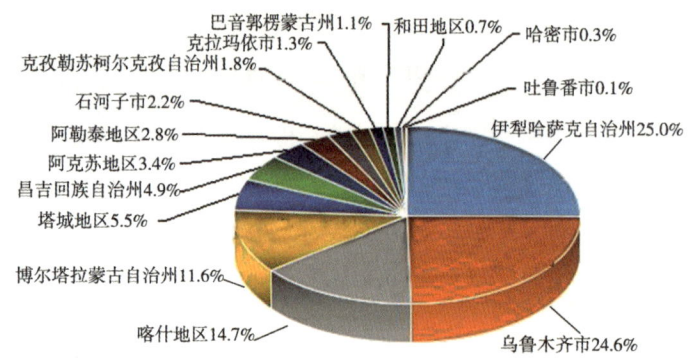

2021年新疆外贸进出口总值统计表（按贸易方式）

贸易方式	进出口		出口		进口	
	总值（万元）	同比（%）	总值（万元）	同比（%）	总值（万元）	同比（%）
合计	15,690,673	5.8	12,727,694	15.9	2,962,979	-23.1
一般贸易	6,394,079	-6.6	3,978,121	-16.7	2,415,958	16.5
国家间、国际组织间无偿援助和赠送的物资	411	34.6	411	34.6	0	—
其他捐赠物资	109	-97.6	109	-95.6	0	-100.0
加工贸易	130,219	3.9	48,761	-1.2	81,459	7.3
来料加工贸易	54,598	-3.0	33,433	16.9	21,165	-23.6
进料加工贸易	75,621	9.6	15,328	-26.1	60,293	25.0
寄售代销贸易	35,088	792.7	35,088	792.7	0	—
边境小额贸易	8,332,694	19.0	8,306,396	38.1	26,298	-97.3
对外承包工程出口货物	50,314	-8.7	50,314	-8.7	0	—
租赁贸易	1,170	2,248.6	1,170	2,248.6	0	—
保税物流	733,339	-4.0	300,012	442.7	433,327	-38.8
海关保税监管场所进出境货物	17,717	-36.0	11,113	—	6,604	-76.1
海关特殊监管区域物流货物	715,622	-2.8	288,899	422.6	426,723	-37.3
海关特殊监管区域进口设备	5,002	340.8	0	—	5,002	340.8
其他贸易	8,248	-72.8	7,313	-69.1	935	-85.9

2021年新疆外贸进出口贸易方式构成情况

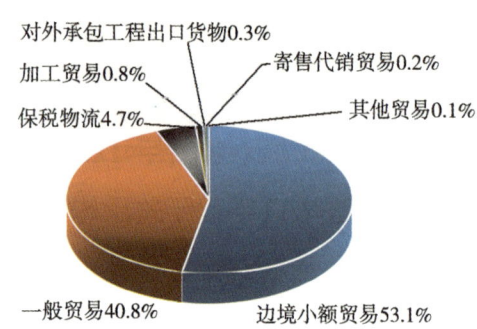

2021年新疆外贸进出口总值统计表（按企业性质）

企业性质	进出口		出口		进口	
	总值（万元）	同比（%）	总值（万元）	同比（%）	总值（万元）	同比（%）
合计	15,690,673	5.8	12,727,694	15.9	2,962,979	-23.1
国有企业	2,062,635	-33.6	676,044	17.3	1,386,590	-45.2
外商投资企业	72,579	-27.5	28,853	-20.3	43,726	-31.5
民营企业	13,548,399	16.7	12,016,360	16.0	1,532,040	22.2
集体企业	9,317	12.4	9,317	12.4	0	-98.4
私营企业	13,539,082	16.7	12,007,042	16.0	1,532,040	22.2
其他	7,060	-59.6	6,437	-43.2	623	-89.8

2021年新疆外贸进出口企业性质构成情况

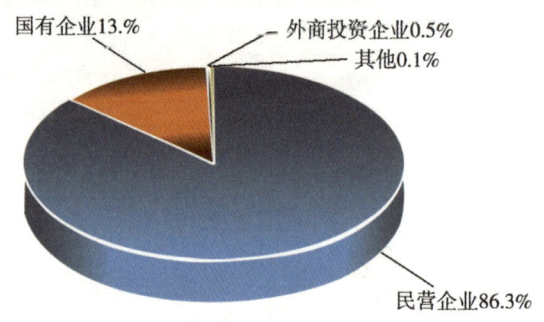

2021年新疆外贸进出口主要国别/地区统计表（前30位）

贸易国家/地区	进出口		出口		进口	
	总值（万元）	同比（%）	总值（万元）	同比（%）	总值（万元）	同比（%）
哈萨克斯坦	6,811,208	-10.1	4,849,159	-3.5	1,962,049	-23.1
吉尔吉斯斯坦	3,521,156	243.3	3,512,991	245.7	8,165	-13.2
塔吉克斯坦	633,804	52.1	623,978	51.6	9,826	89.4
俄罗斯联邦	554,250	-54.7	478,204	-56.5	76,047	-38.7
乌兹别克斯坦	408,625	-7.0	375,908	-4.3	32,717	-30.2
越南	260,424	108.9	259,448	125.1	976	-89.6
印度	243,818	17.2	190,919	46.1	52,900	-31.7
美国	240,258	-64.0	171,489	-62.1	68,769	-68.0
印度尼西亚	193,564	-13.4	43,669	-20.3	149,895	-11.1
德国	159,022	-5.1	92,018	22.0	67,004	-27.3
中国香港	113,512	132.4	113,476	136.2	36	-95.7
日本	105,129	-6.8	72,880	-17.6	32,249	32.5
比利时	98,747	13.8	95,082	10.6	3,665	347.6
意大利	98,743	4.0	88,752	0.5	9,991	50.0
韩国	97,830	15.9	83,023	14.6	14,807	24.0
马来西亚	91,683	-27.6	90,177	-26.8	1,506	-57.8
泰国	90,715	-24.0	82,212	-30.2	8,503	409.5
土耳其	88,951	124.3	75,332	123.8	13,619	126.9
巴基斯坦	88,130	20.7	81,299	19.7	6,831	34.5
巴西	86,100	2.7	80,555	8.2	5,545	-41.1
菲律宾	80,772	21.9	76,791	17.6	3,981	309.7
中国台湾	76,016	33.3	26,223	43.5	49,792	28.4
匈牙利	75,084	—	75,065	—	20	-89.8

续表

贸易国家/地区	进出口		出口		进口	
	总值（万元）	同比（%）	总值（万元）	同比（%）	总值（万元）	同比（%）
澳大利亚	71,539	-63.3	41,655	-72.5	29,884	-31.5
荷兰	70,038	-1.6	65,093	31.6	4,945	-77.2
乌克兰	58,330	108.5	56,651	148.0	1,678	-67.4
孟加拉国	49,968	155.2	49,057	204.8	911	-73.9
西班牙	45,184	10.7	44,427	16.9	757	-73.0
阿联酋	40,798	-37.9	40,608	-37.4	190	-76.5
新加坡	37,384	-45.0	26,743	-53.6	10,641	2.7

2021年新疆外贸出口主要商品统计表

商品	单位	数量(千)	同比(%)	贸易额(万元)	同比(%)
服装及衣着附件	—	1,180,304	18.5	3,919,285	59.0
机电产品	—	1,235,827	-37.8	3,601,635	3.0
鞋靴	千克	98,607	27.0	1,147,779	40.4
文化产品	—	279,628	66.1	547,567	-23.5
农产品	—	620,916	-16.1	498,274	-17.0
高新技术产品	—	564,931	-59.4	476,026	22.3
食品	—	571,086	-16.8	467,218	-18.8
纺织纱线、织物及其制品	—	415,437	9.8	422,606	-21.5
塑料制品	千克	74,287	27.0	373,840	2.3
玩具	—	212,520	58.1	373,372	-8.3
基本有机化学品	千克	168,144	58.4	269,207	106.3
钢材	千克	275,777	-6.8	257,892	39.8
箱包及类似容器	千克	26,489	5.0	237,250	-6.1
陶瓷产品	千克	73,763	-1.4	156,150	-46.2
家具及其零件	—	2,607	3.9	72,896	-56.9
玻璃及其制品	—	18,055	21.3	71,609	-2.4
医药材及药品	千克	4,635	-32.5	58,522	7.2
体育用品及设备	—	22,071	112.2	55,067	16.3
未锻轧铝及铝材	千克	13,723	118.3	52,523	101.4
皮革、毛皮及其制品	—	3,429	-18.4	52,243	-6.3
帽类	个	29,759	21.7	47,114	29.5
纸浆、纸及其制品	千克	10,484	5.4	45,544	-34.5
橡胶轮胎	千克	23,903	79.3	38,267	56.1
笔及其零件	—	122,621	74.6	20,855	17.3
贵金属或包贵金属的首饰	克	40,237	755.9	20,706	323.9
花岗岩石材及其制品	千克	22,058	-17.5	11,736	-26.9

续表

商品	单位	数量（千）	同比（%）	贸易额（万元）	同比（%）
伞	千克	1,594	141.5	11,318	103.6
木及其制品	千克	7,682	-31.4	8,626	11.8
焦炭及半焦炭	千克	27,719	-39.5	6,274	-14.3
纺织原料	千克	5,058	50.0	5,321	84.6

2021年新疆外贸进口主要商品统计表

商品	单位	数量（千）	同比（%）	贸易额（万元）	同比（%）
天然气	千克	4,591,198	-13.9	721,885	-23.8
金属矿及矿砂	千克	4,394,339	-36.4	586,711	-4.8
未锻轧铜及铜材	千克	62,549	-45.9	368,355	-22.2
农产品	—	723,989	-39.4	323,252	-33.6
机电产品	—	6,558	1.5	250,636	-37.0
食品	—	518,916	-38.3	233,007	-40.4
纸浆、纸及其制品	千克	229,024	61.3	133,057	122.5
高新技术产品	—	5,273	—	123,283	22.6
煤及褐煤	千克	1,179,529	17.9	71,228	14.6
基本有机化学品	千克	71,942	-63.8	52,384	-45.0
纺织原料	千克	32,381	-12.5	33,585	-20.5
钢材	千克	36,545	-86.7	24,476	-69.0
木及其制品	千克	90,056	-68.6	22,387	-75.8
初级形状的塑料	千克	14,432	-59.6	20,643	-32.8
纺织纱线、织物及其制品	—	11,756	-14.5	19,565	-20.8
皮革、毛皮及其制品	千克	13,184	54.2	17,147	27.0
医药材及药品	千克	2,083	-53.6	6,932	0.5
天然及合成橡胶（包括胶乳）	千克	6,048	—	6,912	—
未锻轧铝及铝材	千克	2,108	457.1	5,942	41.9
塑料制品	千克	188	-68.2	3,675	-11.8
美容化妆品及洗护用品	千克	81	-60.4	1,216	-86.8
服装及衣着附件	—	202	-84.0	868	-85.8
成品油	千克	448	0.0	424	0.0
文化产品	—	19	-86.4	199	-94.3
玻璃及其制品	千克	5	-86.2	138	-59.8
珍珠、宝石及半宝石	千克	36	-81.4	134	-86.9
肥料	千克	25	-99.8	6	-99.7

2021年乌鲁木齐海关货运监管统计表

指标内容	单位	数量	同比（%）
进出口货运量①	万吨	5,425	0.3
进口	万吨	5,080	-0.2
出口	万吨	344	8.4
监管运输工具总数	辆/艘	2,286,716	4.6
监管进出境总数	辆/艘	1,136,192	3.4
进出境汽车	辆	113,995	8.7
进出境火车	节	1,021,172	2.9
进出境船舶	艘	0	—
进出境飞机	架	1,025	-34.7

① "进出口货运量"，是指乌鲁木齐海关所属各隶属海关申报货运量。

第十篇

荣誉和奖励

乌鲁木齐海关2021年"两优一先"名录

一、自治区表彰

(一) 先进基层党组织

乌鲁木齐海关政工办党支部

塔县瓦尔希迭村"访惠聚"驻村工作队党支部

塔县瓦恰乡夏拉夫迭村党支部（乌鲁木齐海关单派第一书记）

墨玉县奎牙镇光明村访惠聚驻村工作队党支部（乌鲁木齐海关单派第一书记）

(二) 优秀共产党员

李建新（乌鲁木齐地窝堡机场海关）

(三) 优秀党务工作者

郭姝兰（阿拉山口海关）

二、自治区直属机关工委表彰

(一) 先进基层党组织

乌鲁木齐海关办公室（党委办公室）党支部

霍尔果斯海关缉私分局第二党支部

(二) 优秀共产党员

谢平（乌鲁木齐地窝堡机场海关）

齐永刚（都拉塔海关）

张峰（喀什海关缉私分局）

(三) 优秀党务工作者

田兴卫（乌鲁木齐海关政工办）

高红梅（乌鲁木齐海关缉私局）

三、总署缉私局表彰

(一) 先进基层党组织

喀什海关缉私分局党总支

(二) 优秀共产党员

喀什海关缉私分局张峰

乌鲁木齐海关缉私局查私处孙哲

霍尔果斯海关缉私分局许鹏

(三) 优秀党务工作者

喀什海关缉私分局刘新海

四、乌鲁木齐海关表彰

(一) 先进基层党组织（15个）

喀什海关技术中心党支部

乌鲁木齐地窝堡机场海关查检二科党支部

乌昌海关办公室党支部	杨以刚　陈　锐　刘　波　费立新
红其拉甫海关党总支	沙吾提·乃比　齐永刚　马　磊
霍尔果斯海关查检一科党支部	杨　强　王　丽　王艳菊　郭姝兰
伊宁海关监管科党支部	吴新明　周　勇　师海涛　刘　戈
阿拉山口海关监管一科党支部	王文广　陈好娟　郭力涛　游　敏
吉木乃海关办公室党支部	马小龙　胡　靖　巩志国　杨　屹
阿勒泰海关监管科党支部	荣　瑛　王晓彤　杨　华　刘会江
哈密海关办公室党支部	李　恺　赵志强　赵　江
乌鲁木齐海关后勤管理中心党支部	

（三）优秀党务工作者（19人）

乌鲁木齐海关办公室党支部　　牛雅洁　翟慧姝　李冰华　陈鹏德

乌鲁木齐海关动植物检疫处党支部　　王义友　史向向　刘松根　董晓丽

乌鲁木齐海关商品检验处党支部　　卢　铁　王艺珍　郑智远　谢　浩

乌鲁木齐海关人事处党支部　　吐逊江·吐鲁甫　梁　昉

（二）优秀共产党员（34人）　　贾依娜·阿勒布斯拜　　赵端阳

李　洋　张　军　谢　平　刘竟易　马翔宇　田兴卫　穆　强

乌鲁木齐海关首次荣获"光荣在党50年"纪念章名单

刘 英	师连功	魏学敏	张欣尧	刘敬华	林玉文	吕能翔	陈恢胖
徐成斋	姜炳恒	郑明德	倪健正	曾声俊	尹燕震	吕秀芳	冯兴才
曾 泉	杨学礼	刁伯民	周 详	赵清宁	颜锦圣	张廷俊	莫德红
张德魁	段继昌	于秉德	卢文彬	杨来法	王 君	郭大岩	袁业新
何治国	阿不都拉·玉素音			丁正义	于德润	张安民	

乌鲁木齐海关2021年荣获地厅级以上荣誉情况

表10-1 省部级荣誉（集体）

集体名称	荣誉名称
喀什海关报关服务大厅	全国三八红旗集体
阿拉山口海关	全国工人先锋号
	全国青年文明号
卡拉苏海关	全国青年文明号
乌鲁木齐海关政工办	全国群众体育先进单位
霍尔果斯海关	2016—2020年全国普法工作先进单位
	全国工会职工书屋示范点
乌鲁木齐邮局海关	2021年全国"扫黄打非"先进集体
乌鲁木齐海关办公室	全国海关机要保密工作先进集体
喀什海关"一站式"业务大厅	自治区工人先锋号
红其拉甫海关	自治区第八次民族团结进步模范集体
阿拉山口海关	自治区抗击新冠肺炎疫情先进集体
乌鲁木齐海关	2020年度自治区"民族团结一家亲"和民族团结联谊活动先进集体
乌鲁木齐海关	自治区脱贫攻坚优秀组织单位
霍尔果斯海关	
阿克苏海关	自治区脱贫攻坚先进集体
墨玉县奎牙镇阿其克乌依村委会（乌鲁木齐海关单派第一书记）	
喀什海关驻色日克塔什村"访惠聚"工作队	自治区2020年度"访民情惠民生聚民心"驻村工作先进集体
乌鲁木齐海关驻塔什库尔干县塔什库尔干乡库孜滚村工作队	
乌鲁木齐海关驻拜城县察尔齐镇兰干村工作队	
霍尔果斯海关驻霍尔果斯市卡拉苏街道卡拉苏社区工作队	

表10-1 续

集体名称	荣誉名称
口岸监管处党支部	复核认定的全国海关党建培育品牌
阿勒泰海关监管科党支部	
喀什海关缉私分局	打击虚开骗税违法犯罪两年专项行动成绩突出集体
喀什海关缉私分局党总支	全国缉私部门基层党建品牌示范点
霍尔果斯海关缉私分局党总支	全国缉私部门基层党建品牌培育点

表10-2 省部级荣誉（个人）

个人姓名	荣誉名称
海力切木·加马力家庭（吐尔尕特海关张拥军爱人）	全国最美家庭
乌鲁木齐海关魏萍	2016—2020年全国普法工作先进个人
乌鲁木齐海关吴振东	全国海关优秀公职律师
霍尔果斯海关塔依·买提卡比力	自治区抗击新冠肺炎疫情先进个人
阿拉山口海关李兰	自治区开发建设新疆奖章
乌鲁木齐海关徐军	自治区"民族团结一家亲"和民族团结联谊活动先进个人
乌鲁木齐海关石程	自治区脱贫攻坚先进个人
阿克苏海关罗实	自治区2020年度"访民情惠民生聚民心"驻村工作先进个人
霍尔果斯缉私分局马瑞堃	
喀什海关玉山江·麦麦提依明	
卡拉苏海关龚剑晟	
红其拉甫海关李江龙	
乌鲁木齐海关郝文阁	
乌鲁木齐海关鲁引庆	
乌鲁木齐海关李卓	
乌鲁木齐海关潘浩	
乌鲁木齐海关缉私局王洪亮	
乌鲁木齐地窝堡机场海关多力洪·达吾提	
乌鲁木齐海关尼加提·阿不都热西提	自治区2020年度"访民情惠民生聚民心"驻村工作先进个人（第一书记）
乌鲁木齐海关金志飞	
乌鲁木齐地窝堡机场海关李建新	
喀什海关刘刚	
乌鲁木齐海关缉私局查私处牛超	打击虚开骗税违法犯罪两年专项行动成绩突出个人
喀什海关缉私分局熊宇亮	

表10-2 续

个人姓名	荣誉名称
阿拉山口海关缉私分局邢海涛	全国公安成绩突出青年民警
阿拉山口海关缉私分局李云龙	自治区基层理论宣传名嘴荣誉称号

表 10-3　地厅级荣誉（集体）

集体名称	荣誉名称
乌鲁木齐海关科技处	自治区直属机关模范机关先进单位
喀什海关缉私分局	自治区直属机关模范机关先进单位
库尔勒海关	巴音郭楞蒙古自治州民族团结进步示范单位
红其拉甫海关	喀什地区文明单位
乌鲁木齐海关科技处	2021年全国海关科技活动周优异集体
伊尔克什坦海关	克孜勒苏柯尔克孜自治州民族团结进步示范单位
吐尔尕特海关	克孜勒苏柯尔克孜自治州民族团结进步示范单位

表 10-4　地厅级荣誉（个人）

个人姓名	荣誉名称
阿拉山口海关云志强	博尔塔拉蒙古自治州民族团结进步模范个人
阿拉山口海关阿布都沙拉·阿布都热合曼	博尔塔拉蒙古自治州第七届道德模范——见义勇为模范

乌鲁木齐海关 2021 年奖励名录

一、集体二等功

乌鲁木齐海关缉私局疫情应急工作组（22人）

郭　旭　加　强　张　强　党坤学
姜　洁　段凯博　龚晓燕　张　洁
李国栋　朱德萍　牛　超　胡本军
陈　伟　杨　博　刘建军　于晓东
咸生文　张金涛　谭伟益　蔺　钰
赵鹏程

二、三等功（记功）

（一）集体三等功

助力新疆特色优势产业发展政研工作组（9人）

易　坚　周　岩（商品检验处）
陈国亮　赵家莉　赵丽丽　陈　重
余　慧　马　玲　张　卿

库尔勒临时入境特殊航班卫生检疫监管工作组（20人）

丁　宝　张维杰　陈世华　周　江
朱先晶　华　鹏　李清龙　柏羿丞
梁　凯　孙　歆　潘发根　宋华海
赵赞云　郑　颖　阿巴依　郭力涛
李元昆　杨晓辉　刘宇浩　杜江龙

"编制落实'十四五'海关发展规划实施意见"工作专班（15人）

吴晓辉　党晓明　魏小刚
孙　涛（统计分析处）　柏羿丞
孙　涛（办公室）　杨晓怡　李　鹏
王均祥　李　斌　刘　扬　丁诗玉
古丽拜尔·木沙　虎子辉　刘秀玲

统计分析研究专项工作组（15人）

陈国亮　赵丽丽　邹　宁　王雪婷
焦　亮　陈小丹　贾　佳　马　燕
祁　红　海　燕　赵　睿　徐　辉
张亚楠　肖静静　郭文秀

考试录用公务员面试改革工作组（12人）

王　林　赵大进　孙　超　李　恺
朱泓源　虎子辉　胡　艳　陈雅妹
朱丽杜孜·贾尔肯　李健宁　刘　钰
穆　强

喀什航空口岸疫情防控梯队（15人）

陈伟利　曹红建　阳　明
依明江·吐尔地　艾合买提·牙里坤
玉山江·麦麦提依明　赵超杰

王　博　王梦琪　夏依热·牙生
吾热古丽·阿布都克优木　赵文龙
迪丽尼尕尔·迪力夏提
祖丽胡马尔·亚力坤　廖　凌

霍尔果斯海关中欧班列工作组（15人）
徐　静　奎鹏远　桑云霞　陈　防
马　凯　于文静　赵启龙　杨　晶
伊木热尼·穆塔力甫　顾晓亮
杨　阳　赵远凤　秦　淼　朱妍香
乃比·阿布都热西提

霍尔果斯海关"谁执法 谁普法"普法责任落实工作组（15人）
何子刚　龙　腾　张　扬　付　鹏
于瑞成　吕望晟
祖尔米兰木·阿布都米吉提　贾丽媛
迪力亚尔·阿不都瓦里　张玖一
刘　攀　陈佳惠　安　乐　马　婷
余　倩

塔城海关疫情防控工作组（14人）
赵　楠　段文龙　张学政　狄　威
于子仁　李东睿　安　磐　朱文岗
邓　康　胡　宜　唐晓晖　徐文杰
张　兴　穆拉提·穆合塔尔

法规和综合业务处我为群众办实事"百佳项目"申报工作组（9人）
欧阳斌　张　耀　荣　瑛　黄　涛
齐希猛　刁万芳　王均祥　史向向
焦　亮

口岸监管处我为群众办实事"百佳项目"申报工作组（12人）
郭　瑛　唐　宇　武佳熠　王晓彤

石　程　于　静　王艺珍　宋梦婕
阿不都哈力力·阿不都哈勒克
李宏峰　许岳衡　王吉喜

2021年度换防式交流"百佳项目"课题组（13人）
王　林　赵大进　石　程　胡齐东
金学庆　朱泓源　王　炜　李健宁
买晓宇　李柯霖　赵保平　张翼鹏
胡亚萍

阿克苏海关驻阿瓦提县英买力村"访惠聚"工作队（3人）
周栋彬　李　星　马春光

乌鲁木齐地窝堡机场海关"特殊航班"监管工作组（29人）
张维杰　那依利·海比夫
哈丽旦·铁力瓦尔德　阿巴拜克
阿丽米热·阿合买提
夏勒哈尔·阿克苏力坦
阿希姑·斯迪克　杨晓辉　宋华海
梁　凯　李元昆　刘竟易　张力仁
张　宇　李建新　高　钧　刘新星
阿里木江·艾山　艾合买提·阿地力
朱先晶　阿巴依·阿斯木
王　强（乌鲁木齐邮局海关）
呼延玮　冯新忠　周尚燕
艾海提·赛买提　程　彬
帕尔哈提·吐尔逊　潘发根

刑事法制比武参赛队（10人）
陈　伟　马建人　郭　薇　南云峰
宋春生　姜万东　郑世杰　王　柯
常江行　于世林

乌鲁木齐海关缉私局"9·17"骗取出口退税案件专案组（26人）

段玉莲　杨　艳　侯亚昕　张　霖
陈　伟　唐洪博　杨　博　刘建军
袁和丽　于晓东　马江峰　李银贺
邹　良　辛晶晶　尚　峰　牛　超
缑康杰　王开文　罗育聪　印国军
张英琦　袁政瀚　张怀念　吴　亮
艾尼·玉素甫　木塔力普·马木提

"1·11"走私珍贵动物制品案专案组（54人）

段玉莲　张　强　王洪亮　陈　伟
张　杰　马建人　王捷山　咸生文
韩　亮　李银贺　杨　帆　张金涛
张洋洋　邹　良　胡本军　辛晶晶
董　波　张东峰　魏晓川　武　旭
库君乔　李振祥　屈　彬　赵　燕
黄　波　李云龙　王利军　阎高斌
陈宝祥　郭辰瑶　徐冰月　张茂林
于世林　李　苗　王　斌　张晓丽
宋海燕　刘　菲　马源硕　周栋梁
高　歌　胡国涛　常江行　高　翔
张舜成　毕建涛　袁亮亮　芮　雪
木塔力普·马木提
阿里木·阿不力米提
杰恩思·托烈吾
地力夏提·铁力瓦地
朱力德孜·贾汗
吾尔肯·比大合买提

（二）集体记功

保健中心新冠核酸检测保障工作组（9人）

王凌冰　田　锋　杨　屹　孙玉婷
蔡晓雪　陈超怡　石娅梅　强　玮
史　燕

（三）个人三等功（记功）

工作表现突出授予奖励

吕　腾　魏　萍　王　柯　张　炯
朱俊成　余文琦　聂　晶　许　鹏
刘　菲　张　洁　张东峰　袁政瀚
南云峰　吴　磊　郭　旭　姜　洁
王开文　马江峰　袁亮亮　杨　帆
李银贺　阿里木·阿不力米提

2019年至2021年连续3年年度考核优秀授予奖励

刘　戈　郭姝兰　王　林　唐　宇
马翔宇　曹爱君　李　贞
穆妮热·吾拉木
阿力木江·阿不都热依木
曹竹亭　李建新　赵蓓菁
古米拉·马拉提　海　英　马　敏
张　扬　李旭阳　郭家瑞　张　坤
刘　攀　邹剑颖　李　彦　张晓东
杨　倩　王　敏　严兰兰　许岳衡
萨尔达·艾克白尔　浦　凡
罗才富　秦　勇　白　岑　崔晓晖
谢　浩　尹晓燕　胡　靖　刘俊玲
吴新礼　李　倩　吕晓华　张　伟

三、嘉奖

（一）集体嘉奖

"党员之家"筹建工作组（6人）

曹　雷　刘兆斌　田兴卫　刘　扬
麻卫亮　牛雅洁

乡村振兴产业扶贫工作组（13人）

韩冬艳　依米提·热苏力　王陆宝
史　博　郭　玺　黄　涛　吕学农
艾拉提·格玛迪　秦玉炜　贾　勇
孙　博　何　毅　鲁引庆

"永不磨灭的丰碑"演出组（11人）

申艳霞　吕　瑶　马璐娃·马宁
冯小强　玛依拉·铁木尔　张雅娟
王　忠　胡尔西达·奴苏布汗
周玉强　王若璇　张家玮

办公室重大活动保障组（8人）

张艳超　党晓明　魏小刚　何　锦
刘　扬　陈　洁　姜俊峰　冯小强

"三智"署级项目申报小组（10人）

何　锦　柏羿丞　郭　玺　张艳超
党晓明　阎俐臻　刘秀玲　马翔宇
赵　柠　赛龙阿

办公室机要档案科（5人）

张　红　苏志刚　王　芳　文　靖
牟　锟

中亚国家跨境动植物疫病疫情防控工作组（15人）

韩冬艳　依米提·热苏力
比拉力丁·伊力哈木　史　博
郭　玺　黄　涛　秦玉炜
王　静（霍尔果斯海关）　何　锦
阎俐臻　贾　勇　孙　博
艾拉提·格玛迪　蒋刚强　王科柯

推动食品安全国际共治格局建设专项工作组（12人）

邵洪东　吕学农　王　旭　王　丽
谢慧娟　齐希猛　王　瑶　冯　悦
米　悦　刁万芳　孙诗吟　郭文秀

《国家能源安全新战略背景下跨境管输能源安全分析研究》署级课题编写组（13人）

周岩（商检处）　吴晓辉　赵家莉
陈　重　孙向周　余　慧　张　卿
马　玲（商检处）
努子烨·阿布都热合曼　于瑞成
张　杰　王　莹　姜　涛

关区保障"铁路快通"上线工作组（12人）

郭　瑛　唐　宇　武佳熠　李希杰
王　伟　道日娜　魏春光　宋梦婕
阿不都哈力力·阿不都哈勒克
李健然　杨松涛　李仕钰

资产清查盘点工作组（15人）

段红梅　沈　顺　刘毓娟　吴进婷
李蕊蕊　张志勇　姜建伟　陈　甜
张艳超　全　兵　韶玉江　王洪儒
刘红娟　胡紫薇　崔诗萍

关区推动各项监督贯通融合提升内控绩效工作组（20人）

王　飞　马艳玲　耿　煜　韩冬艳
秦玉炜　余　慧　张文瑞　马　燕
张婷婷　刘　敏　杨树兵　党晓明
韩来进　高晓玲　刘　钰　黄晓敏
李　刚　梁　伟　王　欢　陈红艳

党建创新工作组（7人）

田兴卫　麻卫亮　赵志强　王　炜
徐宇丽　张翼鹏　牛雅洁

党史学习教育工作组（49人）

杨　婷　李建新　陈　钢
帕尔哈提·吐尔逊
沙巴海提·努尔买买提
阿力米拉·毛尼亚孜
迪力努尔·巴合提江
姚　瑶　廖诗雨　余居政　李志远
马　磊　陈明翔　李　煜　魏旭蕊
郭　伟　妮尕尔阿依·塔西麦麦提
李　千　古丽娜·艾力
再努拉·阿扎提　叶尔凡·艾尔肯
伊木热尼·穆塔力甫　郭　昕
菲罗兰·吾买尔江　王艺珍
张瀚文　加尼波拉提·胡阿尼西别克
白　晨　宋力和　马迪娜
艾拉提·格玛迪
努子烨·阿不都热合曼　金志飞
潘　浩　陈　博　叶尔江·沙毕提
王志强　李柯霖　贾　勇　何　毅
迪丽娜·米尔再合麦提　刘兆斌
石　程　胡齐东　于　静　姚姣姣
胡尔西达·奴苏布汗
玛依拉·铁木尔　王　忠

"毫不松懈抓好疫情防控"监督检查组（14人）

李　伟　岳　文　张　毅　庄　滔
赵　丽　阿里木·扎依提　马　龙
李志强　赵连勇　杨　欢　陈俊蕾
周　江　卫　路　齐希猛

"现场监管与外勤执法权力寻租"专项整治工作组（15人）

章　勇　段经明　梁　臻　穆　强
罗　现　王　艺　庄　滔　赵　丽
王兴福　覃毅飞　姚江军　马　洁
曹瑞军　王东胜　张晓轩

乌鲁木齐海关驻拜城县兰干村"访惠聚"工作队（5人）

尼加提·阿不都热西提　马喜强
刘金豪　缪　何　石俊健

喀什海关"访惠聚"驻色日克塔什村工作队（4人）

李江龙　艾力亚尔·艾斯开尔
麦尔达尼江·马木提
伊力夏提·库尔班

新媒体宣传小编团队（18人）

于　静　齐　宁　赵文龙
迪丽尼尔·迪力夏提　南丁格丽
代洪兴　杨永康　吴梦飞　王思凡
朱　叶　王艺珍　贾雯玥　张　颖
阿丽米拉·拿森　王雨慈
阿勒米热·瓦黑提　邵炜钧
马瑞杰

乌鲁木齐海关后勤管理中心安全生产工作小组（8人）

周玉强　李　军　岳朋林　张　宁
张雅娟　李亚男　王若璇　田诗琳

乌鲁木齐海关技术中心动植物检疫科研创新工作组（7人）

蒋刚强　王科珂　王　翀　徐新峰
张小菊　胡都斯·艾尔肯　于学辉

企业脱钩工作小组（6人）

党文起　齐华学　刘俊玲　朱路路
虎子辉　刘江华

不动产登记证书办证小组（5人）

陈泉宇　葛宝芳　马璐娃·马宁
玛依拉·铁木尔　李　军

庆祝中国共产党成立100周年"红色故事会"暨合唱比赛工作领导小组（11人）

曹　雷　宋灵芝　范伟功　郭晓凤
郁　达　李惠杰　石　程　胡齐东
张有晖　李　宾　刘玉刚

"温金源等人涉嫌走私普通货物案"专案组（38人）

库君乔　居拉提·吾不力
叶尔太·洪都孜别克　彭　锐
刘　鹏　于楠楠　马瑞堃　李振祥
屈　彬　吴　磊　胡传君　张子艺
海　涛　陈　潮　王雪丽　郭吉英
南云峰　李小刚　赵　燕　党俊娇
许　鹏　冯　萌　韩　亮　朱培源
贺　成　孙　亮　张英琦　杨雅洁
陈　坤　严　军　王嘉鹏

6名警务辅助人员

古　明　杨晓雪　撒陈琳　王　鑫
冶建明　阿依迪达

（二）个人嘉奖

工作表现突出授予奖励

靳小龙　魏小刚　麻卫亮　王科珂
王　芳　吴振东　欧阳斌　彭　磊
周岩（商品检验处）　王雪婷
马　燕　贾　佳　马斌钧　姜建伟
张国威　曹静雅　王　欢　马艳玲
朱丽杜孜·贾尔肯　刘　钰

李柯霖　张翼鹏　赵志强　齐　宁
唐明明　李　刚　梅孔熙　毛颖慧
曹爱君　姜　罕　张　涛　董　倩
束炳旗　董海涛　潘　浩　李　倩
万永亮　李效振　张　伟　田　锋
南云峰　姜万东　郑世杰　宋春生
郭　薇　张　霖　朱永丹　段凯博
朱　锋　牛　超　李银贺　刘　磊
张东峰　熊宇亮　李泫璇　于楠楠
于文江　王　柯　程　浩　芮　雪
王洪亮　马瑞堃　郭　旭　陈　伟
董　波　库君乔　张怀念　邹　良
孙　哲　王　斌　边晓芸　张英琦
杨　博　马建人　汪　凯　韩　亮
吐尔逊买买提·米吉提　杨　润
严　军　海　涛　贺　成

2021年年度考核优秀授予奖励

李清华　刘会江　郭晓凤　毛荣刚
贺　军　杨晓军　龙　军
迪丽拜尔·沙比提　关　勇
袁江伟　徐　军　李惠杰　惠俊红
卡依沙尔　刘兆斌　李　军　兰　峰
马　波　陈伟利　冯彬彬　吴晓辉
马小龙　宋灵芝　李　降　郭　瑛
曾智乐　覃毅飞　邵洪东　陈鹏德
开赛尔·木明　李华　王　斌
刘　刚　王海元　束炳旗　李　卓
张艳超　党晓明　牟　锟　何　锦
彭　强　荣　瑛　欧阳斌　吴振东
古丽拜尔·木沙　杜萱　戎忻蕾
周　江　韩冬艳　史　博　齐希猛

赵家莉　陈　重　塔伊尔江·亚生	艾科热木江·艾尔肯
王晓彤　努尔艾力·阿布都克力木	祖力富喀尔·克达木　刘怀朋
柏羿丞　陈小丹　赵丽丽　綦桂贤	龚剑晟　王梁静　姑丽茹贺·米尔扎
单文玉　刘　卉　张志勇　沈　顺	麦尔达尼江·马木提
刘江华　张国威　程晓伟　张飞宇	艾尼瓦尔江·努尔　杨新升　黄卫东
王　欢　马艳玲　陈雅妹　朱泓源	伊敏江·伊麦尔　郭　勇　魏玉新
虎子辉　武　姣　麻卫亮　赵志强	米尔艾合麦提·吐尔逊
张翼鹏　李　刚　穆　强　罗　现	阿斯坦白克·阿斯卡尔　屈　涛
黄晓敏　马　龙　马　洁　陈俊蕾	张晓靖　文学武　魏佳峻
赵　江　谢莉婧　保小华　郭　微	胡西塔尔·坎马力汗
郑廷彰　阿得力江·阿合江	木塔力甫·麦麦提　赵　旭
赵超杰　依明江·吐尔地	沙吾提·乃比
艾合买提·牙里坤　李紫英　王梦琪	阿不都热合曼·依马木
戈名杰　张　岩　韶玉江　潘晓雪	贾尔肯·达吾来提　潘佳茹
闫　华　翁　玉　迪丽努尔·艾尔肯	郭金宇　李子青　王　硕
王　枫　尚小伟　刘竟易　刘新星	迪娜·库尔曼艾克门　董　琪
李元昆　艾海提·赛买提　张力仁	李雯婷　刘国庆　于瑞成　胡　鹏
程　彬　帕尔哈提·吐尔逊　徐　健	塔依·买提卡比力　苏德逢吉
王　璇　蒋晓玲　甄　璐　南丁格丽	周嘉良　阿布都卡马力·热孜别克
刘　博　冯　杰　杨　柳　罗　芸	乃比·阿布都热西提　马　飞
游　敏　伊力亚尔·努尔　李　翔	王　炼　马　凯　陆智启　李函璇
贺　昊　曾维江	陈明翔　衣力夏提·阿不都里木
阿布都那斯尔·麻穆提　陆　芳	李志远　文恩龙　马永峰　赵　柠
郑　丽　李士钰	赛尔达尔·阿布都乃比
伊力宝·阿布塔里甫　杨松涛	木尼热·阿布都米吉提
杨逸萌　阿丽娅·哈力别克	达吾然江·依力哈木
艾迪拜·艾尔肯　张　斐　解　萍	叶尔凡·艾尔肯　赵启龙　邱　菊
马丽丽　孙浩攫　马兰章子　万绪海	郭志君　杨　强　苏　文　冯　钰
蒋文杰　徐子群　斯迪克·牙森	庹秋香　孟小林　薛强强
苏　励　木扎巴尔·吐尔逊江	祖尔米兰木·阿布都米吉提　赵远凤
代洪兴　张安博　王　磊	龙　腾　奎鹏远　陈佳惠　张玉洁

穆哈买提·达吾代　罗茂胜
古丽孜热·吐尔逊　桑云霞　贾丽媛
焦　竞　杨　远
奴勒布勒·阿依提江　郑萌萌
巴合达尔·木拉提　苏进武
程培峰　冯　悦　段　燕　苏苗苗
朱　叶　崔盛杰　关文海　韦婷婷
郭　婷　陈　燕　徐　辉
加拉力丁·阿不力米提　潘　惠
宏　峰　陈志武　吐尔洪江·哈斯木
于丽萍　伍　江　潘　龙　王秋劼
甫尔海提·艾来提　范世豪　李国栋
谢　明　郭春雨　屈　瑞　云志强
何伊宁　王春国　吾米提　尹狐飞雪
舒俊波　窦晨军　陈　铭　黄　标
王若愚　张昭晖　石钰涵　马　丽
沙仁花　张　颖　方是璇　马　斌
索菲亚·乌买尔江　毛亚军　张亚楠
张　燕　李希杰　道日娜　周　欣
米　悦　池　田　黄　静　刘　馨
吴春霞　董建江　尹正亮　唐晓晖
邓　康　段文龙　张学政　徐文杰
于子仁　胡　宜　安建霜　王竹璇

黄美钰　方　艳　阿丽米拉·拿森
缪　何　师海涛　耿广星
阿丽达古丽·特列吾拜　李天宇
郑金元　加依娜尔·塔拉甫
吉格尔·居斯别克　尹达　孟永文
阿不都许库·阿不拉海提　刘泽旭
龚道松　娜孜热·海拉提
古丽达娜·塔布斯别克
米勒汗·木合亚提汗　方　瑞
贾飞虎　张　蒲　李冬梅　陈学梅
马超军　于志丰　李　雄　刘玉梅
祁　翔　薛　洁　程　慧　黄　刚
尹小芳　王　华　杨莉莉　孙　歆
杜江龙　高瑞钰　李　星　罗　实
魏　凯　齐欣煜　余春潮　李　丽
党文起　吕　瑶　宋立人　李　宾
吴熙然　强　玮　孙玉婷　吴　慧
龙志新　马　彬　朱　新　徐新峰
巩志国　万永亮　沈慧慧　李效振
李　兰　杨　丽　杨　杰
努尔艾孜孜·努尔麦麦提　廖　凌
粟有志　叶尔保勒　刘燕坤
艾尼瓦尔·居马洪

2021年获得扎根艰苦地区边关工作荣誉章人员名录

金质荣誉章（26人）

邵洪东　杜　磊　祁　红　周治安
李晓东　蒋　艳　李志强
依拉木江·米吉提　李富山　邹　江
杨明艳　王力军　杨晓林　杨　丁
努尔麦麦提·胡吉　孙　军
张淇榕　萨吉旦木·霍加阿合麦提
崔新萍　陈舒方　李　东　章丽艳
唐朝晖　吕爱民　宋继军　莫善明

银质荣誉章（42人）

梁　昉　陈小丹　马　燕　张　炯
李国栋　孙　哲　陈俐君　束学东
朱　琳　居拉提·吾不力　阎高斌
宋春生　王　斌　袁亮亮　张　杰
陈　洁　郑　伟　刘兆斌　赵　丽
兰　峰　吴国庆
马的娜·卡娜提别克　任　鑫
裘婷婷　韩青颖
伊力宝·阿布塔里甫　杨松涛
木合塔拜·扎克尔　马　敏
杨欢欢　李茂生　张云峰
木拉丁江·马木提　朱冬梅　陈小松
苏　文　马志强
加拉力丁·阿不力米提　郭姝兰
刘　刚　谢　浩　张　雯

铜质荣誉章（88人）

党晓明　苏志刚　李玉婷　周　江
唐　宇　潘　浩　邹　慧　加　强
张　强　党俊娇　苏安东　郭　薇
姜万东　王长江　王　柯　郭辰瑶
地力夏提·铁力瓦地
叶尔江·沙毕提　王　欢　买晓宇
何　毅　骆　玲　梅孔熙　马　洁
赵超杰　孙　超　毛里旦·瓦里司
朱宇坤　古丽妮格尔·卡达木
徐　健　岳　宁　王　燕　张春梅
刘新星　伊力亚尔·努尔　王利梅
古米拉·马拉提　刘　敏
玛依拉·木合特
阿丽米热·甫尔凯提　段永祥
张晓靖　沙吾提·乃比　夏永涛
阿布力米提·薛合热提　邹克坤
张玉洁　杜晨霞　刘　攀　金　瑞
付　鹏　杨　远　彭　渤　张豫新

郭　婷　关　娜　潘　惠　黄　标　　　马超军　张　晖　黄　刚　杨莉莉
张晓东　马　斌　张　燕　牛艳文　　　王旭东　杜江龙　索金玲　宋立人
吐尔洪江·哈斯木　乐　宏　　　　　　马　彬　王静静　孟波林　牛鸣光
托里孙古丽·特留汉　徐　峰　　　　　张　琴　米热班姑·买买提明
冯　金　黄雅萱　赵　媛　王　莹　　　蒋刚强　李　兰
耿广星　阿斯哈尔·托合达拜

乌鲁木齐海关2021年授衔晋衔人员名录

一级关务监督

李世瑞　段晓东

二级关务监督

关　勇　王传杰　杨晓林　郝宝盛
顾　健　郭　泉　龙　军　王传杰
李　军　吕继新　刘　戈
吐尔洪·麦麦提江

三级关务监督

徐　军　韩冬艳　依米提·热苏力
王　旭　周　岩　杨振新　王　京
李惠杰　陈江力　王文正　汪小龙
刘　嘉　毛长征　孙祖军　孙　军
李清华　陈舒方　郑常东　丁淑萍
李广和　黄俊杰　黄林忠　刘化龙
张建江　钱　辉

一级关务督察

魏　萍　马小龙　吕　腾　焦丽萍
王永平　郭　瑛　章　勇　全　兵
孙　涛　陈国亮　祁　红　杜　磊
綦桂贤　段红梅　张文瑞　郝文阁
李晓东　王建强　王　林　陈世华
田兴卫　王东胜　周　静

居来提·肉孜　闫　华　邓秀芳
那依利·海比夫
夏勒哈尔·阿克苏力坦　胡书铭
刘向农　李　辉
甫拉提·依盖木拜尔地
开赛尔·木明　郑　军　朱冬梅
李锦江　闫　刚　周红军　刘国庆
师海峰　唐治安　何永清　文恩龙
阿布都卡马力·热孜别克
居来提·苏合力提　毛新民　刘守涛
张冠军　庄晓文　骄　娃　张秀丽
王春国　吴程煊　巴特尔　苏晓峰
吕爱民　尹江林　安　磐
叶可本·托鲁木汗
努尔兰·哈那皮亚
霍汗别克·阿吾汗拜　张　晖
郭建斌　刘　刚　杨义英　李清龙
周栋彬

二级关务督察

苏志刚　彭　强　张　耀　吴振东
束炳旗　王晓彤　马　燕　周　岩
陈　甜　刘薇薇　韶玉江　朱亚军

曹红建　李智军　艾合买提·牙里坤
翟慧姝　裘婷婷　高　钧　李建新
阿里木江·艾山　　郭力涛
阿希姑·斯迪克　　李　农
依力哈木·吾甫尔　吴　刚　张　宏
马春涛　马　敏　迪里达尔
玛依拉·穆代斯提尔　杨欢欢
李江龙　王义友　米吉提·阿不来
阿布都外力·阿布都克力木　张云峰
张志明　严兴富　丁　敏　杨金龙
哈依萨尔·斯马胡尔　张文辉
马志强　刘松根
加拉力丁·阿不力米提　杨卫疆
富春晖　叶尔江·沙巴克　宋华海
姚沉廷　董建江　陈　铭　周文亮
孙保华　潘发根　耿广星
赛力克汗·吐斯别克　赵伟荣
赵明涛　姜　涛　苏占海　谢莉婧
邢春水

三级关务督察

吴晓辉　张艳超　牟　锟　何　锦
谢　伟　李玉婷　张雯雯
阿克来木·卡得尔　孙向周　杨　萌
柏羿丞　卫　路　刁万芳　吴小璐
杨　华　韩来进　马艳玲　李　卓
李　刚　唐明明　石俊健　毛颖慧
郭　洁　徐文婷　潘晓雪　高　奇
程　彬　许　娜　张力仁　刘兆杰
伊力亚尔·努尔　杨成伟　李　晗
阿丽娅·哈力别克　王芳芳　窦丽娟
马喜强　张安博　张冠俊　郭　勇

陈　翔　贾尔肯·达吾来提　陈小松
朱晓琳　秦　森　马永峰　魏春光
马红梅　胡　鹏　郑萌萌　韦婷婷
陈　燕　谷永福　苏苗苗　尹艳军
肖利伟　黄　伟　罗　军　赵　楠
徐　峰　魏　杰　黄　成
阿斯哈尔·托合达拜　吕晓玲
龚道松　纪　楠　尹小芳　尹晓燕
赵　伟　邵振宗　赵丽萍　石高峰
魏　凯　保小华　姜　罕　索金玲
郭　微　罗旭丹

一级关务督办

党晓明　阎俐臻　杨　璇　杜　萱
马迪娜　秦玉炜　余　慧
努子烨·阿布都热合曼　马　玲
高　娃　潘　浩　邹　慧
古丽亚·扎坎　单文玉　刘　卉
陈　博　沈　顺　刘毓娟　曹静雅
庞玉鹏　王　欢　朱丽杜孜·贾尔肯
李健宁　买晓宇　胡　艳　赵保平
武　姣　迪丽娜·米尔再合麦提
姚姣姣　张翼鹏　罗　现　马　龙
马　洁　唐迎秋
米开热木·麦麦提热夏提
毛里旦·瓦里司
祖丽胡马尔·亚力坤
古丽妮格尔·卡达木　于庆娇
刘　博　王　羽　刘新星
阿丽米热·阿合买提　李　翔
阿力米拉·毛尼亚孜　胡　杨
古米拉·马拉提

阿依曼·阿合勒别克
阿依丁·哈布什
丽娜·巴图汗　刘　敏　白萌梦
阿丽米热·甫尔凯提
努尔加马力·阿力甫　潘林波
龚剑晟　赵　睿
阿斯坦白克·阿斯卡尔
沙吾提·乃比　梁耀平　张　澎
胡亚萍　徐　静　马　瑛　张玉洁
刘　攀　金　瑞　付　鹏　桑云霞
马　凯　塔依·买提卡比力　洪　静
钟光春　彭　渤　张　焱　张　倩
郭　婷　关　娜　徐　辉　王艳菊
黄　标　张晓东　海米旦·艾赛提
贾萌蕾　马鹏飞　张　燕　李　文
梁掌印　李希杰　牛艳文　吴进婷
李　洪　王梓菲　苏　亚　冯　金
李文婷　朱文岗　范　华　黄雅萱
赵　媛　王　莹　郑金元　肖静静
樊红叶　马超军　柴　荣　郭　倩
于志丰　黄　刚　彭翠珊　杜江龙
罗予彤　董　倩　李蕊蕊

二级关务督办

艾合太木古丽·艾海提　张　卿
刘　甲　赵　强
努尔艾力·阿布都克力木
茹克莎丽·克依纳木　王雪婷
焦　亮　李慧玲　程晓伟　耿　煜
陈雅妹　刘　钰　牛雅洁　黄　璇
黄晓敏　图尔罕·麦麦提伊敏
再玛拉·木拉提　迪丽努尔·艾尔肯
杨　婷　南丁格丽　陈　轩　郑　颖
庄莹莹　沙巴海提·努尔买买提
阿布都克尤木·阿布都瓦依提
杨　睿　贺　昊　张　雪　李成琰
丁　梅　张　斐　田珊珊　刘冉鹏
孙浩攫　马兰章子　王建陆　马艳辉
苏菲亚·居马汗
阿不力克木江·沙比尔　李　俊
翟俊丽　王梁静　米仁萨·艾尼瓦尔
张建云　杨新升　麦尔哈巴·麦海提
阿力木江·艾则孜
阿不都热合曼·依马木
迪力夏提·热西提
米叶赛尔·库来西　赵　旭
艾力亚尔·艾斯开尔
迪娜·库尔曼艾克门　李雯婷
王　硕　郭金宇　吴　昊　李子青
张玖一　张靖悦　李志威
焦军·艾米尔丁　孙海晓
阿布来提·阿布来
努尔巴哈提·布拉提哈力　尹　洁
苏格拉·哈力别克　杨　晶
宋梦婕　李　健　李函璇　关荣彬
妮尔阿依·塔西麦麦提　杨宗凯
徐　彬　符丽芸　陈中浩　程培峰
尹德成　周天跃　陈　诚　林　疆
刘红娟　黄柏楠　李雅洁　朱恬甜
沙仁花　马　斌　张亚楠　付茜姿
刘　扬　许岳衡
阿里克木江·克然木　唐秋菊
池　田　祁雪娇　刘　馨　安建霜

崔诗萍　赵　婧　郑智远　安　婷
王　璇　李　莹　杨　迪
阿丽达古丽·特列吾拜　陈中明
朱　颖　魏羽曼　刘洛冰
阿尔蔼·塔拉哈提　杨　婧
张芳芳　秦　勇　殷　韵　刘玉梅
江玉婷　萨布尔·马汉　沈晓宇
翟亚方　李新强　欧阳钰河　王　祎
张　玲　赵　兰　张琼月　马小勇
叶尔泰·赛尔江

三级关务督办
祖力胡马尔·艾尔肯　李柯霖
陈俊蕾　李　贞　夏依热·牙生
艾丽曼　袁怡欣　艾迪拜·艾尔肯
木扎巴尔·吐尔逊江　苏　励
刘晓梅　徐子群　尔卡木·夏克尔
伊力夏提·库尔班
姑丽茹贺·米尔扎　田时平
王建琪　王　磊
祖力富喀尔·克达木　毛　琳
阿不地力木江·阿卜杜克力木
何　彬　高　睿　杨晟轩　苏子龙
恰古拉·坦加热克　马　婷　余　倩
马　磊　古丽孜热·吐尔逊
陈明翔　刘　畅　艾克热木·夏克尔
吕望晟　于文静　塔兰特·吐尔达洪
张惠菊　贾丽媛　赛龙阿　李旭洋
杨　静　岳　磊　李　煜　李　彦
肖　帅　苏进武　吴雪芬　郑　浩
凌镜淞　陈元坤　王若愚　张昭晖
马　丽　张　颖　刘展豪　王　歌

道日娜　甫尔海提·艾来提　容　纳
武佳熠　常江英　王泽真　尹正亮
于子仁　丁诗玉
加那德力·阿德力列提
吉格尔·居斯别克　李天宇　张瀚文
乌拉乐尔·吉恩斯　罗才富　薄瑜琳
薛　洁　王雨慈　陈冰姗

一级关务员
努尔佐达·依明　代洪兴　赵振楠
刘震东　王子瑜
阿布力海提·阿布力克木
艾科热木江·艾尔肯
努尔古丽·亚森
苏比江·阿布都乃比　张赵琴
李　魏　麦尔达尼江·马木提
王　盼　黄柏戈
米尔艾合麦提·吐尔逊　代慧玲
魏佳峻　赵家坤
胡西塔尔·坎马力汗
艾可然木·艾克帕尔
古丽迪亚·扎克尔　董　琪
吴梦飞　张　燕　关金良　陈佳惠
穆哈买提·达吾代　周嘉良
杨景涵　雷晓霞　廖天瑜　贾　若
苏德逢吉
阿不都哈力力·阿不都哈勒克
冯　钰　张显超　高沙尔·胡安别克
菲罗兰·吾买尔江　叶尔凡·艾尔肯
杨　迪　庹秋香　高　露　兰玉婵
邹剑颖　邓若水　巴合达尔·木拉提
肖勤勤　邹宁宁　马志龙　阿丽娜

韩　月　黄潮源　马　鑫　
阿衣左克兰木·买买提江　吴小燕　
张昭晖　王艺珍　张　圆　王振华　
方是璇　杨琳　伊力凡·伊力哈木　
蒋　芮　巴·巴根　严兰兰　
道尔娜　尹狐飞雪　陈泽源　周　欣　
尹雪莉　冯立伟　浦　凡　王竹璇　
李东睿　张海玉　狄　威　张学政　
阿丽米拉·拿森　胡　宜　邓　康　
付雯萱　加依娜尔·塔拉甫

马梦雪　朱德孜·巴合提
叶尔生·阿达力汗　缪　何
迪达尔·巴合特别克　胡紫薇
加尼波拉提·胡阿尼西别克
吾盼·玛克沙提
阿尔艾·努尔黑扎提
阿不都许库·阿不拉海提　刘泽旭
马瑞杰　朱虹熹　周兴兴
艾买尔江·吐尔逊　罗实　李巍峰
李　丽

"中国海关史料丛书" 编委会

主 任 委 员　　胡　伟

副主任委员　　黄冠胜　杨振庆

编委会委员　　刘学透　赵燕敏　吴瑞祥　刘书臣　黄秀生
　　　　　　　李海勇　王晓刚　田　壮　王　虹　刘先中

执 行 主 编　　谢　放　詹庆华　郭志华

编　　　　辑　　房　季　王　虎　解　飞　范嘉蕾　李　多
　　　　　　　刘金玲　贺　红